中译翻译文库

刘宓庆翻译论著精选集之三

新编当代翻译理论

刘宓庆 著

中国出版集团
中译出版社

图书在版编目(CIP)数据

新编当代翻译理论/刘宓庆著.—北京：中译出版社，
2019.5（2023.2重印）
（中译翻译文库. 刘宓庆翻译论著精选）
ISBN 978-7-5001-5952-0

Ⅰ.①新… Ⅱ.①刘… Ⅲ.①翻译理论 Ⅳ.①H059

中国版本图书馆CIP数据核字（2019）第056668号

出版发行/中译出版社
地　　址/北京市西城区新街口外大街28号普天德胜大厦主楼4
电　　话/(010) 68359827（发行部）；68359725（编辑部）
邮　　编/100044
传　　真/(010) 68357870
电子邮箱/book@ctph.com.cn
网　　址/http://www.ctph.com.cn

出 版 人/乔卫兵
总 策 划/刘永淳
策划编辑/范祥镇
责任编辑/范祥镇
特约编辑/王建国

封面设计/潘　峰
排　　版/北京竹页文化传媒有限公司
印　　刷/北京玺诚印务有限公司
经　　销/新华书店

规　　格/710毫米×1000毫米　1/16
印　　张/22.25
字　　数/306千字
版　　次/2019年5月第一版
印　　次/2023年2月第三次

ISBN 978-7-5001-5952-0　定价：59.00元

版权所有　侵权必究
中译出版社

1980—1982年，在美国纽约州立大学阿巴尼分校住房附近。《当代翻译理论》构思并成书于20世纪80年代。

《新编当代翻译理论》（第二版）
出版说明

本书由《新编当代翻译理论》（第一版）增补修改而成，该书的第一版是2005年问世的，出版发行以后加印了几次，到现在已经整整六年。这六年间我先后在台北和上海执教，并继续从事翻译理论研究。从与许多博士生及研究翻译理论的同行们的交谈中，我发现了几个非常值得注意的重大问题，这些问题也就理所当然常在我的思考中。主要有以下六个问题：

第一个问题是语言之间的互补性和互释性

语言观、语际语言观是语言哲学上的认识论问题，但与翻译学的翻译思想及实务关系至为密切。语言之间的关系究竟是以共性为主，还是以差异为主？我思想上一直比较重视差异，这可以从我的许多著作中看出来。翻译学把研究重点放在差异上也似乎无可非议，因为语言之间表现为矛盾或冲突的情况确实很多，应当深入分析其原因，研究解决它们的对策。2008年，有位博士生研究林语堂的翻译，并与徐志摩的翻译作了对比，提出翻译观的问题，这给我一个有意思的提示。我于是展开了关于语际语言观的研究。我想翻译观实际上是由语际语言观支配的，冲突论语际语言观过于强调语言差异，因此在对策论与方法论上执着于"对应"，因而常常陷入机械主义的泥沼。林语堂用翻译实践彰显了和合论语际语言观的优势。和合论不仅看到语言间有矛盾或冲突的一面，更看到了相通、互补的一面。要充分看到这一面,才能着力于研究对策论和方法论上的"代偿",而"代偿"对汉外互译来说则确实是最为重要的。根据这个研究,我写了一篇论文《论语言之间的互补性和互释性》(见《高级翻译》代序,2011)。《新编当代翻译理论》(第二版)按这个思想重新作了审视,"代序"一文的要点也收集在这本书中(见第六章,6.3 节)。

第二个问题是翻译理论的中国价值问题

价值问题属于哲学价值论范畴。哲学家们认为"价值"意味着积极意义上的"恰当性"(Appropriateness),社会科学中的价值含义与伦理和信仰有关,是效用、功效、功能的标尺。马克斯·韦伯(Max Weber, 1864–1920)认为价值观受制于人们所置身的社会文化历史和现实生态,社会科学研究要摆脱价值观的影响是不可能的,所谓"价值中立"常常只是一种有争议的、一厢情愿的表白,实际上碍难办到(Kenneth Mcleish, *Guide to Human Thoughts*, Vol III, 1978: 1504)。据此,我认为用"价值"来表示社会科学研究的理念、信仰或倾向性比较恰当,这样可以清楚表明一种理论态度。社会科学研究不能回避本土化价值,翻译理论研究也应该是这样。我想,在理论研究中我们应该在关注普遍价值的同时关注"中国价值"。也是从大约 2006 年起,我开始使用这种表述,而没有再提"中国特色的翻译理论",这样做可以避免不必要的片面解读和政治联想。我与很多中外同行和研究生谈过这个问题,发现近十年来大家对这种态度的共识已经很普遍了。有人说中国的现代翻译研究是"西风压倒东风",恐怕只是看到表面现象和小部分人的"西方话语崇拜"心态。《新编当代翻译理论》(第二版)也就我以前的表述做了必要的澄清和修正。毫无疑问,伴随经济全球化和文化全球化的趋势,社会科学理论研究的普遍价值和本土价值将同时得到强化,并呈互补兼容、相得益彰之势,这是一种辩证关系,我想翻译理论研究也不例外。这本书力图贯彻这条原则。实际上,过去我也一直在恪守这条原则。

第三个问题是翻译与美学的关系

多年来我一直在强调美学对翻译研究的本体论意义，强调对翻译的审美审视不是什么策略问题或权宜之计：翻译的审美属性是它的本质属性，因为翻译不仅仅确实离不开语言审美，而且，成功的语言审美更是成功的翻译的关键之一，这一点中外翻译史可以提供极充足的例证。中西方古老的翻译论旨都具有鲜明的审美性质，例如中国的文质之辩和英国的泰特勒"翻译三原则"，都是秉乎对翻译的审美审视。翻译理论的审美模式发展滞后主要是人们的认识论盲点拖了后腿：美学被臭名其妙地神秘化了。本书借再版之机，在旧版的基础上添加了作者新的研究成果，即意义审美理论和审美表现论中的审美调节论（Aesthetic Modulation），意在努力向翻译美学基本理论的研习提供新的理论视角，同时也力图为翻译美学的基本理论进行优化提升，使之更趋于完备。对翻译界而言，现在存在的基本问题仍然是人们对客观事物的认识上的差距。我们必须摆脱因袭之见，正视翻译学的学科定位：它不属于语言学，也不属于应用语言学，而是属于美学。因此，在我看来，翻译研究和翻译教学或迟或早都要面临一次无异于"新生"的体制性改革，也可以说那将是翻译学的一次令世人瞩目的"审美改造"（Aesthetic Remake）！

第四个问题是翻译的接受理论

翻译的交流效果是一个非常值得研究的特殊问题，它涉及一个"三维关系链"：原作（者）—翻译（者）—接受（者），因此这个问题并不简单，中外翻译理论家其实早已注意到了。但是作为一个全新的研究课题来加以阐发，应该说是受到西方接受美学的启发和推动。翻译的生产方式自远古发展到今天经历了三种形式、三个阶段：第一个阶段是书斋式（Study Mode），第二个阶段是作坊式（Workshop Mode），第三个阶段是产业式（Industrial Mode），这第三个阶段就是现阶段。生产方式的演进促使翻译的三维关系链——"原作（者）—翻译（者）—接受（者）"发生了明显的变化，即"接受者"的功能的逐渐强化和译者职能的复杂化，接受者从古代的"来者不拒"，推进到了今天之参与翻译审美价值的构建和审美取向的发展，其深刻意义就在于完全颠覆了以"孤芳自赏"为基本特征的翻译思想和审美态度，演进到了今天以规模化、多元化为特色，主流审美取向与非主流审美取向争妍比艳的复杂局面。译者也从只顾"原汁原味"上升到了必须顾及"多汁多味"的多维审美取向。面对这种种新情况，翻译美学必须通盘研究翻译的接受理论，以便提出适合社会发展的翻译审美对策论和审美表现法。本书第十章阐述的就是这些问题。

第五个问题是文化翻译

文化与翻译在《新编当代翻译理论》的头几个版本中都曾多次提到，但一直没有专章论述，显然不是由于这个问题不重要。恰恰相反，文化翻译问题内容非常广泛，涉及的课题很多，我1998年已计划写一本文化翻译专著，即当年在爱尔兰作文化调查后完稿的《文化翻译论纲》。后来有读者向我多次提出，作为一本翻译基本理论著作，文化与翻译问题略而不论是很令人感到遗憾的。我认为这个意见很中肯，一直想利用再版机会增补这一章（本书第十四章）。这个愿望今天得以实现，我感到很欣慰。

第六个问题是翻译理论的科学性

综上所述，我认为这些问题可以归结为翻译研究必须与时俱进，不断提升翻译理论的科学性这个基本任务。为此，有几点在我看来是最为紧要的：

（1）必须总结近二三十年来中国翻译实务的丰富经验，这是我们发展理论的基本依据。近二三十年中我国翻译的规模及其对主流文化和非主流文化影响的深度与广度，已今非昔比。我们的翻译研究必须适应时代的发展和翻译事业发展的新形势，迈向新台阶。

（2）必须总结近二三十年来我国翻译理论研究的成果，把握住提升翻译理论的科学性这个主旨，找出问题，明确方向，提高研究的质量和水平。

（3）必须提升我们对外域翻译理论的审视水平，尤其是对西方理论研究的分析、辨析水平，克服目前时有发生的"一边倒""一窝蜂"，以及不少论文流于"西方观点加中国例子"的浅薄模式。我们应当对反面教训加以认真分析和总结，坚持"古为今用，外为中用""本位观照，外位参照"等基本原则是至为重要的。

说到这里，我想我得答复一下两位中国大陆中青年读者先后在 2010 和 2011 年春给我的内容很相似的来信，其中一封信中说，"时下是一个浮华浅薄的时代，而各种考试又层出不穷"，因此希望我"放下身段"将《新编当代翻译理论》《文化翻译论纲》和《翻译与语言哲学》等三本书"从速写出简易本以应考生考试、面试等等急需"。收到他们的信以后我想了很久，倒不是想如何"放下"原本已经很低的"身段"，而是在反思我们这个时代。我非常同情成千上万为了考试而不得不花费宝贵光阴去啃理论书的中青年读者，但请不要期待人生一切都有"简易本"。翻译理论并不算难，而且更重要的是，请不要用自己的宝贵人生去为"浮华浅薄"再添加新的注解。在求知的土地上，耕耘的汗水是绝对不会白流的！

值此《新编当代翻译理论》（第二版）出版发行之际，本书作者特向遍及全球的读者致以诚挚的谢意，是他们十八年（1993—2011）的真诚爱护和指点成就了这本书。我还要向中国对外翻译出版公司及其编审制作团队特别是罗进德先生、章婉凝女士、袁仁辉先生致以诚挚的谢意，毫无疑问，没有他们锲而不舍的支持，这本书是不可能一版再版的！

刘宓庆

2011 年 8 月于香港

《新编当代翻译理论》(第一版)
出版前言

在我看来,迄今为止世界上所有的翻译理论都只是理论家根据自身的理解、体验和态度(认识论和价值观)对双语在语言—文化这两大维度上的转换规律进行的有条理的描写(methodic description),这种"有条理的描写"涵盖以下八个方面的"关系"(interrelations):

(1) 历时与共时(历史性与当下性、继承与开拓,等等)
(2) 本位与外位(本国与外国、个性与共性,等等)
(3) 交流与意义(形式与内容、目的与手段,等等)
(4) 传播与接受(意向与效果、译者与读者,等等)
(5) 主体与客体(理解与文本、译者与作者,等等)
(6) 方法与对策(技能与技巧、可译与不可译,等等)
(7) 产品(product)与过程(process)
(8) 思想(指翻译思想)与行动(指翻译行为)

应该说,这个范围是非常广泛的,任何理论家穷其一生的惨淡经营,恐怕也很难说已尽其业、已罄其理。我本人就深有体会。很难想象一本薄薄的引论能涵盖以上八个方面所有的重要课题。既然如此,课题选择、组成和理论架构就成了关键问题。《当代翻译理论》(第一版书名是《现代翻译理论》，眼前我修订的是第四版，第八次印刷）出版以来已有几十位读者和批评者给我来信或写了评论文章，诚挚之情使我十分感动。他们的意见大多是希望我作这样那样的增补或更充分的理论阐发。对此，我不得不着重地说明以下两点，作为对许多意见的一个答复：

一、一切翻译理论都必须是描写性的（descriptive）

"翻译中无理论思辨可言"（There is no theoretic speculation in translation），我深信德国早期浪漫主义者这一信条。有关翻译的所有理论思想都来源于经验观察，经验世界不能虚构，也用不着运算，只能描写。维根斯坦（也译维特根斯坦，L. Wittgenstein, 1889–1951）在《哲学研究》中说：①

> 我们可以不提出任何理论。在我们的思考中，一定不可有任何假设成分。我们必须去掉一切解释，而只需用描写来代替它。这种描写是从哲学问题中获得它的揭示能力，也就是目的性。当然，这些问题不是经验性的，确切地说，它们通过观察语言的各种作用，并使我们认识到这些作用，而使问题得以解决。……
>
> 问题的解决，不是通过提供新的信息，而是通过安排业已知晓的东西。哲学是一场防止我们的心智受到语言迷惑的战斗。
>
> （*Philosophical Investigations*, Part I, §109, 47e）

可见，就翻译理论而言，我们能做的科学阐释工作只有描写。是否可以这样说，翻译理论的版图，充其量，也只是翻译经验的版图。超验的"纯"理论、翻译的"超验思辨"，我构建不起来，就算构建起来，想必也是"理论花把式"，不符合我的为学之道。有些读者（研究生）来信说，"有些西方理论读起来很玄，似乎言不及义；中国的理论看起来又好像'太实''太就事论事'"。理论太质实、太拘泥，确实是缺点，但"玄""虚""空"也并不是我们的理论追求。我们需要有深度的理论阐发、有见地的理论预见、有意义的理论创新，但阐发、预见和创新都必须基于我们实实在在的经验观察，那一切都只是对直接和间接经验观察的科学化提升。

二、一切翻译理论都只能是参照性的（referential）

世界上有各式各样的语言，分属不同的语系（族），每一个系（族）的语言大抵具有比较共同的语言特征，因而可以构建比较相通的翻译理论体系，这一体系的理论原则、理论思想、基本理念、操作方法等等对另一个语系（族）的翻译理论肯定是很有意义的，但只有参照意义，也就是"相对的相关性"（relative relevance），不存在"绝对的普遍性"（absolute generality）。美国哲学家、符号学家皮尔士（按准确发音应为帕尔士，C. S. Peirce, 1839–1914）说，"有三种事情我们永远不能期望达到，即绝对的确实性、绝对的精确性和绝对的普遍性"（转引自 F. Thilly 著《西方哲学史》，第 726 页）[②]。这就是我在书中常常使用"参照性规范"这一术语的哲学理据，西方译论中使用"norms"一词时也最好理解为"referential norms"，避免绝对化、盲目跟风。中国翻译理论体系与其他语系（族）的翻译理论体系除了具有许多与翻译基本概念有关的基本共性以外，还具有自己的许多特色，这些特色有：

（1）源于汉语语言文字特色和历史人文渊源的独特性，中国翻译理论必须建立自己的意义理论、理解理论和文化翻译理论。

（2）源于汉语语言文字特色和历史人文渊源的独特性，中国翻译理论必须建立自己的表现法（表现理论）体系，这一体系必须紧紧把握一个基本机制：汉语是以词汇手段（lexical means）代偿形态手段（inflexional means）以及必要时包括有意义的形式手段。

（3）汉语是极富感性（perceptability）的语言，汉语的审词择句过程不能离开音、形、意审美考量，在双语转换的词法和句法赋形（forming）中语言因素和审美因素是相互嵌合的，汉语的语言生成过程与审美判断过程是同步或基本同步的，这就是说，以汉语为母语的人有一种本能使审美参与语言生成。

（4）以汉语为母语的中国人有自己独特的思维方式与风格，例如，汉语反映出中国人的主体意识比较强，汉语中主体意识常常形成意念主轴，支配主语、谓语、宾语的使用，这是汉语中的话题主语（例如"海水不可斗量"）、连动谓语（例如"咱们不见不散"）和关系宾语（例如"我吃小碗、你吃大碗")很多、很普遍的原因。

（5）以上四方面促使以汉语为母语的人在进行双语转换中，特别是与具有形态手段的语言如英语进行双语转换中，必须将"功能代偿"作为自己的对策论核心思想，广泛运用词汇做出解释、替代、引申等等，我们的研究重心应在"代偿"，而不应该是"对应"——或者说，我们的对应是"代偿"的对策思想指引、规划下的对应。

本书是一本适于通用的翻译理论引论，更多着眼于翻译的共性，同时也提纲挈领地触及中国翻译理论的特性。有几位读者来信说希望我写的是一本只谈共性的书，另一些人则主张是一本专谈特色、特性的书，不希望看到"亦中亦西的理论"引论。我非常感激这些热忱、多思的读者，但是很抱歉，我没有办到。其实，放开眼界来看，大千世界是纷繁多彩的，现实中不存在欧洲古典主义美学理想中的至真、至善、至美和德国浪漫主义憧憬中的"至纯"。中国的哲人很早就提出了"物一无文"（《国语》），提倡"万取"，也就是"取一于万，则万中有一"。我相信这些哲理。

《新编当代翻译理论》这本书的前身《现代翻译理论》是我在厦门大学执教时写的，后来在香港大学和香港中文大学执教时也用它作过教材并改名为《当代翻译理论》，先后在台北和北京再版。在成书、改版和教学过程中得到过内地和港台许多学子的诚挚建言，他们或一再上书求教，或与我彻夜恳谈；他们对祖国文化真谛的求索与热爱，常常使我感动不已。英国哲学家休谟（D. Hume, 1711–1776）有一个对后世影响很深的论点，连西方现代哲学家都不能不对之加以首肯。[③]休谟认为道德情操高于理性，为崇高的"情"所驱动的价值认定可以超越理性的围栏。我为我们中华民族有这样优秀的后代而倍感骄傲。我正是在他们的激励下改写了《当代》，完成了《新编》。

在《新编》中，我着重加强了在我看来属于中外当代翻译理论中最重要的几个问题，这些问题是：

一、文化战略考量：当代中国最基本的翻译思想

二、翻译学意义理论的核心：把握"交流中的意义"

三、翻译理解理论要旨

四、作为重要的中国译论特色之一的翻译美学

五、中国翻译理论对策论核心思想:"功能代偿"

六、译文操控的取向理论

七、翻译学宏观架构和整体性整合研究的重要意义

时不我待。让我们把握中华文化这个千载难逢的发展机遇,共同努力,圆翻译学一个千载未圆的梦!

刘宓庆

2005 年初夏

[注释]

①这段引文的权威英译如下:

And we may not advance any kind of theory. There must not be anything hypothetical in our considerations. We must do away with all *explanation*, and description alone must take its place. And this description gets its light, that is to say its purpose, from the philosophical problems. These are, of course, not empirical problems; they are solved, rather, by looking into the workings of our language, and that in such a way as to make us recognize those workings: *in despite of* an urge to misunderstand them. The problems are solved, not by giving new information, but by arranging what we have always known. Philosophy is a battle against the bewitchment of our intelligence by means of language.

②转引自 F. Thilly 著,*A History of Philosophy*, NY, Henry Holt & Co, 1963, 3rd edition; 中文版《西方哲学史》,葛力译,北京:商务印书馆 2003 年版,第 726 页。

③参见 R. Stromberg 著,*An Intellectual History of Modern Europe*,中文版《西方现代思想史》,刘北成等译,中央编译出版社 2004 年版,第 169 页。

《当代翻译理论》(第三版)
前　言

　　中国传统翻译理论历史悠久,如果从最初的佛经译论(公元148年始)算起,至今已有1800多年的历史。这期间,出现了许多杰出的译论家,他们的主张和论述,大抵出于自己的力行心得,因而言微旨奥,论断精深,予后世极深的影响,其中如玄奘(602—664)与严复(1854—1921)的翻译思想和对策性主张,至今仍有认识论、价值论和方法论的历史意义。中国传统翻译理论是中国和世界文化的宝贵财富,我们必须视若珍宝,矢志于阐发和开拓性继承。

　　世界历史进入20世纪五六十年代以后,自然科学和技术有了飞速的发展,人类对客观世界的认识进入了以三论(信息论、系统论、控制论)为导向的崭新的历史发展时期。现代语言学也从以结构主义为主流演进为新兴学科、学派林立的新时期。人类对语言的社会功能和运用机制的认知已大大加深。这个伟大的历史变革也为翻译和翻译理论提出了新的任务和新的目标。有了为世所罕见的广泛性和历时性的实践活动和理论探索的翻译,必须为创建一门系统科学即翻译学而努力,才能适应时代发展的需要。为此,我们必须首先建立翻译学的基本理论体系,推导出中国翻译学基本理论模式,努力使中国的翻译理论研究与世界译论的发展并驾齐驱。

　　中国传统的翻译理论有伟大的历史功绩,它在指导我国翻译事业发展中起过巨大而深远的历史作用。但无可争议,它也具有多方面的历史局限性。

（一）传统译论在认识论上有问题，因而范畴研究十分薄弱，使翻译理论探讨带有明显的封闭性，千余年中甚少开拓。其根由是，受封闭性观念影响很深。翻译是一门综合性、跨学科性很强的科学和艺术，翻译学属于经验科学，如果不突破封闭性观念局限，使学科有一个科学定位，其发展研究势必备受束缚。因此我们首先要面对一个观念更新的问题：必须将翻译学视为一门开放性、综合性、跨学科性很强的科学和艺术，力求在这个新观念指导下，构筑翻译学的科学构架。

（二）传统翻译基本理论命题有限，对策性较弱。古典译论家中不乏精言宏论，但始终没有建立起自己的基本理论体系。这一点，毋庸争议，当然是受历史局限的影响，特别是受语言学发展水平的限制。因此，要建立和发展翻译学，我们必须首先致力于现代翻译基本理论的研究，在扎实的基础研究的基础上推出中国自己的基本理论模式，作为现代翻译学学科构架的主轴或基础。我们必须矢志于这一项"系统工程"的奠基及开拓工作，将中国的译论整合到世界现代译论之中。

（三）传统译论的研究方法必须革新。传统翻译理论在方法论上有以下薄弱点：首先，古典和近代译论家通常囿于传统文艺评论特别是传统文艺美学的方法论影响，注重宏观描述，强调主体的迁移性"了悟"或"悟性"过程；而在微观剖析上对客体（译作及翻译过程）缺乏科学的、系统的形式论证方法。传统翻译理论在微观分析中缺乏系统科学的严密性，对许多价值概念都未确立系统科学的、始终一贯的范畴界说和符合现代逻辑学的定界分析，模糊性、印象性太强，内涵流变，难免见智见仁，而且往往流于空泛。由于缺乏科学的形式论证，因此，译论界常常陷于诠释性争论（interpretative disagreement）中；由于概念流变莫衷一是，论者、译者皆无所适从，致使议论缺乏对策性即理论应有的实践意义。当然我们不能抹杀学术争鸣的积极作用，但论争的目的应该是一种对策探讨，应该落脚在开拓上。

本书是立意于开拓的一个尝试。作者力图继承古典和近代译论的历史功绩，摆脱其局限性，努力对每一个翻译理论课题进行符合现代思维科学和逻辑学的科学论证，克服传统译论在概念定界中的内涵流变性，努力制订出重描写的翻译理论功能规范而不是规则。

毫无疑问，这是一项非常艰巨的工作。我们既要做到无愧于前人，又要做到有益于来者。作者在多年的思度和研究中深感力不从心，唯有励精图治，在自勉和前辈学者及授业师长的鞭策下奋力以求。作者的基本信念是：中国有源远流长的翻译实践史，灼见纷纭的翻译理论史；在历史上以及近代、当代有无愧于哲人及大师称号的翻译家、翻译理论家；植根于世所罕见的丰厚的中华文化特别是文学、美学、文论的土壤之中的中国现代翻译理论之芽，一定会成长为一棵挺拔苍翠的大树，自立于世界现代翻译理论之林。

本书成书于20世纪80年代中期，当时我执教于厦门大学外文系，初版由江西教育出版社和台北书林出版公司印行。这是一本概论性著作，力求突出地显现翻译基本理论的系统结构及各理论项目的大体框架，不求阐释的周全翔实及例证的丰富多面。本书采取概论性体式还立意于抛砖引玉，希望引起翻译界、翻译理论界、语言学界、翻译教学界以及广大学术界的深入探讨，使我们能在充分利用当代科学发展的条件下，在20世纪与21世纪之交建立起中国当代翻译学，为人类文化做出应有的贡献，以慰我们伟大民族的先哲。

刘宓庆

1993年于香港中文大学翻译系

目　录

《新编当代翻译理论》（第二版）出版说明　　001
《新编当代翻译理论》（第一版）出版前言　　006
《当代翻译理论》（第三版）前言　　011

第一章　绪论　　1
1.0　概述：翻译理论的职能和基本原则　　1
1.1　翻译理论的职能　　2
1.2　翻译研究的基本指导原则　　3
1.3　翻译学的基本理论原则　　4
　1.3.1　重描写，建立翻译理论的功能观　　4
　1.3.2　重对策研究，强调理论的针对性和实践性　　5
　1.3.3　重视语际对比研究，为方法论提供理论依据　　7
　1.3.4　重视对传统的审视，立意于开拓　　9
　1.3.5　强调科学论证，摆脱主观主义的影响　　9
　1.3.6　博采众长，为我所用，加强整体性理论整合　　11

第二章　翻译学的性质及学科架构　　14
2.0　概述：翻译学是一门经验科学　　14

2.1	翻译理论的发展概略	16
2.2	翻译学的开放性	17
2.3	翻译学学科架构：内部系统	17
2.4	翻译学多维共同体	19

第三章　翻译理论基本模式　22

3.0	概述：理论的基本模式	22
3.1	翻译理论的对象性和对策性	22
3.2	基本理论模式的依据和依归	25
3.3	翻译理论必须重描写	25
3.4	语义结构的核心作用及架构手段	30
3.5	形式对应的功能观	31
3.6	翻译理论基本模式中的功能规范	35
3.7	结语	37

第四章　翻译的意义理论和理解理论　40

4.0	概述：意义对翻译的意义	40
4.0.1	概念意义	42
4.0.2	语境意义	42
4.0.3	形式意义	43
4.0.4	风格意义	44
4.0.5	形象意义	45
4.0.6	文化意义	45
4.0.7	意义的静态观和动态观	46
4.1	语际意义转换的制约条件	46
4.1.1	翻译的社会效益和社会价值观	47
4.1.2	翻译的共时观和历时观	49
4.2	翻译的理解理论	50
4.2.1	对翻译理解的原则指引	51

4.2.2	理解与表现	53
4.3	翻译的任务、特征和翻译者的条件	54
4.4	翻译思想初论	56

第五章 翻译思维简论 61

5.0	概述：逻辑思维与形象思维	61
5.1	翻译思维的基本特征	63
5.1.1	以分析与综合为特征的逻辑思维	63
5.1.2	以语言审美与表现为特征的形象思维	64
5.2	换码的思维过程	65
5.3	翻译思维的发展机制	66
5.3.1	词语形态分析	66
5.3.2	语法层次分析	66
5.3.3	文体审美分析：语用的择善从优	69
5.3.4	词义色彩分析	69
5.3.5	文化历史分析	70
5.4	翻译思维机制中的综合：句子和语段	72
5.4.1	句子	72
5.4.2	语段	73
5.5	结语	76

第六章 语言的互补互释性与可译性问题 79

6.0	概述：语言的互补性和互释性	79
6.1	可译性概论	80
6.1.1	认识所指的基本同一性及语义系统的"基本同构"原理（the Principle of Isomorphic Structure）	81
6.1.2	思维形式的基本同一性	82
6.1.3	语法差异的规律性及语义系统的对应	83
6.1.4	文化的相互渗透性	84

6.2 可译性限度　　　　　　　　　　　　　　　85
　6.2.1 同构的相对性及语言的模糊性　　　　85
　6.2.2 语际转换中的障碍　　　　　　　　　88
6.3 语言的互补互释性与可译性限度的调节机制　108
6.4 结语　　　　　　　　　　　　　　　　110

第七章　翻译过程解析：语际转换的基本作用机制　115
7.0 概述：过程与产品　　　　　　　　　　　115
7.1 语际转换与语言符号行为模式　　　　　　116
7.2 语际转换的语言文字结构机制　　　　　　118
　7.2.1 语言结构层次　　　　　　　　　　　119
　7.2.2 语序规范及其变通性　　　　　　　　120
　7.2.3 表意手段　　　　　　　　　　　　　121
　7.2.4 文字结构　　　　　　　　　　　　　122
7.3 语际转换的思维调节及语感机制　　　　　123
　7.3.1 按习惯表达法调节思维　　　　　　　123
　7.3.2 语感机制　　　　　　　　　　　　　124
7.4 语际转换的社会功能机制　　　　　　　　126
　7.4.1 接受者因素　　　　　　　　　　　　126
　7.4.2 文化因素　　　　　　　　　　　　　128
　7.4.3 语境因素　　　　　　　　　　　　　130
7.5 语际转换的四种基本模式　　　　　　　　131
7.6 结语　　　　　　　　　　　　　　　　　136

第八章　翻译的程序论　　　　　　　　　　139
8.0 概述：语际转换过程的理论描写　　　　　139
8.1 程序论中的分析　　　　　　　　　　　　139
8.2 程序论中的综合　　　　　　　　　　　　141
8.3 语法结构是翻译运作的语言依据　　　　　142

8.4 翻译的步骤 145
  8.4.1 紧缩主干 145
  8.4.2 辨析词义 146
  8.4.3 分析句型 151
  8.4.4 捋清脉络 159
  8.4.5 调整搭配 159
  8.4.6 润饰词语 160
8.5 程序论的"终端检验" 161

第九章 翻译的方法论 164
9.0 概述：基本理论原则 164
  9.0.1 方法论基本理论原则之一 164
  9.0.2 方法论基本理论原则之二 165
9.1 方法论的分类原则 167
9.2 对应论：常规手段 167
  9.2.1 对应（Equivalence） 168
  9.2.2 同步（Synchroning） 173
9.3 代偿论：变通（通变）手段 174
  9.3.1 代偿（Redressing, Compensating） 174
  9.3.2 分切（切分 Cutting） 175
  9.3.3 转换（Conversing） 176
  9.3.4 转移（Transposing） 182
  9.3.5 还原（Restituting） 184
  9.3.6 阐释或注释（Interpretating） 185
  9.3.7 融合（或糅合 Blending）及缀合（Combining） 186
  9.3.8 引申（Extending） 187
  9.3.9 反转（复位 Reversing） 188
  9.3.10 替代（Substituting） 189
  9.3.11 拆离（Splitting） 191

9.3.12 增补（Adding）、省略（Omitting）与重复
　　　（Repeating） 193
9.3.13 重构（Recasting）；改写（Rewriting） 195
9.3.14 移植（Transplanting） 196
9.3.15 音译（Transliterating） 197
9.4 翻译的译文操控论 198
　9.4.1 译文操控的基本指引 198
　9.4.2 译文操控的关键："良性互动" 199
9.5 结语 199

第十章　翻译的技能与技巧 203
10.0 概述：理论指导不可或缺 203
10.1 翻译理论的指导意义 204
10.2 翻译技能、技巧的获得和发展过程 206
10.3 技能与技巧 208
10.4 翻译教学的功能观 213

第十一章　翻译风格论 215
11.0 概述：原创性与局限性 215
11.1 风格意义的可知性：风格的认识论依据 217
　11.1.1 对文体的结构分析 217
　11.1.2 风格的符号体系：着眼于音、形变异的
　　　　 形式标记 (Formal Markers) 218
　11.1.3 风格的符号体系：着眼于审美效果的
　　　　 非形式标记（Non-Formal Markers） 225
11.2 风格的可译性 230
　11.2.1 风格的翻译手段：翻译中的风格表现法 231
11.3 风格翻译的原则及可译性限度 236
11.4 关于所谓"翻译体"：外域文化和语言风格的

		可容性机制	238
	11.4.1	翻译中的外域文化可容性基本规范	239
	11.4.2	翻译中的外语表达法可容性基本规范	240
11.5	结语		242

第十二章　翻译美学概论　　　　　　　　　　245

12.0	翻译学的美学渊源		245
12.1	现代翻译美学基本理论构想		250
	12.1.1	翻译美学的范畴和任务	250
	12.1.2	翻译的审美客体（Aesthetic Object，在本书中简称 AO）	250
	12.1.3	翻译的审美主体（Aesthetic Subject，在本书中简称 AS）	253
	12.1.4	翻译中语言审美与翻译审美操作的一般规律	255
12.2	翻译的意义审美与审美调节问题		263
	12.2.1	意义的概念呈现（Conceptual Presentation）与审美呈现（Aesthetic Presentation）	263
	12.2.2	翻译中的审美调节（Aesthetic Modulation，简称为 AM）	264
	12.2.3	审美调节是个开放系统	267
12.3	翻译的审美标准问题		268

第十三章　翻译的接受理论　　　　　　　　　　271

13.0	概述："失去了读者就失去了一切"		271
13.1	读者的"话事权"（the Receptor's Say）		272
	13.1.1	读者的超功利性	272
	13.1.2	读者是文本"不确定性的确定者"：疑义相与析	273
	13.1.3	艺术模仿：对接受的转化和提升	274

13.1.4	读者参与了翻译的价值取向	276
13.2	翻译接受的价值标准	276
13.2.1	接受群体（读者群体）的高度复合性	276
13.2.2	读者接受的基本价值诉求	279
13.3	翻译接受与开放性对话：艺术和语义解码的钥匙	283
13.4	结语	284

第十四章　文化翻译导论　　286

14.0	概述：翻译学视角中的文化	286
14.1	语言中的文化信息扫描	288
14.2	语言中的文化信息矩阵	290
14.3	文化翻译的对策论	293
14.4	文化隔膜：误解之源	295
14.5	文化翻译的价值原则及表现论	298
14.6	结语	300

第十五章　关注翻译理论的中国价值　　302

15.0	概述：宏观视角与微观视角	302
15.1	中国翻译理论应有的价值取向	303
15.1.1	中国翻译理论的文化战略考量	303
15.1.2	"重描写、重意义、重功能"的基本理论原则	304
15.1.3	翻译审美对中国翻译学的特殊意义	308
15.1.4	注重整体性整合研究	315
15.2	结语：接受时代的挑战	316

附录　汉外互译中的汉语功能代偿词
　　　（Functional Compensation Words）　　319

第一章 绪论

1.0 概述:翻译理论的职能和基本原则

翻译(口译和笔译)作为一种跨语言—文化的传播手段,历史非常悠久。但长期以来,不论在中国或在外国,翻译理论却没有得到应有的重视,原因当然是多方面的。"翻译学"备受冷落、深受质疑,它本身的界说不明,隶属关系未定,范畴研究又受历史条件的限制,特别是受语言学研究水平的限制。可以说,历史旷乎其久的译论论坛命题相当有限,专著寥若晨星,不能不引起人们深思。这其中,有一个很重要的原因应该是翻译界本身的自我认识严重不足;翻译界在研究方法论上以及在观念上、认识上都有问题。在研究方法论上,翻译论坛基本上没有脱出经验论的窠臼;在观念上,翻译界本身对翻译理论或多或少都抱着虚无主义的态度。西方人长期认为翻译只是一种语言技艺,或一种本能,人皆生而有之。大师论译则是一种偶尔为之的"书斋雅兴"(大约从19世纪中后期开始又将翻译看作语言学的附庸,不能自登大雅之堂)。从事翻译或教翻译的人自己也不知道有没有这样那样的"翻译套路"能不能称为"理论",当然也就更弄不清"翻译理论"有什么用。有些人甚至认为根本没有什么翻译理论,即所谓"翻译无理论"论。现在看来,唱这个调子的人已越来越少了,因为事实俱在。纵观中外译界,为数不少的有志者正在努力研究翻译,努力创建不同的翻译理论模式。译论著作虽然不能说已经蔚然成林,但也不应漠然视之。现在,翻译研究界及翻译教学界在观念上、认识上比较突出的问题,似乎是对翻译理论的价值抱着不同程度的怀疑态度。因此,要建设翻译学,首先要提高对翻译理论的职能的认识,在观念上、整体的认识论上有一个基本的改变,才能在研究上有所作为,在研究水平上有所突破,建设起科学的翻译理论体系。

1.1 翻译理论的职能

毫无疑问,理论的基本职能是通过经验观察揭示或描写事物或运动的内在联系和基本特征,用以指导实践。① 对翻译理论而言,其职能应表现在以下三个方面:

(一)**认知职能**(cognitive function),也就是翻译理论的启蒙作用。翻译既是一门艺术,又是一门科学,有其本身的艺术规律和科学规律。翻译理论是对这些规律的深入、系统的探讨,其目的在使翻译只能"神而明之"的技能和技巧成为可知的(knowable)客体、可掌握的(workable)规范和条理化的(methodic)体系。翻译理论可以为我们提供的既是一种对翻译的客观规律性的宏观描写,又是对这些规律的内在联系及其作用机制的深层分析。通过翻译理论的揭示,我们可以认识到翻译作为语际转换过程的实质、翻译的各项基本规范以及语言作为符号系统在转换(换码)中的行为模式。

(二)**执行职能**(performing function),也就是翻译理论对实践的指导性和可操作性。翻译理论应能指导我们认识翻译艺术和翻译科学的规律,而翻译者,凭借翻译理论的科学论证及方法论的引导,在实践中应能有选择地"实施"翻译理论所提供的"参照性指令"(referential instruction)。② 由于参照指令都具有可操作性和选择性、多样性,因此翻译者在面对某一翻译课题或难点时,可以有多种多样的对策手段,这样就使翻译过程具有很大的变通性。显然,具备翻译理论所赋予的这种能动性与不具备这种能动性,是有本质上的差别的。它使翻译技能从自在行为上升为自为行为,使翻译实践成为高层次的语际交流,而不再是匠人式的技艺。

(三)**校正职能**(revising function),也就是翻译理论的规范性、指导性。由于翻译理论具有执行（或实施）职能，因此，它具有指导性，而其指导性又来源于其相对的规范性。③ 翻译理论为我们提供种种经过语言科学、符号学④或美学原理所论证的选择性参照指令，使我们在语际转换中有可供参照的实施手段；同时也就使我们更能辨明正误，校正偏差。由于翻译是一种随机性很强的语际交流行为，各种人文因素都可能作用于这种交流行为，因此翻译理论的指导性集中表现为它必须具有提供可供选择的对策（strategy）的功能。这是由于双语对比研究是翻译理论的基石之一，而对比研究的基本目的就是为语际交流提供可供选择的对策。翻译理论多维度的对策研究既体现了它的实施职能，又体现了它的校正职能。

从以上分析可以看出，翻译理论绝不应是对翻译技术的经验论描述或机械主义的规定。它不仅仅是为了指导我们去认识客观规律，更重要的是引导我们能动地掌握和运用翻译的客观规律。在以上三项职能中，认知职能是基础，执行职能是核心，校正职能是关键。⑤

（四）**提升职能**（enhancing function），也就是翻译理论对实践经验的加工、提炼作用。大家知道经验是"很灵"的，但不是百试不爽的；经验是丰富多彩的，但它可能是芜杂、粗糙的；经验是实用的，但它可能是止于表面的；最后，经验是十分可贵的，但它绝不是一劳永逸的。正是由于经验具有上述种种特点，才需要理论对它进行加工、提炼，就是我们常说的去粗取精、去伪存真、由此及彼、由表及里，使经验得到质的提升。这就叫作经验的深化、条理化、系统化或相对规范化。理论正是使翻译从"经验"提升到"经验科学"的关键。

1.2 翻译研究的基本指导原则

首先，我们在思想上应该有一个非常明确的努力方向：我们要建设的是有汉语参与的双语（多语）转换理论，它是世界翻译科学的重要组成部分。这是我们全部研究工作的"主心骨"。如果偏离了这个方向，那么，翻译理论的所谓职能，也就没有什么意义，犹如"皮之不存，毛将焉附"，各项职能都没有落到实处。

其实，世界上不存在放诸四海而皆准的翻译理论体系，正如世界上不存在放诸四海而皆准的语法理论体系一样。近百年来欧美很多语言学家曾致力于创建适应于一切语言的"语法规范体系"。不论是结构主义学派⑥或转换生成学派⑦，都为此而努力过。结果创建出来的，还都是以重形态的印欧语系为对象和依归的理论，并没有什么"世界性"。我们知道，人类的每一种语言都有其不同于其他语言的特性（特征、特点），植根于不同的人文环境中。因此，涉及翻译理论时，许多基本情况、基本范畴甚至基本原则都大相径庭。加之汉语的流通版图极广、以汉语作母语的人数极多，语言群落的文化战略考量也都不能同日而语。中国有 13 亿多人口，占世界人口总数的四分之一。因此建设有汉语参与的翻译理论是我们责无旁贷的任务，不能也不应期盼别人来越俎代庖。事物的共性寓于事物的个性之中，只要我们善于运用"本位观照、外位参照"的研究方法论，以科学态度来创建和发展现代翻译理论，那么，我们的研究成果也就是对世界文化的重大贡献、对作为整体的翻译学普遍原理的重大贡献。是否可以预言，经过许多年、许多国家的翻译理论工作者的努力，将来可能建设一门"普通翻译学"，相当于"普通语言学"。除"普通翻译学"外，各种语言都将具有有其显著特色的翻译理论体系，中国翻译理论体系当然也不例外。

总之，我们的基本指导原则是"**立足中国，放眼世界**"，即所谓"**本位观照，外位参照**"。

1.3　翻译学的基本理论原则

所谓"基本理论原则"指我们研究翻译理论必须恪守的基本方针。

1.3.1　重描写，建立翻译理论的功能观

索绪尔（F. de Saussure, 1857–1913）在《普通语言学教程》中曾对传统语法学过于注重规定性提出过批评。在索绪尔看来，语法的基本功能应该是"描写的"（descriptive）。这一立论使语言现象和语言现实居于第一

位，语法、语法规则居于第二位。其实，语言学的描写原则来源于哲学，哲学家很早就指出解释世界的原则应该首先是如实地描写世界，而不是动辄将事物或运动纳入"规范"（norm）、制订并鼓吹所谓"普遍规则",[⑧] 而实际上这种"规则"却并不存在。翻译也应该是这样：翻译中的语言现实是第一位的，翻译规范（translation norms）应该是第二位的、相对的，是对"翻译现实"的条理化（methodic）描写。翻译的规范应该具有以下属性：

（1）它是普遍经验的概括（generalization）或法则化，而不应是对个别经验的诠释（interpretation）。因此，翻译规范不应具有经验主义的性质。

（2）它不是经验主义，还由于任何翻译规范都必须具有参照性（referentiality），即根据语言情境[⑨]进行调整或选择的灵活性。所谓语言实际，既要考虑到原语，又要考虑到译语，通常牵涉到可译性、可读性、交际功能等等因素。这是翻译理论功能观的基本思想。

（3）基于以上两点，它应该是经得起科学验证的，有明确的科学界说，而不应当是印象性的、流变的。这是翻译规范的可论证性（verifiability）。

由此可见，翻译理论规范的基础是对语言现实的功能主义描写，它的应用受到语境的制约，它的功效也必须受到语言现实和发展的检验。因此，归根结底，翻译规范最根本的特点就是它在语际转换中的功能性；它不是僵化的、公式化的理论概念，更不是只服务于实践的"灵丹妙药"。

1.3.2 重对策研究，强调理论的针对性和实践性

我们可以从翻译史中获得一个启示：许多人都在从事翻译，但从事翻译却又对翻译理论感兴趣的人则为数不多。这里的原因当然很复杂。但从翻译理论主观上分析有一个很重要的事实，即传统的翻译理论命题范围很有限，几十年、上百年纵有纷纭议论，亦似乎与翻译实际挂不上钩，不研究甚至不关心理论也照样可以从事翻译活动。这就不像语法。其实，语法也是理论。但学语言的人都很重视语法，因为语法能解决语言学习和运用中的实际问题，就是说语法具有鲜明的对策性。我们要提高翻译理论的指导性，引起翻译者的重视，必须从本身做起，提高翻译理论的对策性，注重应用研究，使翻译理论成为翻译工作者的必备工具和"精神食粮"。

翻译理论的对策性主要表现为：

（一）从应用理论的角度，对翻译的实质进行切合实际的论证。如果说翻译有什么实质性特征，那就是语际的意义对应转换，包括概念意义、形式意义、语境意义、形象意义、风格意义及文化意义。每项意义都应有明确的科学界说，推导出参照性转换规范。可以说，翻译意义理论的根本任务是双重的：一是研究意义的转换规律，制订出意义转换的描写性功能规范；二是研究形式的转换规律，制订出形式转换的描写性功能规范。不能只重意义不重形式，也不能只重形式而不重意义。二者并重而以意义作基础、以意义为优先。从汉语语言文字的独特性考虑，中国翻译理论应该更加重视意义的转换规律，而不要追求形式的对应，以"形"害"义"。汉语源远流长，音（语音系统）、形（文字系统）、义（语义系统）及表达方式莫不独具一格，为世人所称羡。除上述双重的应用理论研究之外，我们还应该探讨双语转换的基本作用机制[⑩]，尽力使我们的方法论研究具有深层的、充足的语言科学依据。当代西方译论中有人撇开意义来谈目的，将"符合目的语文化要求"甚至"出版者要求"当作翻译的"本质"，让"目的"将"意义"边缘化甚至取消意义。这种观点有悖于翻译的本体论价值观，而且必然会误导实践，我们不能不注意。

（二）从应用理论的角度，对汉外互译的程序论和方法论进行系统的探讨。显而易见，翻译中有些方法属于常规手段，另一些方法则属于变通手段。我们要研究的不仅是哪些手段属于常规性，哪些手段属于变通性；更重要的是：运用这些手段的基本作用机制，即在什么条件之下可以考虑运用哪些手段，在什么条件下哪些手段不宜运用，以及为什么不宜运用。这就要求我们就对比语言学、符号学等进行深入的对策性研究。程序论主要是从应用角度研究翻译思维发展模式以及语言符号的语义—功能换码行为模式，等等。

（三）从应用理论的角度，对可译性问题进行深入的探讨。我们的任务是探究语际转换中的各种障碍，包括形式结构障碍（formal structural obstruction，其中有音位层的，即双语在语音—意义对应上有障碍，也有属于文字的符号序列层的，等等）、惯用法障碍（usage obstruction）、表达法障碍（presentation obstruction）、文化障碍（cultural obstruction）等等。对可译性限度研究的积极意义在于提出克服以上种种障碍的对策。对策研究还要解决双语审美价值的转换和如何发挥译文优势问题。

（四）从应用理论的角度，对语际交流功能和社会效用进行分层次的探讨。我们的任务应能解决翻译中的情态表现和文体特征转换问题，⑪并提出参照规范。这里似乎涉及三方面（dimensions）的问题：原著（SL）—译文（TL）—读者（receptor）。对策研究要解决 SL—TL 时空差、读者层次差和文化差异等方面的实际问题，提出以上三者以及上述三个方面相互作用的反馈机制及参照性指引。

1.3.3　重视语际对比研究，为方法论提供理论依据

迄今为止，西方以及东欧的翻译理论著作主要是以印欧语及闪语（如希伯来语）之间的转换为依据或依归研究写成的；东欧的翻译理论则是以印欧语中的英、法、德语与斯拉夫语之间的语际转换规律为研究对象或依归。中国的翻译理论应以汉外之间的转换规律为研究对象，扩及我国少数民族语言的语际转换理论研究。

传统翻译理论很早就认识到了对比研究（"对比"重差异的分析和研究）对理论建设的重要意义。但是，传统翻译理论在对比研究的方法论上有很大的局限性。由于受到观念、研究条件和语言整体研究水平的限制，传统翻译理论一开始仅仅关注分类学（typological）的比较研究（例如马建忠的《马氏文通》，1898；"比较"重共性的分析研究），后来注意到了语义学上的问题。直到目前，汉外对比研究总的说来似乎还处在分类和语义这两个基本上是结构主义的维度上，忽视双语的表现法即语用差异对比的功能主义研究，因此翻译对策性还不太强，视界及深度都有待于开拓。当然，比之以往，我们已经有了很大的进步。

从翻译理论的要求来看，对比研究应该是"多维度的"（multidimensional），即不仅仅要重视分类学和语义学上的问题（这是基础的），还必须——而且更重要的是语用问题即表达法系统以及支配它的思维方式和风格问题（这是高层次的、功能的）。所以应该是在几个维度上的研究工作。

翻译最终落实在表达上。表达法是至关重要的课题。究竟何谓"表达

法"？表达法系统包括几个方面、几个层次的问题？我们的研究工作似乎不可避免地要接触到语言各层次包括语法形式结构、语义结构和表现法系统。这是我们的努力方向，见下表：

语言对比研究的多维性		
历时比较研究		共时比较研究
静态对比研究	(1) 类型学维度：文字、词语结构系统 (2) 语义学维度：语义结构系统 (3) 语法维度：词法、句法结构及语段结构系统	着眼于结构的对比研究，大体相当于"体"
动态对比研究	(4) 语用维度：(i) 表达法系统；(ii) 思维方式和风格对比研究；(iii) 对比研究的全景式应用	着眼于功能的对比研究，大体相当于"用"

总之，表达法形式系统受制于思维和情感中最重要、最微妙的审美运作机制，双语转换不能回避审美情感问题，不能回避思维方式、思维特征和思维风格问题。表达法比较研究属于动态性功能主义的审美价值观对比研究，对翻译而言，这是至关紧要的。道理很简单，因为翻译涉及双语，而语言具有特定的民族性，与思维方式、审美特征和风格的审美表现紧密相连，我们不能单打一地谈表达法，也不能止于静态的语言比较。语言的问题归根结底，常常只有一个字：**用**。

对于翻译学而言，语言对比研究属于具有决定意义的基础研究；在历时与共时、静态与动态以及结构（大体相当于"体"）与功能（大体相当于"用"）三个层面上对比研究的深度与广度可以在很大程度上决定翻译学理论的整体水平。

除以上三项基本原则（注重描写性、对策性和语际比较研究）以外，我们的翻译理论建设还应重视以下三个方面：第一，重视对传统的审视（1.3.4）；第二，强调科学论证（1.3.5）；第三，坚持外为中用的原则态度，加强整体性整合研究（1.3.6）。以下分述之。

1.3.4　重视对传统的审视，立意于开拓

对传统进行历史唯物主义的审视的目的在开拓："继往"为了"开来"。

中国传统译论历史悠久，在中国翻译史上起过不可忽视的历史作用。中国传统翻译思想与哲学、美学联姻，内涵丰富、影响深远，例如汉代的"文质相称"论（"文质彬彬"）、"依实出华"论、唐代的"圆满调和"论、严复的"信达雅"论、傅雷的"神形"论、钱锺书的"化境"论等等，思想深刻、命题隽永，已经成了中国人共同的"历史记忆"和译人代代相传的行为准则，我们不应该采取简单粗暴的否定态度；牵强附会于古代西方译论的一些近似的主张。武断地宣称中国近代译论是"抄袭"外论更是荒唐的、错误的。

我们责无旁贷的任务是对传统加以科学地重新审视。应该认识到，历史传统是前人经验的积淀，其中肯定有精华，也有糟粕；有至今仍然熠熠生辉者，也肯定有黯然失色者。我们的责任是用实践来对之加以甄别检验，哪些传统主张应该加以重视、加以发扬，哪些传统主张应该加以"封存"、加以批判。传统的发展观和能动性来自于创造历史的人，而不是反过来，由人来背负传统的十字架。

我们的首要工作是：

第一，厘清中国翻译思想的发展沿革，绘制中国翻译思想史的历史发展"route map"（路径图）。

第二，深刻揭示中国传统译论与中国哲学、美学的思想渊源。

第三，对中国翻译传统做出符合历史唯物主义和辩证唯物主义的全面评析和总结。

1.3.5　强调科学论证，摆脱主观主义的影响

这里说的"论证"指以科学思维为依据的逻辑形式论证，因为唯心主义也有其论证方式。中国人讲究"了悟"，其中有符合唯物主义的心理过程，也有唯心主义的影响。我们应当扬弃唯心主义的成分。

任何学科都可以通过试验、开拓发展为以现代逻辑的形式化为表现手段的科学，翻译学也不例外。所谓"现代逻辑的形式化"，基本的问题就是以科学的逻辑方法或智能符号系统来描述事物的本质及发展过程。在翻译理论中有争论的所谓"等值翻译"与"等效翻译"以及翻译的本质是什么、翻译是科学还是艺术等问题，都可以以形式论证的现代逻辑方法加以论证；我们应该力求全面、辩证地对待翻译学中所有的基本理论问题。

翻译风格学中的"模糊集合"也不是不可以进行认知科学和语言科学的功能性形式论证。人类的模糊认识主要发生于感性阶段，以不确定性（uncertainty）为特征，精确认识主要产生于理性阶段，以确定性（certainty）为特征。而人的感性活动（感觉、知觉、表象）主要依据外部信息输入（原文的审美风格特征）。因此，如果我们紧紧抓住审美客体（原文）的"自在存在"，并将其形式化为符号系统，根据频度、强度、效应等等大体的定性、定量分析，确定"对象类属边界性"大体划分，使模糊的东西尽量精确化，从而尽最大可能扬弃主观唯心的判断，这时的所谓"悟性"，就可能凝结着真正的"灵感的火花"。在这个基础上，我们对风格的感应和表达也就可能比较接近于准确。中国的文学批评史有自己的悠久传统，对文学风格的领悟和表达，通常凭借所谓"印象性术语"（impression terms），如"欣畅""晦涩""沉郁"等等。印象性术语的优势是模糊性和概括力强，术语与术语之间的语义场交叠难分，因此用它们来表示事物有很大的灵活性。由于这个传统历史悠久，因此非常符合中华民族的文化、心理特征和意识过程，这方面我们应当发扬。同时，我们也应该看到，人类思维形式是发展的，科学论证的手段也应当日趋严密。特别是我们在建立一门学科体系时，基本概念都应有科学、严谨的界说，应力求避免模棱两可、含混其词。这样，就可以使我们的论证更加符合客观实际，即语际转换规律的现实，力求避免唯心主义的臆断。

实际上，现代科学技术都可以为我们提供有力的论证手段，如认知科学、语言学、现代美学、传播学、心理学、符号学等等，下面再谈。

1.3.6 博采众长，为我所用，加强整体性理论整合

所谓"整体性理论整合"就是在广泛综合、深入论证条件下的学科理论的科学整合。翻译学有极强的综合性，又涉及双语，处在一个跨语言—文化的多层级、多学科矩阵中，翻译学需要获得许多学科的理论思想和理论命题的支持，这些学科有：语言学家族、认知科学家族、符号学家族、传播学、文化学、以及哲学（尤指释义学和语言哲学）、美学等等。

所谓"博采众长"还有另一层意思，就是博采中西译论之长以拓展学科视界、完善学科架构。西方译论发源并植根于西方文化母体，具有与中国译论完全不同的文化历史渊源。中西方译论传统也各有千秋，因此西方译论可能具有与我们的译论完全不同的视角、价值观及论证方式，他们的理论命题和论点对我们来说也可能是全新的、独到的，甚至是截然相反的，因而很有参考价值。当然中国译论对西方译论家来说也必然如此。这就使学术交流产生互动，这种互动有利于双方理论发展自不待言。

这方面有以下几点需要注意：

（1）对于我们来说，应该自觉坚持"**本位观照，外位参照**"的基本态度，自觉维护理论话语的主权和学术发展观的主权，自觉抵制"扬西抑中"或将中国理论实际上边缘化的错误倾向。任何民族和国家都有自己的文化战略考量，都有权维护文化自我的独立性和完整性。认为学习外国文化、与西方学术对话、坚持博采众长等等就必须放弃文化自我的观点和心态都是非常幼稚的。

（2）在借鉴外国理论的时候应该对具体问题作具体分析，特别是要善作历史语境和文化语境分析。囫囵吞枣式的"理论搬家"，我们有过教训，是完全不可取的。

（3）学习、研究外国译论要分清"源"与"流"，不应将"流"当作"源"来评估、推介，更不应将一时的所谓"时尚"膨化成理论"先河"。世界各国的理论界都有过这类的教训。认定理论的重大意义的唯一途径就是科学论证，并让实践和时间来加以检验。

〔注释〕

①本书初版提到翻译的"本质"（北京初版0.1，第2页；3.0，第41页）问题，引发了很多争议；在本书台北版中改为"本质特征"，有人认为仍欠妥。翻译究竟有没有"本质"？确实值得探讨。本体论绝对主义确信每一类事物中都存在"唯一不变的普遍本质"。维根斯坦反对这一观点，认为每一类事物（或范畴）中只存在"家族相似"（"family resemblances", *Philosophical Investigations*, Part I, § 67, 32e）。"翻译家族"也应如此。笔译、口译、编译、改写之间相同的"本质"是什么呢？大概只能说有共同的基本特征（"家族相似"），即跨语言文化的不同形式的意义（及意向）转换和传播。

②翻译理论据以提供"参照性指令"的依据，是科学论证和方法论研究。这里涉及翻译学的基础理论，特别是语际的对比研究以及语际转换的基本作用机制。这里所谓"指令"，借自现代计算机学及机译理论，但计算机根据人给出的原语内部形式生成"目标指令"的代码是一种"强制程序"，而翻译基本理论运用这个术语时，排除了它的"强制程序"的意义。因此，它是参照性的，指非强制性及可选择性。本书中使用"指令"一词时，都是这个意思。

③在现代语言科学看来，所有的语言规范（norms）都只能是相对的，因为语言中找不到不受交际环境、语言集团、语言形式（口语或书面语）、语言心理及历时的和共时的语言变异等诸多因素限制的所谓"普遍公认的、不变的标准形式"。在翻译理论中，"规范"虽然也是指某种公认的标准形式，但强调它的描写性、变通性则更有必要。详见下文对"翻译规范"的分析。本书在使用"规范"一词时，均强调规范的描写性、变通性。

④符号学（Semiotics 或 Semiology）历史悠久，但作为一门综合性科学则是近代语言学家索绪尔、美国哲学及逻辑学家皮尔士（C. S. Peirce, 1839–1914）和美国科学家莫里斯（C. W. Morris, 1907–1979）等人的研究成果。符号学是一种现代方法论科学，主要分布于三个领域：句法学（也称为语言形态学，研究符号的内部组织系统）、语义学（研究符号与意义的关系）、语用学（研究符号与人的关系系统）。以上三个领域也称为语形符号学、语义符号学和语用符号学。符号学对翻译理论具有无可置疑的方法论意义。

⑤西方翻译理论迄今并未对翻译理论的职能作过专题研究，因此也经常受到

缺乏对策性和流于空泛的责难。关于翻译理论职能的见解目前常见于理论探讨中，例如 L. G. Kelly 认为：翻译理论的职能在于探究如何取得手段与目的之间的平衡（参见 *The True Interpreter: A History of Translation Theory and Practice in the West*, Oxford, 1979, p. 66），认识仍处在对策论层面。

⑥语言学中的"结构主义"主要包括三派，即布拉格学派、哥本哈根学派和美国描写语言学派。这其中，以美国描写语言学派影响最大。结构语言学最基本的主张是语言研究必须建立在音位系统的分析上，然后推衍到形态学及句法领域。形态结构是他们关注的核心。结构主义是 20 世纪 50 年代以前现代语言学研究的主流。

⑦"转换生成学派"是以乔姆斯基为代表的从 20 世纪 60 年代以来以美国为中心的新兴语言学派。乔姆斯基不满足于对言语行为的表面结构分析，力求探索语言内在生成机制，因而推出以形式系统为依据的转换规则。转换生成理论的高度形式化与规则化很难使之具有普遍的适用性。

⑧这是 20 世纪哲学家的普遍认识。参见维根斯坦著《哲学研究》(*Philosophical Investigations,* Part I, §109, 47e; §114, 48e)。

⑨所谓"语言情境"或称"语境"。狭义的语境常指具体的上下文（context）；广义的语境指与言语行为有关的时间、地点、民族文化因素和心理因素，这些因素有历时作用，也有共时作用。这时的"语境"也叫作"情景"（situation）。

⑩这里的所谓"基本作用机制"指基本原理，即翻译行为的发生条件、模式、制约因素等。详见本书第七章（第 115—138 页）。

⑪这里所讲的"情态"是广义的，即不仅指情态助动词的表现问题，还包括蕴涵在语言各层级（词、词组、分句、句子及语段）中的感情态度（词义褒贬、形象色彩、行文格调和语气等等）。

第二章 翻译学的性质及学科架构

2.0 概述:翻译学是一门经验科学

翻译学是一门经验科学(empirical science),建基于翻译经验(translation experience)。但人们达致这个认识却经历了漫长的过程。

从传统上看,人们似乎将"翻译"仅仅视为一种技艺,并没有将它提到"学科"的高度。这是因为,翻译作为一种社会交际手段,虽然历史悠久,但并没有与大规模社会生产特别是科学、技术的发展挂钩。在远古社会中,"翻译"仅仅是供使役的一种"谋生之道",其社会交际功能非常有限,人们对它的认识也非常有限。人类社会进入19世纪后半期以来,科学技术飞速发展,语言接触突破了宗教和外事的狭窄领域,自然科学和社会科学也都有了长足的进步。20世纪50年代以后,世界科学技术出现了飞跃的发展[①];语言的社会交际功能大大增强,语言接触扩大化、多层次化,语言科学也突破了语文学和历史比较语言学的窠臼,进入了多学科化发展的新的历史时期。语言学无论在理论深度、科学性、系统性以及有待开拓的前景方面都今非昔比。近50年来对翻译的科学研究影响最深的是索绪尔关于语言符号的理论、描写语言学关于语言结构分析的理论、功能语言学观以及转换生成语法关于深层结构和表层结构的理论。人们对翻译的科学性有了初步的认识。但它又是一门什么科学呢?

帮助我们认识"翻译是一门经验科学"的是哲学家,特别是 20 世纪 30 年代以来发展起来的科学哲学家(philosophers of science)。科学哲学家使翻译研究者获得了充分的理据,提出"翻译理论"。科学哲学家认为,实践经验和对实践经验的观察(observations)、剖析(analysis)和概括(generalization)是经验科学的基础。在对经验的观察、剖析和概括中,我们发现了客观事物的规律性(regularities),也就是经验法则(empirical law);从经验法则中,可以提出某种理论假说(hypothesis)。这时,我们还需要更多的经验富集(enrichment)来证实观察、剖析和概括所得出的理论假说正确与否。如果实践证明理论假说是正确的,我们就可以说揭示了事物某种程度的可知性(knowability),并从中得出相关的理论法则(theoretical laws)(R. Carnap, "The Nature of Theories", 1936)。② 下面是对以上叙述的概括性图示。

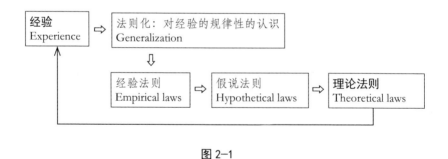

图 2–1

资料来源:主要参考 R. Carnap, "The Nature of Theories", 1936, 载 *Introductory Readings in the Philosophy of Science*, Prometheus, New York, 1998, p. 139。

我们的任务是通过实践不断富集翻译经验,通过法则化推导出经验法则、假说法则和理论法则,以便在更高的层次上指导实践,不断丰富和完善我们的理论体系。

2.1 翻译理论的发展概略

迄今为止人类社会和科学技术发展的这个粗略过程,特别是作为其中一部分的语言学的发展演进过程,大抵映衬了翻译从"技艺"到"科学"的发展背景。在 19 世纪后半期以前,有关翻译的论述大都是文学、哲学大师们的哲学—文艺美学思辨,他们关注的大都是个人行文风格方面的问题。中国宗教经书的译论,达到了很高的水平,特别是在"文"与"质"的美学命题、翻译方法论、翻译原则、翻译思想的阐发、论证方面,为我国及世界翻译史留下了十分珍贵的文献。[③] 20 世纪 50 年代以来,人类社会进入了新的发展时期。传统科学突破了原来的框架,新兴科学技术相继产生,汇合成了所谓"横断科学"领域,从而促进了现代语言学的发展,并由此推动着对翻译的科学化研究。50 年代以来翻译理论研究比之于以往已经有了十分显著的进步。现代翻译理论研究工作者已突破了传统的理论命题和方法论,在翻译的实质、原理、原则、程序和方法诸多方面进行了探索,提出了各种翻译理论基本模式,也就是卡尔纳普(R. Carnap, 1891–1970)所说的"假说法则",力图运用以客体为关注中心的科学的论证方法,而不是以主体的自我感受为基础或"本源"的论证方法。对翻译史的探讨和对机译工程的研究也获得了颇为世人瞩目的进展。纵观漫长的翻译及译论史,可以看出 20 世纪五六十年代是翻译理论发展史上一个重大的分水岭,见图 2–2。

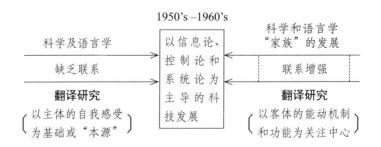

图 2–2 科技发展对翻译研究的推动作用

2.2 翻译学的开放性

从传统上来看,人们似乎将翻译学视为某种封闭型的学科,翻译论者通常将自己的视界囿于翻译领域之内,就翻译论翻译,因此研究命题及深度都非常有限。当然,形成这种封闭性翻译观的主要原因是历史的局限性。20世纪50年代以前的科学水平及语言学研究水平不可能使翻译理论家突破传统理论的有限视界。事实上,正是上述两方面的原因,使翻译理论研究远远落后于翻译实践,使翻译学的建设远远落后于翻译实践的需要。④

实际上,翻译学并不是封闭型而是一门开放型、综合性很强的学科。正因为如此,我们必须如实地将它作为开放型综合性的学科来加以构建,才能符合翻译实践发展的需要,符合翻译学作为研究语际转换手段及规律的科学的需要,符合翻译"既是一门艺术,又是一门科学"这一客观实际的需要。

2.3 翻译学学科架构:内部系统

用系统论的观点来看,作为开放型、综合性学科的翻译学架构分为"内部系统"(internal scheme)与"外部系统"(external scheme)两个结构体系。翻译学的本体,是内部结构系统,由三大部分组成,如图2—3所示。

翻译学内部系统的核心结构是翻译理论,因此建立翻译学的中心任务是建设翻译的理论体系。翻译的理论体系包括三个组成部分,即翻译基本理论、翻译应用理论和翻译学跨学科理论。这三个组成部分的内容分布如图2-3。

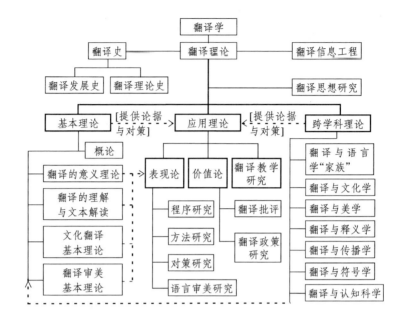

图 2-3 翻译学理论框架示意图

这是从翻译学的内部视角来看它的学科架构,其特点是:

第一,翻译理论是核心,构建系统的翻译理论是翻译学建设的基本任务;

第二,由于翻译学是经验科学,因此翻译史的研究非常重要,所谓"史料就是理论的原料"是有道理的;

第三,翻译行为受制于翻译思想,因此翻译思想研究对整个翻译理论研究具有引导、指导意义。

以上三点说明翻译学是一门与人的观念形态、意识形态密切相关的科学,将翻译学看成一种"唯技能""唯技术"的学科是错误的。

第四,翻译学的内部系统必然衍生了一个与之具有千丝万缕联系的外部系统,这个系统与翻译学的参照性"学科矩阵"(matrix)一起,组成了一个翻译学的多维共同体,下节再议。

2.4 翻译学多维共同体

除了"内部系统"以外，翻译学还有一个作为参照的"外部系统"，即翻译学的横断科学网络。这个网络可以分为三大领域，即：哲学思维、社会文化、语言符号。翻译学与这三个领域的学科的关系是：其一，它们为翻译学内部系统提供论证手段，使翻译学赖以确立其科学性，因此，它们实际上是翻译学的价值观念系统；其二，它们又为翻译学内部系统提供理论思想，使翻译学内涵从内省的、本体自足性发展为开放的、横断交叉性。从这个意义上说，它们实际上又是翻译学的基础理论系统，包括本体论、认识论、方法论和效果论，加上上述的价值论，一共五个范畴，分布如图2-4，构成了翻译学学科架构的外部系统：

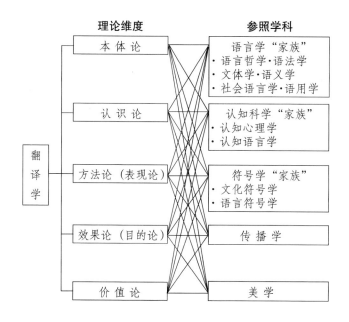

图 2-4　翻译学多维共同体示意图

从这个网络系统的分布和关系来看，我们可以获得如下启示：

（1）翻译学具有极广泛的综合性，它的五个理论维度更具有**明显的开放性**，而我们目前的理论探索工作成果仍非常有限，因此我们必须加倍努力。

（2）对翻译学而言，**宏观研究是非常重要的**，我们要克服历来只关注微观、忽视宏观的倾向。实际上，忽视宏观研究的指向性和指导性，微观研究也就不会有显著的成效。

（3）翻译学与外部关系密切，可以说失去外部关系翻译学就失去了一切：翻译学生生发展于多维共同体中。因此，我们必须**尽全力于整体性整合研究**，在整体性整合研究中构建翻译学的科学的理论体系。

〔注释〕

①最令人瞩目的是信息论、控制论和系统论的产生。新的科学方法论以对客体的动态功能为关注中心，这就使语言学的发展摆脱了因袭的、以主体意向或意图为出发点的描写方法，而诉诸科学的形式论证和对客体的发展机制研究。其结果是语言学各新兴学科的蓬勃发展。

②参见 Carnap 以下论述（p.139）：

... We observe stories and trees and flowers, noting various regularities and describing them by empirical laws. But no matter how long or how carefully we observe such things, we never reach a point at which we observe a molecule. The term "molecule" never arises as a result of observations. For this reason, no amount of generalization from observations will ever produce a theory of molecular processes. Such a theory must arise in another way. It is stated not as a generalization of facts but as a hypothesis. The hypothesis is then tested in a manner analogous in certain ways to the testing of an empirical law. From the hypothesis, certain empirical laws are derived, and these empirical laws are tested in turn by observation of facts. Perhaps the empirical laws derived from the theory are already known and well confirmed. (Such laws may even have motivated the formulation of the theoretical law.) Regardless of whether the derived empirical laws are known and confirmed, or whether they are new laws confirmed by new observations, the confirmation of such derived laws provides indirect confirmation of the theoretical law.

③其中最突出的当推唐朝玄奘的方法论研究。玄奘精通梵汉,学力深厚,潜心译经达 19 年。玄奘提出的"五不翻"是:一、秘密故;二、含多义故;三、无此故;四、顺古故;五、生善故。玄奘的翻译思想可以用梁启超的话概括为"直译意译圆满调和"论,对中国译界影响至深。参见马祖毅著《中国翻译简史》,中国对外翻译出版公司 1984 年版,第 58 页。

④西方翻译理论始于公元前 106 年的西赛罗(Marcus Tullius Cicero, BC106–BC43),但现代翻译理论始于 20 世纪 50 年代和 60 年代,先于我国。西方翻译理论家自 70 年代起分为语文学派、语言学派、功能学派、诠译学派(hermeneutic theory)及符号学派,但各派理论家似乎都有一个共同的缺陷,即从基本观念上并不将翻译学看作一门独立的开放型学科。各派理论都忽视宏观的整合性研究,只是从不同学派的基本理论中汲取"合理成分"以解释翻译理论问题,因此使西方各派翻译理论带有很大的依附性、从属性,因而难以避免片面性。

第三章 翻译理论基本模式

3.0 概述：理论的基本模式

任何理论体系都可以通过整体观照从宏观研究的视角归结为某种基本"模式"（model），作为对该体系的主旨性表述。基本模式乃是全部理论体系赖以形成的基本思想和理论原则的高度集约化和条理化，它实际上是微观研究的综合结果。因此，基本模式通常被视为某种理论体系的构架核心，也可以称之为"范式"（paradigm）。正确的范式原则一旦确立，我们可以通过基本理论模式来检验、推导和论证整个翻译理论体系的合理性以及各组成部分之间的基本理论思想是否始终一贯（consistency）。同时，我们还可以借助于基本理论模式阐发、深化和拓展这一理论体系，修正谬误，校正偏差，使之逐步接近于符合翻译作为人类一种特殊语言交际活动的客观实际。

迄今为止，翻译理论工作者所做的研究工作最终旨在根据自己的宏观研究成果推出某种翻译理论的基本模式，用以阐释双语转换的种种规律和作用机制，构建和完善理论体系，最终达到提高翻译活动的质量、功效和整体水平的目标。

3.1 翻译理论的对象性和对策性

任何翻译理论体系都必须（也必然）以某种特定的原语和目的语作为

自己的研究对象、研究依据和依归。^①翻译理论的这种对象性常常被人们忽视，其结果往往是将一种以某特定原语及目的语作为自己的研究对象、研究依据和依归而推导、概括出来的基本理论模式看成"放诸四海而皆准"的通用模式。实际上，这种通用于任何双语转换的理论模式是并不存在的。下面我们还将概略地论述诸如"等值翻译"论与"等效翻译"论的具体对象性，也就是它们的局限性。

翻译理论的对象性决定了它的对策性。由于翻译理论模式都是以特定的原语和目的语为对象和依归推导、概括出来的，因此，根据这一模式而阐发的原理、制定的规范以及总结得出的方法，都是针对对象语言在转换中出现的矛盾而提出的对策（strategy）。对策性是翻译理论职能的标尺：缺乏对策性的空泛的翻译理论，是谈不上具有认知职能、执行职能与校正职能的。

翻译理论的对象性和对策性的副作用通常表现为某一翻译理论模式的局限性：由于研究对象和对策都以特定的原语和目的语的特性或特征为依据和依归，因此，它们并不具有普遍性。世界上不存在适用于各语系、各种类型语言的语际转换的翻译理论模式。对这一语言和语系适合的翻译理论模式对另一语言和语系则很可能不适合或基本上不适合。譬如，西欧与东欧的翻译理论界很早就有人提出"等值翻译"的模式。英国的卡特福德（J. C. Catford, 1917–2007）是语言学派翻译理论的代表，也是等值翻译模式最早的倡导者之一。他认为，翻译实践的中心任务是在译语中"寻找等值体（式）"，翻译理论的实质是描述翻译等值的机制（等值的条件及本质）。但统观卡特福德的全部理论，可以发现他的等值模式有一个作为前提的依据，即：等值机制的基本条件是用译语的等值语法和词汇替换原语的语法和词汇。这就是说，转换中的双语如果不具备双双等值的语法和词汇（比如汉语就不具备印欧语的语法范畴形态体系，也不具备印欧语之间所具备的同根词汇），"等值"的实现就只能是在语义平面上的对应而不是"等值"。可见，卡特福德所倡导的"等值"的基础和前提是"语法等级"，即语素、词、词组和句子（包括分句或从句）的等值平面，而不同语系的"语法等级"是不可能处于等值平面的。其实，即便是在同一语系之间，同根词汇的转换也不可能实现绝对的"等值"。不同语言的同根词在不同的文化背景观照下，词义大都有了很大的演变。比如日语与汉语的"料理"同源，但词义完全不同。语言是一种多功能的符号体系，符号体系具有种种行为模式，可以承载文化信息、审美信息、文体信息（文字结构和风格）。由于语言符号具有以民族文化和历史、地域为变异因素的种种行为模式，因此，即便是同一种语言（intralingual），由于民族文化和历史、地域的变异都有可能导致语义功能的改变。典型的例子是英语和美语的差异。由于英国英语与美国英语分别具有各自的民族文化背景及历史、地域等不同形态的参照系，因此同一个英语词在两种地域性英语中都不能获得语义上和形式上的等值。比如"homely"在英国英语中完全是个褒义词；但在美国英语中，这个词却很可能具有贬义（《纽约时报》广告：Exact skincare makes you less homely.）。因此，连卡特福德自己也认为等值最终仍不得不诉诸语义功能上的转换。其实，在任何一个语法平面上求得形式对应，使之既处在语言文化、文字结构形式以及行文风格的互相参照的框架之内，又具有语义等值，实在是一种难以企及的理想。倘若执意为之，则难免导致削足适履的机械论。就汉英而言，就更难获得这种"等值"了。

"等效翻译"原则也是西方比较盛行的文学翻译模式，其代表人物是美国著名的翻译理论家奈达（Eugene. A. Nida, 1911–2011）。奈达的研究主要基于《圣经》的翻译。奈达关于等效翻译原则的基本主张是译文在译语读者中所引起的效果应等同于原文在原语读者中所引起的效果。"等效"论者借鉴了接受美学（aesthetics of reception）强调接受者的主体性、创造性，强调接受者的需求和审美意识对艺术作品的调节机制，从而扬弃了"文本中心论"的主张。这些理论思想，对提高翻译活动的社会功能和社会效益无疑具有积极作用。但是等效翻译模式忽视了语际转换（特别是非同一语系或语族）过程的诸多可变因素（variables）。这些因素有：（1）由于原文（文本）的语言结构（包括语音体系）产生的音乐感、韵律感殊异或有异，不同语言无法获得或很难获得等效；此外，文字体系的图像性所承载的意义及语素的配列组合所产生的独创性、谐谑感和幽默感（如汉语的歇后语、双关语）无法获得或很难获得等效。（2）接受者层次（如教育程度、社会阶层等）的文化、教育背景、审美标准及智能差别，乃至个人经历与体验等等可能对同一译作的感应效果，大大有别于原作对操原语的人所唤起的感应的效果。② (3) 时空因素，其中包括历时因素和共时因素。不同时代、不同地域的人由于具有不同的时代感和地域差对同一历史作品的审美感应效果很可能有很大差别；"与该历史作品的同时代人的感受更难相比"（Mathew Arnold, 1861）。时空差产生"不等效"是个恒常现象；产生"等效"，则是非恒常的、偶然的、相对的契合。(4) 民族心理和意识倾向不仅可以导致不同的思维特征、思维方式和思维风格，而且产生具有不同特色和功能的审美意识系统。因此，不同民族心理对语言承载的信息感应不可能是等效的。(5) 从最广泛的意义来说，语言都具有一定的模糊性，文学语言的模糊性更为显著。语言的模糊性导致对语言的感应千差万别。语际转换不能消除语言的模糊性，因为，语言艺术作品的效果在原语和译语中都是模糊的：人对外部世界的感应具有很大的随机性。人作为审美主体对客观世界的美或丑的感受只具有一个模糊测度。③ 可见，所谓"等效反应"即便对同语系或同语族的双语转换，也只是一个不可企及的理想。

3.2 基本理论模式的依据和依归

上文我们论述了基本理论的对象性和对策性，说明了各种语言都有自己的特殊性。对此，功能学派语言学家马丁内（A. Martinet, 1908– ）说，"每一种语言都按自己特有的形式来组织和它相对应的经验材料"④，因为"一种语言和另一种语言的词汇意义和功能的分布情况是各不相同的"⑤。

毫无疑问，有汉语参与的翻译理论基本模式应以我们的母语即汉语为出发点和依归。因为不论是译出或译入，我们都离不开汉语作为基本的"经验材料"，不能不顾汉语的"词汇意义和功能的分布情况"。据此，我们可以将有汉语参与的翻译理论的基本模式概括为：重描写的语义—功能模式。

3.3 翻译理论必须重描写

在语言学中，**描写**（description）与**规定**（prescription）是一对相对的理

论原则,也是两个相对立的方法论范畴。⑥所谓描写,指注重言语行为的表现及事实,不忽视考察任何一种语言的表层形态或形式,从"作为已被接受为事实的语言现象"(an accepted language fact)中探求规律,提出参照指令,而不是一成不变的排他性规定(exclusive prescription)。对汉语而言,描写的重点则是对意义表现的陈述。⑦规定的意思与描写相对应。(David Crystal, *The Cambridge Encyclopedia of Language*, 2nd Ed., 1996, p.2. 以下简称 *CEL*)

现代翻译理论应重描写,而不应诉诸规定,首先是由翻译理论的对象性和对策性决定的;同时,也是由汉语的基本语法特征决定的。基本语法特征是语言特性的决定因素之一(另外两个决定因素是语音和文字体系)。因此,要认识汉语的特性必须准确把握汉语的基本语法特征。

具体说来,汉语的基本语法特征可以归纳为以下几个方面,这些基本特征都是我们据以确立有汉语参与的翻译理论基本模式必须重描写的最重要的语言事实:

(一)汉语的语法功能不具备屈折型形态/形式表现手段。汉语语法的隐含性,是一个最基本的语言事实。比如,汉语名词没有格的形态标志,动词没有时态、语态及语气的形态/形式标志,等等。因此,汉语句子各成分之间缺乏形态/形式联系,它们之间的关系纽带基本上是隐含的、虚的;正因如此,汉语语法关系及词性划分从基本上说大抵取决于语义功能。就这一点而言,汉语语法结构又是内在的、实的。汉语这种重意不重形、虚实结合的语法形态完全不同于讲求形态和形式接应(cohesion)的屈折语。从翻译学的观点来说,其意义在于突出了描写的重要性:

1. 与汉语有关的语际转换必须较少地依靠形态/形式的引导性和标定性,必须放弃追求形式对等的努力,摆脱表层结构的"形式屏障",必须透及深层,把握意义陈述(meaning presentation)的意念机制(mechanism of notion)而不是形式机制(mechanism of form)。用现代符号学的观点来表述则是:中国翻译理论研究不应以重符号系统与符号系统之间的关系的语言形态学(morphology)为主导,而应以研究符号、意义与所指三者的行为模式的语义学为主导,紧紧抓住语言符号的语义功能。与此同时,我们也不应忽视语言的形态特征,即不忽视自然语言符号系统之间的相容性及协调性。

2. 与汉语有关的语际转换，必须较少地重视同步对应转换，更多地重现非同步对应转换，也就是说对应不发生在形式平面而发生在意义平面。必须较少地执着于双语的线性配列对等式，更多地重视双语间层次聚合的对应式。汉语翻译理论研究必须重变通（accommodation）而不是重常规（normality）。用现代符号学的观点来表述则是：汉语翻译理论必须重语言符号系统的语境行为模式即**言语交际情景及上下文对意义陈述的调节功能**，也就是现代语用学机制。

3. 因此，与汉语有关的语际转换必须十分注重对比分析的描写方法，即不论是在语义功能方面，还是在情景语境对意义陈述的制约方面，我们都必须注重双语的对比描写，特别是在语义—文化及语用—文化方面，对比描写应当是汉语翻译理论的基本方法之一。

（二）由于汉语不具备语法功能的形态表现手段，词性及句子成分的确定大抵取决于"语义—句法—语用"三个平面的功能[⑧]，这样就突出了语义结构在语际转换中的重要作用：语义结构成了语句概念组织的轴心和最重要的生成—表达机制。这一事实，造成了汉语语义结构组织成分（constituent）与其语法功能的一体化。在汉语中，语句句法成分的语法功能既然缺乏形态依据，就只能凭借其在语义结构中的作用来判定。因此，汉语中的语义与句法功能是大体统一的，而并不执着于形式（如主动与被动之间的模糊化）。汉语的这一特征，使语际转换的努力只能**主要集中在探求以意义为基础的灵活对应（dynamic equivalence）和功能代偿（functional redress）上**。这样，就使中国的翻译理论必须十分注重以语言功能为依据的灵活性和参照性，十分注重对于动态转换机制及条件的描写，而不能开列公式或规定；在方法论上，必须十分注重变通。

（三）由于汉语不具备语法功能的形态／形式体系表现手段，取消了词与词、语法项与语法项，如主语与谓语之间的形式关联，从而突出了语义结构的轴心作用，形成了意念主轴，而语义结构框架（the frame of the semantic structure）的确定，主要依据汉语的母语语感而不是依靠语法形式或形态。语感产生于操某一语言的民族的历时经验（diachronic experience）及共时运用（synchronic performance），即所谓约定俗成。比如，在汉语中，核心句及变式的构架（SV/SVO/SOV/SVC）常常是很难确定的,特别是主语。汉语的主语和主谓的内在关系比印欧语中的主语和主谓关系复杂得多⑨,汉语的主谓组合式及主位—述位变式多至100余种。⑩这样就导致汉语句型变式的复杂化(语法歧义很多)以及看似所谓"非逻辑倾向",例如:

(i) 村里死了人。(主语是"村里"。cp."人死了在村里")

(ii) 李大妈死了三只鸡。(主语是"李大妈"。cp."李大妈的三只鸡死了")

(iii) 敬酒不吃吃罚酒。(话题主语是"敬酒",第一个"吃"无受事;第二个"吃"的受事是"罚酒",它的施事是"敬酒不吃"。cp."他不吃敬酒,反落得吃罚酒"。另例:"鸡不吃了,喝点酒吧","鸡"是话题主语,"不吃"是否定式谓语)

(iv) 歪打正着。(结构完整、语义完整,语法结构是"副词+动词"并列,这是一个无主句,但也可以是一个短语)

如果用印欧语的语法来分析,以上四句都"不合逻辑",但在汉语中,它们都是合格句,符合以汉语为本位的语法逻辑,它们都叫作话题主语句,也就是说主语不是施事,只是一个话题(topic, theme)。话题主语化打破了主语必须与动词谓语形成"施动"关系的框框,将语法逻辑放在汉语本位观中来观照,使话题(主语)与述题(rheme,谓语)处在"解释"与"被解释"的**高度动态关系**中,使汉语句法独树一帜。这一语言事实使我们不能不十分关注双语转换中诸多变式的描写。在这里,"一刀切"式的规定是不能解决问题的,汉译英中的主谓定位以及被动句的英汉互换即是一例。这一语言事实也使中国翻译理论的方法论研究应侧重于对变通手段而不是常规手段的描写。⑪

(四)从汉语的句子扩展模式即语段特征来分析,汉语句子的表述规律及组织特征别具一格,中国翻译理论也必须首先紧紧抓住对语言事实的描写,通过对语境的具体分析进入句子结构规律的微观写照。在这里,尤其是就汉译外而言,制定规则也是无济于事的。汉语的句子中词项与词项之间缺乏形式约束,不似印欧语以动词的形态变化为轴线作话语贯通,形成形态主轴的"焦点透视"。汉语句段以"板块结构"⑫，流散铺排，以话题（topic）为意念主轴⑬，以"神"驭"形"。由于印欧语以（动词的）形态主轴组织句段，使印欧语之间的转换得以形成比较易于把握的形态程式。而汉语则不然，汉语形散而神聚，重内在的意念发展，形成主要不凭借形式链接（chain connection）的意念主轴。这种意念主轴的"板块流散型"句段发展，流变性、随机性很大，时空限制（时态、语态、语气及格的层次等）很小，格局变化多端，不受形式链接机制的限制。试比较赫胥黎（Thomas Henry Huxley, 1825–1895）的英语语段发展结构与严复翻译的汉语语段铺排；两相对照，即可将英语的形态主轴与汉语的意念主轴窥见于一斑：

> It may be safely assumed that, two thousand years ago, before Caesar set foot in southern Britain, the whole countryside visible from the windows of the room in which I write, was in what is called "the state of nature". Except, it may be, by raising a few sepulchral mounds, such as those which still, here and there, break the flowing contours of the downs, man's hands had made no mark upon it; and the thin veil of vegetation which over — spread the broad — backed heights and the shelving sides of the coombs was unaffected by his industry. The native grasses and weeds, the scattered patches of gores, contended with one another for the possession of the scanty surface soil...

> 赫胥黎独处一室之中，在英伦之南，背山而面野，槛外诸境，历历如在几下。乃悬想二千年前，当罗马大将恺撒未到时，此间有何景物。计唯有天造草昧，人工未施，其借征人境者，不过几处荒坟，散见坡陀起伏间，而灌木丛林，蒙茸山麓，未经删治如今日者，则无疑也。怒生之草，交加之藤，势如争长相雄，各据一抔壤土……

严复的这种"形散神聚"式板块流意念主轴行文，是对英语的"以形寓意"的形态主轴行文的重组（recasting），这正是严译精美之所在。很显然，双语在这种情况下的同步转换是不可能实现的。在这里，翻译理论家能做到的，只能是对意义陈述方式的最一般的描写。

3.4 语义结构的核心作用及架构手段

汉语语义结构是现代翻译理论基本模式描写的核心之一,其基本架构手段是:

(一)文字体系 汉语的文字体系作为符号系统直接参与了表意功能,使汉语的语义结构图像化、造型化。帕尔默在评述汉语时说:汉字作为"视觉符号(可以)直接表示概念,而不是通过口头的词再去表示概念"(Palmer, 1965)。[14] 汉字图像本身即具有承载语义信息的功能。比如"协"从"心"、从"力",同心才能协力,表达语义加上逻辑概念。这就是汉语的所谓"形入心通",[15] 文字造型与思维直接相通。就语言符号学而论,符号的"形""音"与"义"的结合是任意的,但汉字却独具形、声、义三维结构的交际功能。[16] 汉字这种特点便于语义整体结构的"成形"(formation)、"对接"(linearity)与"聚集"(aggregation)。

(二)虚词 汉语虚词是语义结构最基本的架构手段。汉语虚词是一种特殊的语言符号:它们具有语法功能,承载语法信息,是汉语的语法范畴标志,如"着""了""过"是时态标志,"被""受"是语态标志,"得"是补语标志;[17] 虚词还具有语义功能,它们是汉语语义结构中的意义连接形素(meaning connection morph),如果没有这些形素作为连接"部件",汉语基本语义结构(词组、句子)就构筑不起来。

(三)语序 我国古代很早就有关于汉语语序重要性的论述。例如《周易》中说:"艮其辅,言有序,悔亡。"语序在汉语句法结构中是至关重要的一种语义对接和组合机制,其重要性主要表现在句法层的语义结构功能上。在汉语中"父爱子"这个语义结构就是由语序的功能机制确定的。它是一种强制性配列式,而在屈折语如拉丁语中,"父爱子"的对应式语序则是非强制性的(pater amat filium, filium amat pater 与 pater filium amat 三式相同)。此外,汉语的语序作为语义结构手段还有其特殊性。汉语思维方式可以决定句法—语义结构采取意义支点连接式,凭借意义的逻辑组合或语感构成(常形成粒散式意合配列),而无须执着于核心句范式。如"这种墙壁(S 话题主语)·往哪儿(A 介词短语作状语)·钉钉子(呢)(VO

结构，施事隐含）"一句，掇取了三个意义支点，无论在语法上及在语感上都是合格句（SAVO），但句子隐去了行为者，名词不具备格与数，动词不具备时与态等语法范畴，语义结构完全不同于屈折语，前者凭借意念主轴取意义支点，后者凭借形态主轴，以形役意。有汉语参与的译出或译入都必须紧紧把握住这一点。

（四）以上（一）、（二）、（三）统合为汉语最基本的一个语言机制——意念主轴，主要表现为意念的直接而简单的对接，不需要任何其他的句法构形部件，即形成思维意念流，已如上述。

由以上分析可以看出，汉语语义结构本体的简约化，是汉语语言结构最基本的特征和优长，也是与汉语有关的双语转换最基本的根据和依归。按照洪堡特（W. Humboldt, 1767–1835）的论证，所谓语义结构，也就是内部言语形式，与思维密切相连。根据这一理论，语义结构（内部言语形式）通常显示出某一语言的特征。洪堡特认为，语言的内部形式通常反映使用该语言的人特有的表达方式和风格，因此内部言语是产生语言结构差异和语言多样性的根源。[18] 实际上，这也正是我们的翻译理论基本模式的最重要、最基本的依据。在印欧语中，语言的内部形式表现为语义结构与形态变化体系的统一；语义结构的基本构筑机制，是以屈折型形态变化体系为主轴，语义结构从一开始即具有形态特征所赋予的语法功能。这一过程一旦完成，外部言语形式即可显现为听觉或视觉符号系统。汉语不具备繁复的屈折型形态变化体系，它的语义结构呈非常简约的形式，正如洪堡特在评述汉语语义结构时所说的，它"没有形式上的语法区别，抛弃了一切无用的附属装置，从而使句子跟思想的顺序密切对应"。[19] 洪堡特所说的大体就是我们所谓的"意念流"。

3.5　形式对应的功能观

译坛上议论纷纭的所谓"形式"问题，定界（概念所指）十分广泛，争议常常起于定界不明。从语言功能观来看，"形式"是个层级概念。最表层的所谓"形式"，指语言文字的图像或一般的表观结构特征（如对联"此木为柴山山出,因火成烟夕夕多"所体现的图像性)。其次,"形式"常用以指词语、句式的语序,即所谓"字比句次"(严复:《天演论·译例言一》)。再次,"形式"常用以指原文(或译文)的表现法,如各式修辞格、形象性词语之运用,以及单句、复句、长句、短句之铺展安排。最后,"形式"又常指词语的"字面意义"(face value),也就是本义,拘泥于字面意义的翻译,常被视为"拘泥于形式"。

一般说来,上述各层级的形式表意设计能否按原语意图转换为译语而保留形式对应,**统摄于亦即取决于功能**:就是说取决于是否达意、传情。这是功能主义形式论的基本观点,相当接近我国东晋顾恺之(348—409)提出的"以形写神"论,[20] 他的意思是:以"形"来做依据,来判断它是不是表达了"神"(意义、意向、意蕴、风格、风貌等等),如果表达了,就不要将它轻轻放过,而要把握它、研究它是怎么"写"(表达、表现)的,以便决定翻译对策。传统上的"得意忘形"论及"重神似而不重形似"论都应该有一定的定界说明,我们在理解中不要绝对化。下面试对语言各层级形式对应的情况进行考察。

(一)文字体系结构层　任何一种语言文字都是一个独特的符号体系(表层形式),因此利用符号本身达意传情而能实现意义对应转换的情况比较少见。如"丁字街"可以译为 T-shaped streets,"凹形槽"则是 U slot,而"之字路"则有英语的 Double Bend,仍然只能诉诸概念对应。汉语中许多利用文字体系结构设计的对联等样式(如前面提到的"此木为柴山山出,因火成烟夕夕多")都不可能找到外语对应式。

(二)形态体系结构层　很显然,具有屈折式形态变化的语言的形态表意功能都必须转化为汉语的词汇表意功能。Your parent 是"你的父亲或母亲",your parents 是"你的父母亲"。时态、语气、语态以及"体"的英汉转换都是这个层级。

(三)句法形式结构层　句子的形式表现常常体现说话者的某种形式立意,与语言的结构特征和表达方式也很有关系。比如汉语的句子常常缺乏严谨的 SV/SVO 结构规范性,转换成英语就必须按原语词项的语义功能,进行译语 SV/SVO 结构完形。《论语》中的流水式名句"饱食终日,无所用心,难矣哉",很难析出 SV/SVO。我们只能抓住功能,按英语句子的形式表现规范完形为"Hard is it to deal with him, who will stuff himself with food the whole day, without applying his mind to anything good!"

（四）意义结构层　上文讨论过意义的类型。在翻译中我们一般将字面意义（概念意义）的对应称为形式对应，这时的所谓形式其实已深入到了意义结构层。很显然，这是宽泛意义上的形式对应。如果我们不坚持形式对应的功能目的，就会止步于"文字表面意义的等值"（equal face-value）。比如"寻花问柳"的形式对应是"look for flowers and willows"。这种意义的形式对应表面看来是等值的，但它忽略了形象比喻（功能意义）。只有贯彻功能观，才能透过形式屏障，抓住"寻花问柳"真正的概念意义——"womanizing"。

（五）语言的总体结构（语段层）　这里涉及的问题更多，如形合意合、修辞格、语段扩展模式、前述与结述的分布模式、风格问题，都涉及一个形式模仿与摆脱形式模仿，把握住功能以求对应的问题。

总之，形式对应具有一种式微趋势（the decline of formal equivalence），即双语转换越向高层次发展，形式对应越难以实现；功能代偿（代偿式对应）则具有一种扩张趋势（the expansion of functional equivalence）。双语转换越向高层次发展，功能对语言形式的调节作用则越见其强。

具体说来，形式对应转换，必须按语境加以调节：

第一，按狭义的语境即上下文（详见1.3节，第13页注9）加以调节。上下文通常表现为搭配（collocation）。弗斯（J. R. Firth, 1890–1960）提出的"意义取决于搭配"这一语义辨析原则和词语联立形式对中国翻译理论具有不可忽视的意义。例如常被混淆的几个汉语副词（不免、难免、未免、未必）的使用主要取决于词语联立关系即上下文：

(i) 你这么做，××有好处。
（只能用"未必"）
(ii) 俗话说，"人非圣贤"，××犯错误。
（只能用"难免"或"难免不"）
(iii) 他提起这么多不幸的往事，××使我悲从中来。
（只能使用"不免"）

（iv）你做这种事，××有伤你自己的声誉。
（只能用"未免"）

第二，按广义的语境即言语交际的社会情境（同上）加以调节。发生在特定的交际场合或环境中的句子形式取决于彼时彼地特定的交流目的或预期效果（presupposed effect），双语转换中的句式通常必须以此作为语用理据（pragmatic motivation）。所谓语用理据就是语言变式的言语行为目的性及意图。中国翻译理论必须注意研究变式的语用理据，以确定原语—目的语的对应形式。常提到的例子是：

（i）张三打了李四。
〔谁打谁了？事实陈述，SV **提挈句**，全句是 SVO〕
Zhang San beat Li Si.

（ii）张三把李四打了。
〔张三又干了什么事？"把"字句：将宾语提前〕
Zhang San has beaten Li Si.

（iii）李四被张三打了。
〔李四今天怎么啦？"被"字句：将施事提前〕
Li Si was beaten by Zhang San.

（iv）打李四的是张三。
〔打李四的是谁？"是"字判断句 1 式〕
It's Zhang San who beat Li Si.

（v）张三是打了李四的。
〔张三究竟打了李四没有？"是"字判断句 2 式〕
Zhang San has definitely beaten Li Si.

以上汉语五例，只有第一句是 SV 提挈句，而各变式的英语译语句式（都是 SV 提挈式）取决于括号内的语用分析（或所谓"语用推断"）。很显然，考虑到这些因素而进行语用推断，双语转换时句式变化就会更加准确而又灵活。

第三，文化因素对形式的调节作用。文化背景涉及原语与目的语之间的广泛的时空差异。这种时空差异导致民族心理和意识过程的差异，由此而表现为语言表达法的种种不同形式、特征及风格。因此，我们说文化是语言最大的参照系。我们可以从下节（3.6）引述的《济公自嘲诗》看到语言中的种种文化色彩。由于文化因素（从诗的形式、音韵到比喻等修辞格）使双语转换不得不在形式上做出很大的变通，甚至不得不使汉语的格律诗改变为译语的散文体（prosaic）。这种不得已而为之的形式变通历来是形式对应中的一大难题。这就使双语的形式对应只能是第二位的、从属的、权宜的。

3.6 翻译理论基本模式中的功能规范

一切意义陈述必须受制于功能机制表现为语言形式，已如上述。因此，功能机制是深层的，功能表现是表层的。前者涉及语言生成，后者涉及言语交际。汉语的翻译理论不仅应重视功能机制的研究，也必须重视功能表现的研究，因为功能表现直接影响到交际效果。

就汉语翻译理论而言，翻译的功能表现可以分为三个等级，这三个等级体现不同的交际质量和效果，同时也标志着三个不同的功能发挥程度：即基础等级，功能表现为传达信息内涵；中间等级，功能表现为适应交际行为；最高等级，功能表现为审美传感效果。

功能表现等级，即双语转换的质量和效果可以使我们据此订出参照性功能规范，如下表所示：

最高等级	• 能传达原语审美及修辞立意，包括原文的风格、神韵及形式美；既能达意，又有传情。
中间等级	• 能在达意以外，适应社会情景要求，包括语体等级、文体样式，等等，即：尚能传情。
基础等级	• 能实现传达语义信息内容的功能，即言语交际最基本的功能：只求达意。

就整体而言：随着翻译实践水平的提高及理论研究工作的深化，达到中间等级功能质量的译著是不少的。但由于汉语语言文字的特殊性以及文化障碍，在很多情况下（尤其是格律诗及汉语典籍）达到中间等级已殊属不易。试以下面这首《济公自嘲诗》（佚名）为例。诗中出现了十五个"无"字，代表"南无阿弥陀佛"，据说还暗指佛学中十五个"法相"：

莫笑我无双国士，任处处无上欢迎；
实乃是无足轻重，大半世无臭无声；
笑谈处无伤大雅，酒醉后无始无边。
爱只爱无肠公子，笑骂我无赖无聊；
自任我无冬无夏，看世界无颇无偏。

从形式上看，这种充满审美修辞立意的诗作显然是很难翻译的。原诗十五个"无"字更无法表达。全诗具有浓郁的民族文化色彩，使济公神情与丰姿跃然纸上。今试译如下，不得不完全散文化：

Please don't laugh at me — I'm a man of superior talent, enjoying real popularity. To be perfectly honest I am nobody, just a small potato. It doesn't matter if I make ridiculous comments. I become even more crazy after wine. I like eating crabs and because of this people take me to be a hopeless monk. But I don't care what they say just as I don't care whether it's summer or winter. But remember, I'm always unbiased toward every one and everything in the world.

由于可译性障碍很多，大大影响了原语形式的对应转换和交际功能的充分发挥。这时的译作往往只能处于基础等级：译著常被迫不求有功于传情，但求无过于达意。

当然如何克服可译性障碍，在任何情况下保证语言功能表现的最高等级，正是我们翻译理论工作者所应奋力以求的目的和充分展开的理论课题，详见第六章。

3.7 结语

至此，我们可以将有汉语参与的语际转换基本理论模式归结为以下要点：

（1）只有重描写，才能保证我们的翻译理论符合汉外互译的文化实际和语言实际，因而具有明确的对象性及对策性，尽可能完全覆盖翻译所涉及的问题；

（2）只有重语义结构，才能保证有汉语参与的语际转换实现意义的对应和功能代偿转换，完成翻译作为语际信息传播手段的基本任务；

（3）只有重功能[21]，才能保证翻译者做出自我完善的不断努力，履行社会交流日益强化的职能。

〔注释〕

①毋庸置疑，翻译学中还有许多一般性的问题，不限于特定的对象语言，我们可以将这类课题归入"普通翻译学"。看来，"普通翻译学"相当于"普通语言学"，而"翻译理论体系"则如同语法理论体系一样，是以特定的语言或语系为研究对象、依据和依归的，尽管研究者并没有明确宣称。譬如美国描写语言学家萨丕尔（E. Sapir, 1884–1939）的研究就着重依据美洲印第安人的许多语言。后来乔姆斯基运用描写语言学派哈里斯（Z. Harries, 1909–1992）的方法来研究希伯来语，结果收效甚微。乔姆斯基于是扬弃了描写主义，专心致志于以印欧语为依据的转换生成语法（TG）理论。

②西方现代哲学中有所谓的"不可通约性"（incommensurability），意思是具有不同性质及不同层面、没有共同量度标准的事物是不能进行比较的，更谈不上对等；对比语言学中的用语是可比性（comparability）。

③这方面的论述目前已有不少了。经典性文献可参见查德（L. A. Zadh, 1884–2017）著《模糊集》，载《自然科学哲学问题丛刊》，1981年，第2期。

④以上引语分别参见 A. Martinet 著 *A Functional View of Language*, 1962, p. 2

及 *Studies in Functional Syntax*, p. 228。

⑤同上。

⑥因此，很显然，我们这里所说的"描写"是广义的，与美国描写语言学派所主张的描写主义理论模式不同，后者是狭义的。

⑦包括以上引语均参见 J. B. Firth 的如下论述："描写语言学的首要任务就是对意义进行陈述。"（*The Treatment of Language in General Linguistics*, 1959, p.146）

⑧参见《语言教学与研究》，1992 年第一期载《三个平面：语法研究的多维视野》，第 4 页。

⑨参见李临定著《主语的语法地位》，载《庆祝吕叔湘先生从事语言教学与研究六十年论文集》，语文出版社 1985 年版，第 62 页。

⑩参见陈建民著《现代汉语句型论》，语文出版社 1986 年版，第 11 页。

⑪"常规"指对应（词语层）和同步（句及语段层）；"变通"指常规以外的一切手段。汉英互译变通手段是极重要的，指各种形式的功能代偿。

⑫"板块结构"是一种比喻的说法，特指汉语语流中结构上相对独立的词语组合，这种组合，变化多端，但基本结构形式是词组结构，包括主谓结构、述宾结构、述补结构、偏正结构、联合结构、连谓结构及其他变式的直接组合。也有人将"板块"称为"句段"（sentence sections），意指句子的片段。

⑬也有人称之为"意序"，即以意念（idea）为句子的连贯纽带。

⑭Palmer 对汉语的评论并不完全准确。实际上汉语字、词的语义提示功能很不完善，充其量只具有未提示性，汉语主要是靠音（声调）表意。

⑮这就不同于印欧语。印欧语必须先将概念转化为音，由音素构成词，才能与思维（概念）沟通，即所谓"声入心通"。"声入心通"即现代语言学中所说的思维对语言的"投射"（mapping），印欧语的投射必须通过形态变化（inflection）机制。这是形态语言的共性。

⑯在索绪尔看来，语言符号的能指属于听觉性质，符号的组合只能在时间这个向度上展开，因此，他认为语言符号的能指只能是线性的，而汉字这个符号系统却在形、声、义三个向度上相结合，这就大大加强了汉字的交际功能。

⑰这是就大体而言。汉语的语法范畴并不完全靠这些虚词（助词）作标志。汉语语法范围之确定，大抵取决于语境（即具体的上下文）限制下的语义—句法功能—语用调节等三个平面相互作用。

⑱参见 W. Humboldt 著 *Introduction a l'auvre sur le Kavi E'ditions du Seuill*, Paris,

1974。

⑲转引自徐志民:《洪堡特语言理论说略》,载《语言导报》,1987年,第十一期。

⑳见《历代名画记》卷五,引。

㉑奈达在 *From One Language to Another*（与J. Waard合著）中将功能分为九类:（1）expressive function（表现功能）;（2）cognitive function（认知功能）;（3）interpersonal function（人际功能）;（4）informative function（信息功能）;（5）imperative function（祈使功能）;（6）performative function（行为功能）;（7）emotive function（感情功能）;（8）aesthetic function（审美功能）;（9）metalingual function（语言文化功能）。

第四章 翻译的意义理论和理解理论

4.0 概述：意义对翻译的意义

翻译是一种语际传播行为，而传播的内容离不开意义。翻译的实质性特征则正是双语在交流中的意义对应转换。① 这里所说的"在交流中的意义"，包括概念意义（conceptive meaning, 4.0.1）、语境意义（contextual meaning, 4.0.2）、形式意义（formal meaning, 4.0.3）、风格意义（stylistic meaning, 4.0.4）、形象意义（figurative meaning, 4.0.5）和文化意义（cultural meaning, 4.0.6）。由此可见，意义转换是多层次、多方位的，而不是平面的、单向的。②

语际转换可以是多层次的：有语音层的转换，即音译，有语言文字形式上的直接"移植"，如拉丁语、法语、德语词语之移植于英语中。语音层和文字形式的转换都是语际的表层转换。翻译关注的中心是意义层的对应转换。意义转换是语际间的多维度深层转换，其中包括概念维度、审美维度、情感维度和逻辑维度。具体而言，要把握以下几种意义：

概念意义：指词、词组、句及超句群（语段）等四个层次的语义信息或语义内容。在语义学中，词的概念意义是词义的核心。词语的概念意义，也就是所指意义；在句子层，概念意义指由主位部分及述位部分组成的全句的全部概念语义内容。

语境意义：具有两方面的含义，一是指词语在特定的语言环境中的意义。特定的语言环境给词的概念意义以某种调节，从而赋予它以某种联立含义或关联含义。语言还具有特定的社会环境。因此语境意义还包括由交际目的、交际场合及接受者因素所决定的以上四个层次的语义信息所具有的感情色彩、情态、暗含义等等,统称为"情景意义"或"功能意义"(meaning determined by the situation or social function)。词的语法意义和搭配意义都属于词语的联立含义,前者是以语法关系蕴含意义。

形式意义:指语言文字形式或章句安排及篇章结构在形式上的特征。许多修辞格以及诗歌和汉语的对联、骈句等语言特定样式通常具有鲜明的形式意义。形式意义还包括语言结构形式转换时产生的暗含意义(包括形式的变化或变异所产生的褒贬、轻重、分寸等差异),比如主动式与被动式、分词、不定式与动名词之间的语义微差。这时形式所承载的意义并不显著,但不能忽视,因为意义转换包括全部意义,包括意义微差。

风格意义:指原文风格所表现出来的种种意义,包括文体特征及作家个人的用语及行文特征。风格意义体现在所谓风格信息中。翻译学必须研究风格信息的转换问题。

形象意义:指词语的修辞比喻义。修辞比喻义是词语从字面意义(literal meaning)到比喻意义的发展和转移。形象比喻是语义的一种着色手段(colouring),使之不同于"白描词"(plain word)。这显然是意义转换中不能忽视的修辞意义。

文化意义:指语言载体所反映的民族文化和心理素质。毫无疑问,不顾语言的文化含义,无视语言中所包含的丰富多彩的民族文化"多棱镜映象"(prismatic images),就必然会导致意义丧失,因为文化意义也参与语言的交际功能。

以上六项意义都蕴含概念、审美、情感、逻辑四个方面的种种成分。

总之,翻译涉及的是从形式到内容、从语音到语义、从达意到传情、从语言到文化的多层次、多方位语际转换。翻译学首先是一门科学,有其本身的内部规律、行为模式、作用机制、工作规范和实施程序。从事翻译的人必须运用自己的抽象思维和形象思维;同时,翻译学又是一种语言艺术学科,有其本身的学科结构、艺术法则、美学特征、审美意识系统和体验过程。从事翻译的人还必须运用自己的创造性思维,赋予自己的成果以审美价值。翻译是一种艰辛的分析—综合性脑力劳动。同时又是一种令人神往的艺术创作，它要求其从事者倾注才情，乃至毕生的精力，为民族文化的发展提供外域的积极借鉴作为参照信息。

下面我们将对上述六种意义作必要的解释，以便认清翻译活动较全面、较具体的范畴，同时可以对翻译理论研究的诸多领域有个总体的、概略的了解。

4.0.1 概念意义

概念意义是语言信息的核心和主体。如上所述，概念意义包括词、词组、句子及超句群等四个层次的语义内容，在语义学和语用学中，语义内容具有两层意思：其一是表达了什么（what is expressed），其二是怎么表达的（how it is expressed）。这两个命题，都是语际转换中要研究的中心课题。前者涉及词句的概念所指、词义辨析、情态辨析及审美、句义及从语段到语篇的全部含义，集中于程序论中的理解（comprehension）；后者涉及表达方式（mode of expression），与形式意义和风格意义有关，在程序论和方法论中属于表达问题。

就翻译理论而言，对概念意义研究的中心问题是在双语对比中探求语义对应（semantic equivalence）和语义代偿（semantic compensation），其中包括双语对事物或物质实体所指的同一性和非同一性（差异），以及在双语转换中的符号行为模式和可采取的基本手段。这里涉及许多重大的理论问题，如符号学及语际转换基本作用机制、可译性问题、方法论和程序论以及双语转换中必须考虑到的其他可能引起语义变化的因素等等。毫无疑问，对概念意义的研究是翻译理论的中心课题之一：归根结底，概念意义的转换是全部意义转换的基础、轴心和主体。

4.0.2 语境意义

然而，任何交流中的词语、语句和语段都必须处在特定的词语联立关系即上下文（context 或 the frame of words）中，又受到特定的、大于上下文、扩及相关社会交际情境即广义语境的调节。因此语境是意义的基本参照系。孤立的词语的意义必然是游移不定的。比如 face 一词，可以当"面容"讲，也可能指"表面"（如支票、货币的"表面值"）。究竟当什么讲，只有放在以下的词语联立关系中才能使语义变游移为稳定：face value（票面价值），face lift（整容、美容）。这是最简单的语境，也就是"搭配"（collocation）。语境对意义的调节机制可以扩及以下五个方面：(1) 词语的特定环境所产生的变义；(2) 词语的情态色彩和审美立意；(3) 词语语法意义；(4) 句子及超句群在特定的集约形式中的意义或暗含义；(5) 语篇的主题意义或暗含义。因此，翻译中对上下文及更广泛的语言环境所确定的语境意义的研究是绝不可忽视的。

除此以外，"语境"还有其社会功能方面的含义，也就是前面所提到的情景意义。情景意义的范围很广，几乎涉及言语交际行为的各个方面，其中包括以下诸多因素作用于语言结构各层次而产生的意义，这些功能因素有：

(1) 言语的交际目的，涉及意义产生的语用学行为机制。根据语用学的言语行为理论，言语行为都可以按交际目的的归属一定的类型，如陈述（肯定或否定）、请求、询问、命令、表感（感谢、抱歉、祝贺、祝愿）等等。言语的这类行为目的可以对意义产生明显的定向作用。这就是语境调节机制的具体表现。

(2) 言语的交际对象，即所谓接受者因素。交际对象的接受能力及倾向和接受效果也可以对意义产生定向作用，将意义的表现形式（包括语域、句式及语篇组织体式）调节到最佳选定式。

(3) 言语的交际场合，即所谓交际的时空因素，这里也涉及形式意义及文化意义。

4.0.3　形式意义

形式意义（meaning in the form）是语言符号不可分割的一部分，因为任何概念意义都必须以某种形式（在原语作者的心目中一般是最佳形式）表现出来，使符号所承载的内容成为可感知（听觉和视觉）的实体。因此，语言信息对形式的选择绝不是随意的（random）、无目的的，它必然有一定的"设定概念"(preconception),中国传统文论上称为"修辞立意"。翻译理论必须关注原语的这种具有审美—修辞功能的形式立意,因为形式立意是意义转换的组成成分,缺了它,就不能说原语的全部意义已尽可能忠实地被传达出来了。

如前所述,形态语言的内部形式变化虽然通常并不引起概念意义的增减,但也不能一概而论。伴随形态变化的概念微差其实有很多情况必须注意。例如英语中用主动式或用被动式常常有一个信息重点的转移问题,应该反映在译语中。还有很多动词形态变式承载微量概念意义。例如有一种 there+be+no+verb-ing 的句型,有时可以表示"不能""不可"等情态。这时的情态意义就有待于转换,如 "Once let him start, there was no stopping." 意思是"他一旦开始(干某事),就没个完(没人能止住他)",句式蕴含贬义。这类例子还有很多。语言的形—义变化(intralingual changes in meaning and form)应加以注意。

一般说来对形式意义进行研究的目的是探求所谓形式对应(equivalence in form)和形式代偿(compensation in form)。形式对应应当恪守什么原则?如何鉴别有修辞立意的形式表现?在什么情况下可以实现或必须放弃形式对应的努力?形式对应的手段、可行性及其利弊等等,都是翻译理论的研究课题。这里涉及翻译原则和原理、方法论以及翻译美学中的若干问题。如何体现原语形式意义是翻译方法论及程序论中关于表达的基本任务之一。语际转换中找不到形式对应的情况很多,这时我们有很多必备的代偿手段解决矛盾(见本书 9.3.1 节)。

4.0.4 风格意义

风格意义属于高层次的意义构成[③],因此对风格意义的研究属于翻译理论中高层次的研究,主要集中于翻译的风格论。

对风格意义进行研究的目的是探求所谓风格对应(stylistic equivalence)和风格代偿(stylistic compensation)。长期以来,我们对翻译中涉及风格的诸多问题缺乏应有的重视。主要的问题是我们对文体的社会功能认识不足,对"风格"一词在理解上过于狭窄。有鉴于此,翻译理论应较全面地利用符号学等论证手段探讨风格意义的转换（尤其是风格代偿）问题。除了包括对风格手段的研究以外，还应探讨文体的社会功能、文风时尚（翻译文风的历时性与共时性）、个人风格以及关于"翻译味"等重大的翻译风格论课题。在本书中对以上诸多问题只能举其大端，略加阐发。

4.0.5　形象意义

"形象化"是语言反映外部世界以及表达思维的一种特殊的审美方式，它借助的不是抽象的理念，而是感性形象（或表观）的基本特征。因此形象化语言的特点就是它的具象性或描绘性，它的功能不是唤起人的理性思维，而是借助直觉（直感）为人的思维提供一个有形、有色、有声的意象（或"映象"，image）。因此，很显然，它是一种有表现力的意义审美表现手段。我们必须在语际转换中把握这种手段，将它的"映象"下的意义转换过来。

形象意义一般可以分为隐喻意义（metaphorical meaning）、明喻意义（simile meaning）和换喻意义（metonymical meaning）。三者都是以事物的形状（形象）作审美描写手段产生的意义。如 riverbed（河床），以"床"的形状描绘河流之底。这类词可以在汉语中找到对应体。还有一些隐喻性形象词在汉语中找不到对应体，如 bottleneck（瓶颈，如马路狭口交通拥挤处等）。这就为意义转换提出了可译性问题。换喻性形象词指以一种具象事物代替与此相联系的抽象概念，比如以 brain 代思想、思维、智能，rack your brains 意思是"动脑筋"。这种词义的代偿性演变方式如何在语际转换规范中加以概括，以确保词义色彩的转换，是方法论的重要课题。

4.0.6　文化意义

特定的语言就是特定的文化符号或文化审美符号。语言文字是民族社会文化的产物，同时又是社会文化信息的载体，在这个意义上，语言文字是一种文化的信息符号系统。民族的社会文化，无不反映在这个符号系统中。因此，语际转换不能忽视语言符号的这种文化—审美信息承载及传递功能，意义的转换必须包括语言文化—审美信息所包含的尽可能完整的内容和特色。否则,意义的语际转换必然是不完全的。

但是,承载社会文化信息的符号系统是多种多样的。语言文字作为文化信息的符号系统在语际转换中有其本身的符号行为模式,比如哪些可以对应,哪些必须代偿,等等。

以上六个小节论证的就是语际意义转换的六个重要方面。翻译的任务就是在诸多层面和方位上,运用双语转换基本作用机制所决定的所有可供选择的方法,为达到意义转换的目的所进行的语际传播活动。

4.0.7　意义的静态观和动态观

怎样看待意义对翻译学意义理论而言是至关紧要的问题。**静态的意义观**关注意义的基本结构和基本功能、集中于意义的概指性(denotativeness),排除词语联立变异对意义产生的变化,应该说静态意义观是意义研究的基础和必要的一步。但翻译学更加关注的是动态的意义观。**动态意义观**的基本特征是将意义与交流密切挂钩,也就是说将意义与交流中的话语结构(语境、词语联立关系、搭配)、话语对象、话语目的、话语情景和交流效果密切挂钩,总之与"用"(use)密切挂钩,这样一来就涉及一个言外意义的问题,就文本而言就是所谓"次文本"(sub-text)的意义即意蕴(implications)问题。这是动态意义观很重要的特征。动态意义观认为意义寓于使用,使用涉及时空,时空调节意义。翻译学认为脱离了使用(运用、应用)的词语意义是"没有生命的意义",因而不能完成传播信息的任务,据此,我们可以认定翻译学的动态意义观也就是翻译的意义价值观,这也正是所谓翻译行为的本体论意义;不妨说,这就是翻译的实质性特征,即翻译学的哲学目的论(teleology)。

4.1　语际意义转换的制约条件

语际的意义转换不能是随意的,它必须遵循一定的规范,才能使翻译成为有意义的社会行为。所谓"翻译的标准",就是语际意义转换的规范性制约条件。④语际意义转换必须受以下条件所制约，翻译才能发挥它的社会功能，而社会功能则是翻译标准的最高调节杠杆。

4.1.1 翻译的社会效益和社会价值观

任何翻译活动都必须服务于社会，使社会受益。因此，社会效益是检验翻译意义、翻译质量和翻译价值的标尺。在这个前提下，我们就可以确立以下原则：

一、目的语的可读性原则

所谓"可读性"（readability），指书面语词语组合、章句及至语篇的可读程度，具体包括以下几方面的要素：(1) 合乎语法（grammaticality）；(2) 合乎习惯（idiomaticness）；(3) 对语体的适应性（stylistic adaptability）；(4) 含义明晰（clarity）；(5) 条理性（organization）。可读性问题属文体—修辞学研究范畴。一般说来，我们可以根据以上诸要素确定某一书面语章句的可读性档次，如最佳可读性、一般可读性、基本可读性、无可读性等等。我们这里谈的是原语的可读性与目的语的可读性的关系。

就翻译而言，我们的一般原则是，目的语的可读性与原语的可读性必须相适应。上文我们提到了形式意义与风格意义的对应转换。这里的问题是：在原语的可读性甚佳时，我们当然应尽可能地将原语的全部形式意义与风格意义对应地转换成目的语。但是，如果原语的可读性甚差，甚至到了佶屈聱牙的地步，我们是不是也应该实现"对应转换"，将我们的译文也有意地、机械地"对应转换"成佶屈聱牙的文句呢？

回答是否定的。理由是：任何翻译活动都是一种社会行为，社会行为必须以社会效益为准则。就翻译而言，既然原语所含的内容值得翻译（即有社会效益），那么就应以社会能接受的目的语来实现转换，而不应拘泥于原语的可读程度。如果原语的可读性甚差，就以读者厌弃的文句来翻译，名曰"对应"，实则等于否定了原文材料内容的价值（也就是所谓"功能价值"），这种"翻译"又有什么意义呢？因此，我们应从社会效益和社会价值观出发来对待可读性问题：原文可读性好的，固然应当尽可能译成可读性好的译文；原文可读性差的，也不应削足适履，故意译成可读性差的译文，而应保证目的语的一般可读性，以利读者的接受。

二、目的语的文风时尚性原则

翻译的社会效益和社会价值观还牵涉到一个目的语的时尚性问题。所谓"时尚性"，指某种倾向在漫长的历史发展中形成的相对普遍性和当下性。文风也是这样。古典汉语在汉语漫长的发展中只是一种相对短暂的、有历史特色的文体时尚。在英语中，以塞缪尔·约翰逊和爱德华·吉本⑤为代表的18、19世纪高雅体也是一种暂时的历史现象。语言是发展的，从长远的观点看，语言的稳定性是一个相对概念，语言的非稳定性是一个绝对概念。⑥从这一观点出发，就翻译而言，我们可以推导出目的语的文风时尚性原则，即：为了适应社会交际的需要，坚持社会效益观，翻译的目的语应该与当代文风时尚相适应、与当代读者所公认的可读性标准相适应，而不应置当代于不顾、与当代文风的基本特征和体式格格不入。譬如，我们不能用吉本或约翰逊式的古雅英语翻译今日中国的报刊社论，用曹雪芹的京白翻译阿瑟·米勒的剧本。当代汉语崇尚欣畅明晓的文风。当代英语力求简洁畅达，总的说来已经洗刷了维多利亚时代的矫饰之风⑦，虽然有时也不是完全读不到故作典雅的英语，但今天的读者大抵都能分辨出，那只不过是当代英语平易的洪流中的一点刺耳的历史杂音。

三、目的语的文体适应性原则

从社会效益的观点出发，我们还必须恪守目的语与原语文体的对应问题。文体反映语言的社会功能；反过来说，社会功能必须落实在文体上：特定的社会交际情境要求特定的文体与之相适应。比如，公文要求反映某一行政机构或组织的权威性，要求表现出题材的重要性，因而倾向于大词、长句、行文忌流俗。我们在翻译公文材料时，就必须悉心把握住公文文体的特征，并将它对应地反映在目的语中。"语贵适境，文贵适体"。只有在文体与语言情境相适应的情况下，语言的社会功能才能相得益彰。⑧

4.1.2 翻译的共时观和历时观

语际的意义转换还必须受共时条件和历时条件的制约。翻译应当适应共时性，也应当适应历时性。前者指多样性和同一性，后者指可变性、演变性。总之，翻译是永无止境的艺术，世界上不存在一劳永逸的翻译。

翻译共时观的多样性指同一个历史时期应当容许对同一原语作品的不同翻译，容许翻译的种种地域性差异和文化差异。翻译的多样性产生于译者的不同素质和对原文的不同审美感应以及智能。首先，具有不同素质的译者可能对同一原语作品有不同的理解，从而做出不同的"解释"或"演绎"（interpretation），因而就有不同的"翻译"（或"译式"renderings）。显然，这种基于不同理解而创造的不同的翻译再现是一种积极现象，它可以使人们在对比中鉴别高低，从而促进对翻译理论和方法论更深一步的探讨和研究。

除了多样性以外，翻译的共时观还包含同一性原则。如上所述，翻译的多样性产生于译者的不同素质，他们可能具有不同的价值观、不同的知识水准和技能水准、不同的理论倾向性（即对翻译的原则、技能规范等等有不同的看法）。但尽管如此，他们在一个最基本的问题上必须基本上是同一的，即：翻译的实质性特征是语际的意义转换。离开了意义转换的同一性，翻译的多样性势必失去共同的基础和共同的价值标准。

翻译的历时性指翻译的可变性（演变性），这种可变性产生于价值标准的变更，而价值标准的变更又常常是历史发展或历史变革的结果。19世纪末严复译《天演论》（1898）时提出的所谓"雅"，指的是桐城派的先秦笔韵。"五四"新文化运动后，"白话文"兴起，"文言文"成了历史的陈迹。20世纪二三十年代中国译论中所谈论的"雅"，已经不再是严复当年所倡导的"雅"了。时至今日，"雅"的内涵又发展成"最佳可读性"。80多年来，中国译坛虽然大体仍以"信达雅"为译事楷模，但随着历史的发展，"三难"之说的内涵迭变，对译作的品评标准也因各个历史阶段价值观之不同而演进变化。因此，我们既不能将翻译理论看成流变不定、莫衷一是的权宜之议，又不能将翻译原则、翻译标准及方法论等等看成一成不变、恒定守常的条条框框。翻译的历时性还要求我们在对待翻译理论的研究中具有发展观。翻译理论有稳定的一面，也有"非稳定"的一面。翻译的基本理论概念，如翻译的实质性特征、可译性原则、词类转换法、翻译的审美主体与客体的关系等等都是相对稳定的，不因时间的推移而改变其基本内涵及其间基本的相互关系。同时，从长远的观点看，我们绝不能忽视翻译理论"非稳定"的一面。比如，翻译的方法论必然会随着翻译研究的深化及美学、符号学、语义学、语用学、文体学等语言学科的发展研究向前推进，而更具有科学性、实用性，各项方法的运用机制也将得到更充分的揭示及理论阐述。⑨ 我们在"绪论"中讨论翻译理论的基本原则时已提到我们必须注重开拓。严格说来，科学的翻译理论目前仍处在创建阶段，有许多研究领域需要我们去开拓，许多理论问题要求我们用科学的语言学、美学、心理学、社会学和信息论等学科的崭新知识和观点去加以审视、整理及阐发。这是我们所应肩负的历史使命。

4.2　翻译的理解理论

理解是人类普遍的高级认知活动，一般说来，"理解"（understanding）主要指对意义的领悟（comprehension），集中于人类大脑的 Wernike area（维尼克区），司掌语言的意义解码。翻译学的所谓"意义解码"，实际是一项多重任务，即不仅指把握概念，还包括透析话语（句子、句段）的意向（主要涉及意象、情感、态度和目的），扩及话语从局部到整体的形式审美观照和效果审美感应。对翻译而言，译者（包括笔译和口译）的理解首先作用于原语文本（source language text, 简称 SLT，与 target language text [TLT] 相对应，在口译中则是原语语段）。以上多项任务可以下图表述：

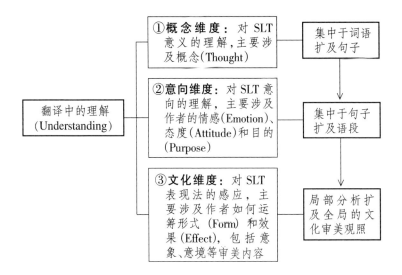

以上说的，是翻译中的所谓"理解"不是一个"看懂""听懂"的简单概念，翻译中的理解涵盖多个层级和维度，而且它必须是跨语言、跨文化的；翻译中理解的标志是能对原语的内涵做出多维（见图4—1）的准确解释。如上所述，这里的"多维"中的每一个维度，都包括意义、审美和逻辑等三个视角。

翻译的理解理论集中于对原文文本的解读，因此也可以说是文本解读理论，对原文文本的解读是中心课题。

4.2.1 对翻译理解的原则指引

如上所述，翻译理解指对SLT的多维度、多层级的内涵把握，我们不仅强调理解的结果，更要关注理解的过程。因为可预期的结果，受制于受操控的过程，这一过程涉及语言的使用，正是使用（use）支配着意义和意向以及局部和整体的形式和效果。为此，我们必须尽全力做到：

一、把握语言交流中的语境以获得交流中的语义

交流中的语境（context in communication）就是**语言使用中的动态的**

语境，也叫作"认知语境"（cognitive context），这是把握交流中的意义的依据：交流使意义动态化，因此牢牢把握交流中的语境就成了准确把握交流中的意义、达致正确的认知的关键。例如 iceberg 处在静态中时它的含义是很有限的，也是游移不定的，即"冰山""巨大的冰块"。但当 iceberg 一旦进入交流语境"She's but an iceberg"中，这个词立即获得了交流中的语义："我原以为她很热情，现在才知道她其实是个冷冰冰的人，毫无热忱，令人望而却步"，等等。交流语境使词义动态化，而且交流语境越"大"、越充分，交流语义就越容易定格、越明确，包括交流赋予这个词的情态（分寸、褒贬等等）和种种暗含义。这都是将意义动态化的结果。

二、扩大交流中动态化的语义，以获得意象与意境

对于有汉语参与的语际转换而言，意义定夺是永远与审美判断两相嵌合的，因此语义的动态化还必须推展、提升到意象（image）和意境（artistic conception）的审美考量，这是文本理解不可或缺的组成部分。例如"人生坎坷"，在理解中不可能不使人想到崎岖的道路，因而使"坎坷"获得"rough and rugged paths"的意象。翻译理解中的意境把握，也离不开译者的动态化析义辨义。**意境常常是意象加情思的艺术情景化**。例如"残阳如血"，"残阳"的意象与"血"的境象结合，可以产生一种非常悲壮的意境，以寄寓人的悲怆情绪和情思。这一理解即可使译者将"残阳如血"译成"the dying sun is blood-red"，这是所谓语义辨析与定夺和审美考量的嵌合的所指之一。

三、提升交流中的动态化语义整合，以获得对次文本的把握

翻译理解还包括析出文本的"潜意识"，即所谓次文本（co-text）。文本的词语、句子、语段的意义不仅是语境化的、动态化的，而且也是多层次的，这是因为意义处于这样一种联立的动态关系中可隐、可显，可半隐、可半显，从而使一个文本可能析出多层含义、衍生出多重文本。究竟哪一种解读比较贴近 SLT 的原意，一切取决于译者的悉心求证，包括：（1）文本内证。文本内证是重要的文本解构分析法之一。在很多情况下文本是自释的，即文本内部的前后关联或交错关联。如作者在文本的前面解

释了后面提出的问题（或相反）。交错关联也很常见，即文中存在或明或暗的互指（或预指 anaphora，即前面的部分可以解释后面的部分；或后指 cataphora，即后面的部分可以解释前面的部分）；(2) 文本外证。文本外证是极重要的文本解读手段，其中包括：(a) 人文互证，即从研究"作者其人"来印证"其文"的真义；(b) 互文性（intertextuality），即将作者的若干著作进行对比来印证其文的真义；也指将此一文本与别的作者的作品进行比较研究以显示、论证其真义。

4.2.2 理解与表现

翻译理解必须也必然要落实在翻译表现上，这是因果关系；因为一般说来，译者的理解力与表现力成正比，这又是辩证关系。因此，对翻译理解的重视应该起码不低于对翻译表现的重视，重表现而轻理解的种种主张都是有害的。当然轻视表现时理解也会功亏一篑。

理解可以有不同的深度和质量。我们可以根据不同的理解深度和质量将翻译理解作以下的层级区分[⑩]：

层级		特征
结构式理解	表层翻译：偏重外在结构的直接表现即模仿，与 SLT "亦步亦趋"	① 执着于表层因素（形式结构、形态变化、语序等等）的对应表现 ② 忽视 SLT 文本内在的心理意义的动态格局 ③ 忽视发挥符号解释者的功能 ④ 基本特点是追求形式上不切实际的"等值"
功能式理解	中介层翻译：偏重对指称意义的解释，未充分重视交流中的意义把握，与 SLT "若即若离"	① 仍未放弃表层双语对应的努力 ② 注意到解释者应发挥的功能，但仍不能把握交流对 SLT 文本的意义的动态结构 ③ 力求调和双语的读者接受 ④ 仍未放弃"形式等值"的努力，但效果不佳

(续表)

	深层翻译：充分把握了交流中动态化了的意义，实现了积极意义上的形式超越；注重内在关系的动态表现，与SLT"离形得神"	① 表层结构是意义的依据，但它只是形式载体，不是实体，通常只有认识论意义 ② 注重内在的心理意义分析及其在语言交流中SLT语义的动态变化 ③ 注重符号解释者的功能发挥，力求实现意义与意向、意义与审美的理想整合；不排斥形式的本体论意义 ④ 整合的必然结果： 　(a) SLT意义结构的动态格局和内容的充分把握 　(b) 注重TLT表现法的审美优化 　(c) 重视目的语读者的接受 　(d) 达到了传播的效果和目标
功能式理解		

4.3 翻译的任务、特征和翻译者的条件

翻译的任务是在尽可能发挥翻译的社会功能的条件下，实现语际的尽可能完善的意义转换，寻求尽可能准确的意义对应。为此，翻译者必须掌握以下翻译运作的特征：

一、客观制约性

首先，翻译思维的活动领域是被"预先限定"（predefined）了的：原文的词义、句义是被预先限定的；原文的章句组织、情态体势也是被预先限定的。总之，翻译的工作对象，是被预先限定的客体。这是翻译所面对的最基本的现实，也是它不同于写作和创作的最基本的事实。从事翻译者不能凭兴之所至，任情思飞扬。翻译所处的，是一块处处有限制，甚至是布满陷阱的方寸之地。

其次，从翻译的成果看，翻译活动也是被"预先规定"（predetermined）了的；翻译不是个人的活动，而是一种社会交际形式，翻译有其社会功能，翻译的成果必须受到社会接受力（social acceptability）的检验。所谓"社

会接受力"，指一定时期的文风时尚[11]、社会的约定俗成机制以及基本读者群（接受者）的知识判断力与审美标准。在社会接受力的综合制约下，翻译必须按"预先规定"的标准和规范"生产出"成品来，否则就得不到社会的承认。正因为如此，中外历代大翻译家才花了很大的力气讨论翻译的"标准"问题。而所谓"翻译标准"，实际上是在社会接受力制约下的翻译活动质量"规范"，这种规范并无定规，往往因人、因文、因时而变，因此是相对的、参照性的。

客观制约性使整个翻译活动无法脱出原文及翻译标准这双重轨迹；而一旦"脱轨"，即可能前功尽弃。因为任何重大差错都可能动摇读者或社会对翻译的信任，致使翻译效果蒙受其害，使译者的苦心经营功亏一篑。

二、主观能动性

然而，客观制约性只是翻译活动特征的一个消极面。翻译还有一个经常起重要作用的积极面，那就是翻译者本人的主观能动性。实际上，翻译的整个过程，也就是译者以自己的主观能动性克服客观制约性的过程。这就是说，如果翻译者不最大限度地调动自己的主观能动性，使翻译的客观制约性得不到抑制，则翻译益显其难；反之，如果翻译者尽最大可能调动自己的主观能动性，使翻译的客观制约性得到抑制或克服，则翻译可能成为得心应手的脑力劳动。功到之日，理解中难词难句迎刃而解，表达时遣词造句顺理成章，词语呼之欲出，文思流畅，情态贴切。这时，译者不仅不感到方寸之地，步履维艰，反而会觉得自己与作者息息相连，呼应相通，感物吟志，情怀与共。不妨说，这个广阔的、令人神往的天地就是所谓"化境"。

翻译的主观能动性具体表现为具备以下三种能力：

（一）分析—综合能力：集中于理解

翻译是一种分析性很强的工作，译者拿到原文以后，必须进行全面的分析工作，包括词类形态分析、语法层次分析、文体章句分析、词义色彩分析及文化历史分析。以上诸多环节的分析工作，缺一则不能推导出符合原文实际的结论，做到如严复所云"将全文神理，融会于心，则下笔抒词，自善互备"(《天演论·译例言》)。

(二)应变—对策能力:集中于应策

译者在做了全面的分析工作,对原文有了透彻理解以后,对自己所面临的翻译任务有所了解。这时,他对于双语转换中所遇到的一切问题,都应了然于心:哪些问题可以采取常规手段予以解决;哪些问题必须采取变通手段,什么样的变通手段才能顺利解决。其实,在实际的翻译活动中,在翻译者对原文进行全面的分析—综合的过程中,应变—对策能力已经是不可少的了。实际上,综合过程常常就是译者构拟应变—对策的过程,也就是严复说的"自善互备"。

翻译中应变—对策能力的培养和发展常常与技能意识有关,我们将在第十四章中详细加以阐述。

(三)表述—行文能力:集中于表现

翻译中的"表述"常指**审美表述**,也就是对行文的优化。表述—行文能力是使分析—综合能力和应变—对策能力落到实处的环节。翻译的表述—行文能力从基本上说是一种驾驭语言的能力,但它又不同于一般的写作能力。前者必须受到原文意义(特别是审美概念意义、形式审美意义与风格意义)的约束,不能像创作那样可以避难就易,言所能言。由于翻译的表述—行文要求带有很大的强制性,因此,这方面的能力更需着力培养,不能寄期望于天生的"灵性"和"了悟"。

翻译的主观能动性所包含的以上三种能力都只能产生于自觉过程,不能产生于自发过程。翻译中的"高手""妙手"和"快手"都必须首先是矢志不移、勤学苦练的能手。灵感和悟性的火花是在高强度的思维活动和高水准的经验富集中迸发出来的。

最后还必须看到,人类有意义的行为受认识的指引和支配。因此,说到底,人的翻译行为受翻译思想的指引和支配,这是没有疑问的。

4.4 翻译思想初论

"思想决定行动",行为受制于思想认识、受制于认知水平,这不是人们承认不承认的问题,而是一条客观规律、一个真理。

就翻译而言,也是如此。翻译思想指对翻译这一人类跨语言文化的转换、传播、交流行为的基本认识和观念、原则主张和理据以及具有指引性的应策之道,涵盖认知和实施方略。上节我们讨论了翻译者的主观能动性,谈到了勤学苦练的必要性,也提及灵感和悟性火花迸发的可能性。人们自然要问:这一切又是怎么发生的呢?

很显然,这是译者的思想认识决定的,是对翻译的认知特别是由他对翻译的重要性(**了悟**,犹言"懂得")以及对翻译的体验(**体悟**)决定的。他体验得多了,就上升到了**体认**,最后这种体认更上升到了**体悟**,指向认知上的质变(**顿悟**)。这个过程从表面上看来可能是个不自觉过程,但实际上是一个潜在的自觉过程。这是思想的普遍特征。

翻译思想还有以下特征:

(一)**高层级性** "高层级性"就是"高屋建瓴",它是通过对翻译经验的通体观照,在长期的实践验证中获得的。例如中国杰出的翻译家玄奘的翻译思想可以用"圆满调和"来概括(梁启超,1932),另一位杰出的翻译家和理论家严复提出了"信达雅"的翻译思想。这些翻译的纲领性基本主张都是对中国上千年的翻译实践规律和价值论的高度概括,中国人称之为体悟。

(二)**对实践的指引性** 这就是所谓思想的能产性:"思想力产生行动力。"正确的翻译思想一旦确立,就会对一个时代的翻译活动起着推动和指引作用。20世纪上半期,中国在日本等帝国主义的虎口下国运垂危,当时中国的翻译界具有强烈的民族危机感,救亡意识激励着他们的翻译事业心,于是思想上相当明确地将翻译视为文化战略手段。20世纪七八十年代以后中国国运复昌,翻译界和研究界具有强烈的民族复兴意识,奋发工作。这是近二三十年来我国翻译事业(翻译出版、翻译研究、翻译教学)蓬勃发展的深刻的思想根源。

(三)**传承性** 任何思想的传承都是三个方面的:一是承袭积极因素;二是扬弃消极因素;三是发展新生因素。翻译思想也一样。中国翻译界近一个世纪来都秉承严复的"信达雅"论。"信达雅"的精髓我们一定要恪守,例如"信",即忠于原意(义)。但今天我们应该有分析。翻译不应该忽视意义,也不应该借口"目的语文化接受"而实际上将意义边缘化。我们长期以来坚守的"信"是静态意义观——也就是结构主义意义观中的"信";我们今天倡导的"信"应该是动态意义观——也就是功能主义意义观中的"信",我们主张在交流中把握意义,在交流中"信达雅"地进行并实现双语多层面(意义、文化、审美、逻辑)转换,实现"圆满调和"。

中国翻译理论对策论核心思想也应该实现这一"辩证的传承"。我们过去只重视"对应"(equivalence),常常在静态意义观束缚下作茧自缚。我们应该用动态意义观在交流中讲"对应",这时的"对应"实际上是一种极有动势感的"功能代偿"(functional compensation 或 redress),也就是积极意义上的"通变"(刘勰《文心雕龙》)即变通,有"东方不亮西方亮"之妙,也是《周易》思想的当代运用。"功能代偿"充分考虑了交流时的语言意义在"使用"中的"游戏化"现实,[12] 也就是高度动态化,译者只有在高度动态化现实中游刃有余地把握原义("意",也指"意向"),才真正谈得上符合预期目的的有效传播。

(四)发展性,这是传承的另一面 思想总是发展演进的,翻译思想的发展与社会、社会思潮的发展息息相关。西方当代的翻译思想通常可以溯源到"后现代"思潮,美国译论中的翻译思想往往带有相当鲜明的美国文化话语霸权论的色彩。中国近代、现代译论思想也经历了从民族危机意识、民族救亡意识到民族复兴意识的发展过程。当代中国翻译思想中的中国特色论则具有鲜明的"强国富民"论文化战略色彩。翻译思想往往反映国家、民族、社会的"核心价值"。

就个人而言,翻译家对翻译的认知也通常要经历一个从体验到体认、再到体悟的过程,也可以说是三种境界。梁启超将唐代翻译大师玄奘的翻译思想归结为"圆满调和",并盛赞说这是"斯道(指翻译)之极轨",也就是说玄奘已经到达了"体悟"的最高境界。可以说,"圆满调和"论这个翻译思想,到今天还有生命力。

这也是这一章的结语。

〔注释〕

①关于"翻译的实质"问题,中西译界均无定论,我们主张采取功能主义的态度,说"翻译行为的目的"较妥。西方的论述通常集中在如何给翻译下定义的种种议论中。具有代表性的论述有 Catford: "Translation may be defined as follows: the replacement of textual material in one language (SL) by equivalent textual material in another language (TL)" (*Linguistic Theory of Translation*, Oxford, 1965, p. 20) 及 Nida: "Translation consists in the reproduction in the receptor language of the message of the source language in such a way that the receptors in receptor language may be able to understand adequately how the original receptors of the source language understood the original message." (*Signs, Sense, Translation*, p. 119) 前者强调语言材料的对应转换,是语言学派的基本主张;后者强调语际交际效果的等同,是功能学派的翻译观。目前,注重意义的主张在中国和欧美仍是主流,非主流倾向是将意义边缘化,片面强调译语的"流利"和在目的语文化中的传播效果,即所谓"归化论"。奈达在《从一种语言到另一种语言》中说,"翻译即译义"(Translation means translating meaning),强调语言功能的核心是意义。奈达认为,用社会符号学和语言符号的功能观解释翻译活动有很大的优越性,因为二者都强调语际转换中与译文有关的"一切因素都具有意义"。但"翻译即译义"仍属静态意义观的表述。我们赞成动态的意义观。因此翻译被认定为一种"语言游戏"(Wittgenstein, 1953)。

②本书对意义的维度分析是从翻译的目的论和对翻译的要求出发做出的。利奇(Geoffrey Leech, 1936–2014)将词义分为七种主要类型:(1) conceptual meaning (sense);(2) connotative meaning(内涵意义);(3) social meaning;(4) affective meaning(感情意义);(5) reflected meaning(回应意义);(6) collocative meaning;(7) thematic meaning(强调意义)。以上意义从(2)到(6)又叫作 associative meaning(联想意义)。见利奇著 *Semantics*, Penguin Books, 1990, pp. 9–23。

③"风格意义"也可以称为"风格价值"。Leech 和 Short(1980)曾经用下述公式表示风格意义的价值:Total Significance=Sense+Stylistic Value(总体意义=概念意义+风格价值)。参见 G. N. Leech & M. H. Short 著 *Style in Fiction*, London, Longman, 1980,第一章。

④"翻译标准"暗含某种限制性,而且易于"泛化""僵化";因此在使用这

个术语时,应该理解为它具有相对性、动态性和有条件的随机性。

⑤ Samuel Johnson (1708–1784),其主要著作为 *Dictionary of the English*; Edward Gibbon (1737–1794),其主要著作为 *The Decline and Fall of the Roman Empire*。

⑥参见索绪尔的如下论述:"人们常把绝对状态规定为没有变化。可是语言无论如何总在发生变化,哪怕是很小的变化。所以研究一种语言的状态,实际上就等于不管那些不重要的变化……"(《普通语言学教程》中译本,商务印书馆1982年版,第145页)。

⑦参见 Alan Warner 著 *A Short Guide to English Style*, London, Oxford University Press, 1961, p. 13, p. 157。

⑧参见《现代语言学:乔姆斯基革命的结果》,中译本,外语教学与研究出版社1982年版,第210页。

⑨就目前情况而言,对翻译方法论的研究仍然是初步的。本书对翻译的诸项方法进行了分类阐述,但这种研究只是功能性(functional)的,从实践出发的,甚至还有经验的(empirical)成分。我们对这些方法的运用机制还不能做出更加深入的理论上的揭示,有待于提升为对策论研究,也就是 Carnap 所说的"假说法则",它是"理论法则"的雏形。

⑩根据 Werner J. Severin & James W. Tankard, Jr. 合编 *Communication Theories: Origins, Methods and Uses in the Mass Media*, Longman, 4th Ed. and 5th Ed., New York, 2001, Chap. 4 的内容修改编制。

⑪形成文风时尚的因素比较复杂,最基本的是某一特定历史时期的经济形态、社会政治形势与哲学、文学思潮,也就是刘勰(465—520)所谓的"文变染于世情,兴废系于时序"中的"世情"与"时序"(《文心雕龙·时序》)。

⑫维根斯坦将语言和翻译都比作"游戏",意在强调语际交流使语言运用(使用、应用)高度动态化,参见维氏著 *Philosophical Investigations*, Part I, §32, 11e; §138, 53e。

第五章　翻译思维简论

5.0　概述：逻辑思维与形象思维

翻译学属于经验科学。在语言学家看来，翻译属于应用语言学。实际上，从本质属性上看，翻译学属于既重理性分析—综合又**重感性的美学**。思维是认知科学的研究课题之一，翻译离不开分析与综合，因此翻译理论必须首先凭借认知科学同时凭借美学来研究思维问题。实践证明，从翻译活动的需要来说，我们也必须深入探讨思维问题：正确的认识来源于正确的思维逻辑。所谓"逻辑"，主要是指思维的规律性。思维的逻辑性，就是指思维过程中有一定的形式、方法，必须按一定的规律进行。正确的思维逻辑，来源于对客观现实变化规律的正确认识。因此，翻译理论必须充分重视研究思维规律在翻译活动中的作用。只有这样，才能引导我们把握翻译的思维规律，才能指导我们正确认识我们所面对的客观现实，即原语。研究翻译思维，就是从思维科学的角度，对翻译过程中所面临的种种认识规律和行为规律问题，做出理论上的分析。

从总体上，即思维的全程来说，翻译思维既包括逻辑理性思维，也包括形象感性思维。但从主体上分析，翻译属于逻辑思维，不属于以具体形象（以下简称具象，心理学中称为表象）为核心的形象思维（或"直观形象思维"）；[①] 也不属于以实际动作为支柱的动作思维（或"直观动作思维"）。翻译基本上属于逻辑思维，即以概念、判断、推理的手段反映客观事物（原语和翻译活动）的运作规律，以获得对事物本质特征及其内在联系的认识。在这里，所谓"客观事物的运作规律"，是指原作语言（SL）的宏观的行文体式和组织程式，大体相当于英语常用语"larger context"；所谓"事物本质特征及其内在联系"指原文的语言结构和语义系统，大体相当于meaning。换言之，翻译者为探究 SL 的宏观行文体式、语言结构和语义系统，凭借的主要不是具象也不是形体动作，而是概念、判断和推理；这就是说，翻译者的思维活动形式是运用他所掌握的语法知识判断句中词项与词项、句子各部分以及句子与句子之间的关系，以推断语义，构建总体的语义结构。除语法知识以外，翻译者还必须运用他所掌握的专业概念以及各有关领域的知识，否则，他就不能进行正确的判断和推理，不能符合规律地进行语际间转换的思维活动，当然也就不可能正确地认识原语。

但是，我们不应忽视思维分类的相对性。我们肯定翻译从主体上说属于逻辑思维，但不能排斥重感性的形象思维对翻译思维的补充、验证或校正作用。明显的例子是图像或图形对词典释义的形象表意作用：一张一目了然的插图可以替代烦琐的概念阐述。具象可以验证逻辑思维是否明确无误，也可以调整抽象思维对客体反映的偏差。视觉语感的功用即在于此。翻译戏剧、电影剧本时要让翻译者反复观看他所翻译的影片，翻译机械结构及操作规程时也必须既见文又见物，这都是为了确保意义转换的准确无误。形象感性思维对文学作品的翻译意义就更大了。其作用主要表现为：（1）跟踪原著的形象描述过程（在某种程度上也是跟踪原作者的形象思维过程）；（2）再现原著的形象表现手法；（3）用形象思维校正译者对原语的理解。

同样，我们也不能排斥动作思维对翻译思维的辅助作用（supplementation）。特别是在口译中，各种非语言信息通常是有效的情态表意手段。有时，我们还不得不将体语的含义用词语（verbal language vs. body language）表达出来。

当然，我们同时又不能忽视形象思维中的具象与某些形体动作对翻译思维的干扰作用。这种干扰往往是一些望文生义的翻译的根源。Cat's cradle 之所以被错误地译成"猫的摇篮"，很可能是由于 cat 与 cradle 具有非常具体的形象意义。

5.1 翻译思维的基本特征

翻译思维具有很强的双重性、综合性,表现为:它既重理性的逻辑思维(5.1.1),又重感性的形象思维(5.1.2)。

5.1.1 以分析与综合为特征的逻辑思维

我们必须了解人类最一般的逻辑思维的过程。思维是人类对客观事物间接的、概括的反映;它产生于人类的感知,又高于感知。人们利用感觉器官获得、选择、积累信息,供给大脑作逻辑思维的素材。这时,感知已被升华为思维。逻辑思维利用感知素材的主要手段是概念或概念体系(如语法),它的主要工具则是语言。思维必须赋形于语言的物质外壳,才有可能成为被人们所接受的直接现实,可见概念的物质形式就是词语语义系统。我们所说的"词语语义系统",也就是内部言语经过人脑的言语生成机制,运用语法和惯用法规律加以"编码"(encoding)成为语言群体所共用的语言符号系统,通过语音器官发之于外,就是人们所能接收(通过视觉、听觉或触觉感官)的媒介,即语言信息系统。[②]

这样,我们可以将表现为语言的逻辑思维表述为以下的概念—信息模式:[③]

概念系统 ⇨ 词语语义系统	⇨ 语言信息系统
(语言深层)	(语言表层)
内部言语(语义结构系统)	**外部语言**(语法结构形式)

图 5-1

值得注意的是,翻译思维不是一般的逻辑思维。翻译思维的特点是:翻译者所接收到的"直接现实"是 SL 的语言信息系统,是 SL 的语言表层,而不是表层覆盖下的 SL 深层的概念。翻译者的任务,是以 SL 的表层信息系统为依据，进入概念系统，即 SL 的深层结构，而他所以能做到这一点，唯一依靠的是自己头脑的判断与推理，解决词语语义系统和句法结构系统中的各层次（语法的、逻辑的、审美的）的关系，即所谓**语言解构**（linguistic deconstruction）。

现在，我们试将翻译思维的活动过程表述为以下的"信息—概念"模式，即翻译的理解过程。

SL 语言信息系统	⇨ 词语概念系统 ⇨ SL 文本语义系统
（表层）	（深层）

图 5-2　翻译理解的基本程式

可见，翻译任务能否圆满完成，第一步取决于翻译者在上述思维活动过程中能否圆满地解构词语语义系统和句法结构系统中的各项关系，构建起正确的语义结构，为原语概念系统到译语概念系统的转换创造基本的、首要的条件，使原语信息系统到译语信息系统的转换（即从解码到换码）成为可能。

5.1.2　以语言审美与表现为特征的形象思维

翻译离不开语言审美，而语言审美凭借的是**感性的体验**，而不是理性的逻辑思辨，后者的"用武之地"只在对语言的解构，即上面提到的解决词语语义系统和句法结构系统中的各项关系，而前者关注的则是原著的审美艺术结构，具体目标和任务是：

（1）识辨原作者如何**择善从优**地遣词酌句，包括如何以此为手段构建作品的音乐美（musicality）；

（2）析出原作者如何构建作品的**艺术特质**，包括其中的意象与意境、含蕴作品（包括其中的人物）情感与情志、营造作品的"画外音"，即超文本意蕴；

（3）把握原作整体的**风格特征**。

以上的三个维度就是所谓"语言审美",意思是以美学的艺术思维逻辑(形象思维)来审视原作,这是任何一位译者不能回避的任务。

5.2　换码的思维过程

有人可能要问:既然翻译思维属于逻辑思维但又不同于一般的逻辑思维,那么它又有些什么特点呢?

(一)翻译思维的第一阶段,即我们通常所说的理解阶段。**理解是第一步,也是关键的一步**。但翻译任务并没有到此止步。翻译思维的第二阶段是用另一种语言对已经理解的概念加以表达。也就是说,当翻译者进入 SL 深层概念系统,即我们通常说的深透理解了原文以后,还必须完成表达任务。这时,SL 的深层概念系统又被转换为译入语 RL 的深层概念系统,即将 SL 深层概念系统推进到 RL 的表层语言信息系统。这一推进符合一般逻辑思维的活动模式,因此,我们可以将翻译思维从解码到换码的全过程表述如下:

SL 信息系统(行文)⇨ SL 概念系统	⇨ RL 概念系统⇨ RL 信息系统(行文)
第一阶段:**理解**	第二阶段:**表达**

图 5-3　翻译中的解码—换码程式

(二)逻辑思维的特点是运用概念、判断和推理。逻辑思维中运用概念、判断推理的核心即思维运动的基本方式是分析和综合。翻译逻辑思维的特点在于在完成了 SL 理解过程以后,思维者必须**倾其全力于优化 RL 的表达**,主要方式是运用概念、判断和推理并辅之以直观性、形象性(包括表现、描写、想象)为基本特征的形象思维,完成换码的全程运动。

(三)逻辑思维包括用艺术规律——也就是用美学的规律——来审视 SL 语言符号系统,包括在第一阶段的 SL 理解中,也包括在第二阶段的 TL 表达中。

5.3　翻译思维的发展机制

这里的所谓机制，指思维发展运动的基本环节和作用过程，也可以看作思维过程的推动因素。逻辑思维的活动过程具体表现为分析、综合、比较以及逻辑和概括，其中重要的是分析和综合，比较、逻辑和概括都是从分析综合过程派生出来的。分析—综合是逻辑思维活动过程最重要的机制。翻译思维也不例外。

翻译思维活动过程中解码—换码机制表现为以下几方面的分析与综合：

5.3.1　词语形态分析

词语形态分析往往是翻译者对其所接收的语言信息所应做的第一步分析工作。如果 SL 为屈折语，那么这种对词类形态的分析就更有必要了。译者要做的，是运用自己掌握的语法概念，依据信息的类属标志，析出语义。比如，英汉翻译中遇到"She came by bus."一句时，译者可以根据形态析出：she 表示阴性第三人称，代词，作主语；came 表示一般过去时，作动词谓语；by 表示行为方式，介词，引介名词，形成介词词组，作状语；于是，译者可以在分析的基础上加以综合，析出语义系统："她坐公共汽车来了。"

汉语属于非屈折语，但也有少量形态助词。如"着""了""过"是表示时态的助词；"的"一般是表示形容词的助词；"地"是构成副词的形态助词。汉字的特点是可以"因形见义"，"她"属于阴性，"他"属于阳性，一望而知。但就整体而言，汉语词的语法形态功能比较弱。汉语主要依靠语序和虚词作为表示句法关系的语法—语义构建手段。

毫无疑义，词语形态分析是翻译思维中解码—换码过程的极重要的基础分析。

5.3.2　语法层次分析

词类形态分析虽然是至关重要的，但有很大的局限性。翻译者常常遇到这种情况：具有相同形态的相同词类却必须析出不同的语义。比如下列一对词组单凭词类形态分析④就不能解决问题：

a *walking* stick — a stick used as a support when walking
a *walking* robot — a robot that can walk
〔表层结构〕〔深层结构〕

这时，译者必须运用他所掌握的语法知识进行语法层次分析，析出词、词组、句子的深层结构。

同样，下列一对句子单凭形态分析也不能解决问题：

（i） John is easy to please.
（ii） John is eager to please.

（i）句与（ii）句的 to please 形态上并无二致，（i）句表示主语的客体性；（ii）句表示主语的主体性。前者暗含受事性，后者则是明白的施事。

语法层次分析的全部任务包括如图 5-4 所示之层级：

词项层	(1) 分析各词项的形态、类属、性质、功能以及词项与词项间的关系（结构）； (2) 分析各短语的形态、类属、性质、功能以及短语与短语间的关系（结构）；
句法层 （及语段层）	(1) 分析句子各成分间的关系（功能及结构）； (2) 分析句与句之间的联系（功能的逻辑扩展）。

图 5-4

语法层次分析的全部任务在捋清语句各层次中的性质与联系，即句法功能与结构，以便析出句子的语法系统，构筑语义结构，而析出语法系统、构筑语义结构的过程就是综合。

以下列简单句为例，分层次分析式如图 5-5 所示：

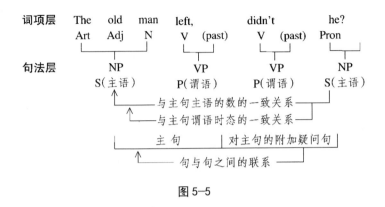

图 5-5

与英语比较，汉语的结构形式呈弱势。因此依仗形态（形式）对原语词项层和句法层的分析综合不能舍弃"句法—语义—语用"三维视角，只抓住语法一维势难定夺。汉语的主语多半是"话题"，与谓语动词没有形态联系（有如英语的 concord 以及时态、语态等），句中词项的句法功能和关系必须按三维视角作总体考虑。以"万里走双骑"一句为例。"万里"是一个话题，"走"是谓语动词，"双骑"是宾语。如果只作这种句法形式分析，问题不仅没有解决，而且会使分析者更加糊涂："万里"怎么能自己"走"呢？"走"怎么会有宾语呢？可见我们不能忽视词项的语义—逻辑分析："万里"显然是人以"双骑"的方式"走"的距离，"走"的行为者仍然是人。那么汉语为什么采取这种在说英语的人看来很是奇特的方式来构筑句子呢？这里牵涉到说汉语的人的一种"思维—语用方式"，是我们的语用习俗。在说汉语的人看来，人是行为主体，不在话下，可以隐含，所谓"尽在不言之中"。说话的人和他的"语用受话者"感兴趣的是"万里"（主题信息），句中其他成分都是对"万里"这个话题的陈述，叫作"述题"（comment 或 rheme），构成 TC 或 TR 结构。至此，我们才能有把握地将原句译为：We (They) travelled ten thousand li on horseback，英语此句是 SVOA 结构。可见翻译中一时一刻也不能脱离分析与综合。

一般说来，翻译思维中的分析过程至此应能基本上析出全句大意。同时，可以从到目前为止的分析中看到：翻译思维中的分析与综合实际上是密不可分的。择出语法层次、构筑语法结构及择出语义系统、构筑语义结构的过程，也就是从分析到综合的过程。

5.3.3 文体审美分析：语用的择善从优

文体审美分析的基础是语域（register）。语域指词语的使用范畴，主要指正式与非正式语体的等级（levels of speech）。狭义的语域也指词语使用的职业（或行业）领域。判断词语的使用域是思维活动中不可忽视的任务，对高级阶段的翻译来说，译文的文体适应性（adaptation 指文体必须适应语境和交际目的）更是一个关系到可读性的基本标准。翻译者掌握 SL 的文体特色通常是通过比较。对素材加以比较，就能进行概括，从而获得分析的结果。常用的比较法是译者向自己提出反诘，以显现 SL 的文体色彩。比如 SL 为左边的不定式词组时，译者可向自己提出右边的反诘：

- to desist from considering 为何不说 to stop considering?
- to deem it necessary 为何不说 to think it necessary?
- to conceal his dubiety 为何不说 to hide his doubt?
- to partake the comestibles 为何不说 to share the food?

翻译中往往一经提出反诘对比，文体色彩即可在比较中显现，从而有利于译者定夺。

对 SL 的修辞分析也可以用比较法。易词换句，在对比中究其底蕴。换一个说法如果韵味、风味顿失，即可显现作者的修辞立意。当然修辞格首先有一个辨析问题，如果不能识别就谈不上分析了。这里涉及对 SL 的更为广泛的素养问题。

5.3.4 词义色彩分析

词义色彩分析也是翻译思维运动中的基础分析，其中包括词义分析和色彩分析。分析 SL 词义的任务是：

(一)分析基本词义理据(motivation),包括语音分析、构词分析及词源分析,目的在于准确地析出基本词义。实际上这部分分析工作已大体由辞典完成了。除了少数例外(比如遇到疑难词),翻译中并不需要作这种全程的基本词义理据分析。

(二)分析多义词在特定语境中的含义,这一分析工作则是大量的。翻译中判断一词多义的主要手段是抓住词的关系系统,具体包括:(1)词的联立关系(the frame of words),即从词的组合、搭配中判断词义(如从"the art of government"中判断出 government 的词义不是"政府",而是治理、管理:"治国之道");(2)词在 larger context 中的呼应关系(如下句中的 *field* 指 "*battle-field*",是由 larger context 决定的:"We are met on a great battle-field of that war. We have come to dedicate a portion of that *field* as a final resting place for those who here gave their lives...")。常见的情况是,疑难词所指的具体内容究竟是什么,如果脱离了上下文的呼应,则根本无法定夺。例如下句中 parallel(相应的、平行的)、evidence(证据)、similar(类似的)、issue(问题)等四个词所指的具体内容在本句中就无法找到:"There has been no parallel evidence of similar rise in voter information about issues or about the operation of government."(何谓"相应"？什么"证据"？与什么"类似"？哪些"问题"？)词义辨析中判断这种"后呼应"(anaphoric reference)和"前呼应"(cataphoric reference)的意义分析工作是至关重要的。

对 SL 词义色彩分析的任务主要在于判断特定语境中的含蓄义或内涵义(connotations)。含蓄义通常产生于词的关系系统中,它们与词的基本含义相关联,但带有更多的色彩,如褒贬语气及种种感情因素。比如在 A thief is a thief(贼性难改)中第一个 thief 是 plain word,第二个 thief 包含的色彩有鄙视、轻蔑、无可奈何等 connotation。

毫无疑义,分析、判断词义色彩,对翻译思维第二阶段中的审美表达具有决定性的意义。

5.3.5 文化历史分析

翻译中经常被忽视的是对 SL 的文化历史分析,这种疏忽常常是由于语言表层直观信息对分析综合产生干扰，使译者中断了对深层内涵色彩的探究。忽视文化历史差异可以导致分析判断上的谬误。比如，汉语中的"自由主义"与英语中的"liberalism"差别很大。前者指目无组织纪律约束或行为的任意性，一般是贬义词；后者指一种颇为开明的政治、哲学态度，反对对人施加政治的、精神的外在束缚或限制。汉语成语"春雨贵如油"只有放在特定的中国文化历史背景下才能被理解，西方人或春季多暴雨的国家的人听来都是十分费解的。要了解语言的内涵色彩，不作文化历史分析，断难究其底蕴。

语际转换中的文化历史分析不应忽略以下任何一个方面的问题，并应注意这些问题对语义调节所起的作用：

（一）民族文化传统、发展沿革与历史背景，这常常是词语语义最大的也是最广泛的参照系，它涉及词义的演变过程，特别是在每一个特定的历史时期所包含的特定词义与色彩。词汇通常既是民族文化丰厚的历史沉积，又是民族文化的新生代。

（二）民族心理与意识过程，同一民族由于处在相同的文化、历史参照系中而形成相同的"集团性心理趋势"，表现出大体相同的精神气质、心理素质、价值观、伦理道德观、审美情趣等等，这一切必然要反映在文化上又表现在语言中。

（三）民族的地域性特征以及自然条件的影响，在（一）与（二）的共同作用下形成独特的风俗、习惯、信仰、观念形态等等，这一切也必然要反映在文化上并表现在语言中。

（四）以上三种因素作用于思维方式、思维特征和思维风格，比如汉族在思维上重意会、重具象，在表达上重动静结合、虚实结合。这就必然会反映在汉语的语言结构形式及总体风貌上。

至此，我们已对翻译思维过程的运作机制进行了剖析，从中阐明了分析—综合对翻译思维的关键作用。以上五个领域的分析，是一个互相渗透、相辅相成的整体；而且，分析与综合总是互相联系着。分析与综合（概括）在翻译思维中的统一的运作形式，正是对 SL 理解深化的过程。此外，比较在翻译思维活动中也具有重要意义，无论是 intralingual comparison（在同一语言中对某一语言现象的各种形式的比较）抑或是 bilingual comparison（双语比较）对分析综合过程的发展都具有不可忽视的积极意义。

5.4 翻译思维机制中的综合：句子和语段

翻译思维进入第二阶段（表达阶段）以后，即进入"概念—信息"模式完成阶段，这也是翻译思维"综合"的另一层意思。

  RL 概念系统　⇨　RL 语言信息系统
  （有组织的概念）　　（有组织的词语）

翻译思维这一阶段的主要问题是词与句、句与句结构关系与审美考量。我们知道，概念与词是密切联系着的，翻译者进行思维表达概念依靠的是词，因为词是思维工具——语言的最小的、能独立运用的单位。词是人类思想的最小载体，这是由它的基本属性决定的：词一旦产生就不会消逝（"废词"是历史的陈迹，但它们并没有被消灭），这就是说，词具有恒久性；另外，词还具有社会性，它为社会的每一个人的思维活动服务，但又不是个人的产物。审美考量涉及词语（包括词与词组）的择善从优，以及词组与句子的优化组织（包括搭配、分布与扩展的优化模式，指"pattern"的审美选择）。

5.4.1 句子

句子是英译汉的基本单位。

在翻译思维中，我们依靠词来表达我们从 SL 析出的概念系统，这是思维综合活动的极重要的一步。词是我们表达概念的最小单位。因此，译词法是翻译方法论的基础。

但是，词必须组织在语言信息系统中。没有组织的词即便每一个都正确无误地反映了原文的对应概念，也是毫无意义的。翻译思维中所谓表达任务的实质就是词语的句法组织程序，也是关系到全局的思维综合活动。

在中国近代翻译史上很早就有人提出"字译与句译"（此处"字译"应为"词译"）的问题，并主张"翻译应以句为主体"，"译文须以句为本位"。[⑤]中国现代翻译家傅雷在谈及译句之重要性时曾归结为"风格的传述，除了句法以外，就没有别的办法"（见《致林以亮论翻译书》，1951）。因此，我们研究翻译应当很好地研究句式问题。如果只注意词，就难免因小失大。

但是从人类思维的组织性来看，"句"只能说是一个基本的翻译单位，并不是最完全的翻译"主体"或"本位"。随着现代语言科学的发展，我们已经可以利用话语语言学（或语段语言学，text linguistics）以及语用学（pragmatics）的某些基本理论原则分析"句"以上的思维发展单位，即语段。

"句子"只是最大的句法单位，而翻译思维是延伸的、连贯的、有组织层次的，并不以"句"为界限。延伸和连贯至相对完整的组织层次中，即语段（text，在口语中称为"话语"，在书面语中也称为"篇章"）。翻译思维如果以"句"为局限，不扩及篇章，势必见树不见林，阻断思维发展，影响翻译效率和质量，尤其是对汉译英而言。句子的审美选择也就是句型的择善从优，详见本书的第十二章。

5.4.2 语段

大体而言，语段（句组）是**汉译英**的基本单位；英译汉则可以基本上以句子为单位。

语段是有组织的、顺乎思维逻辑的"句群"（或"超句群"）。对"句群"的基础性分析—综合，除了以上提到的五个方面外，还必须抓住以下诸因素对意义转换的重大作用：

（一）**突破句子结构的语法黏着性对思维的干扰和隔断**，运用逻辑思维，摆脱句子的形式框架，把握语段中的有形接应信息（cohesion）和无形接应信息，如：

> Music is not written in red, white and blue. It is written in the heart's blood of the composer. (Nellie Melba, *Melodies and Memories*)

如果不将上面两个句子看作语段，我们就会忽视它们之间的思维—语义联系，因为第一句与第二句之间并没有"接应词""But"（Halliday 和 Hassan 称之为"tie"）。以无形的接应信息为手段的连接，在汉语中称为"意合"，在英语中称为"外指"（exphora）。⑥

（二）我们在第七章中要讨论语境问题。在语段语言学看来，语段小至单句、句群，大至整个语篇都必须将它们置入一定的语境中，使之**"语境化"**（contextually or situationally defined）**才能准确析出其意义**。"语境化"一是指上下文（context）即言语（speech）中的环境，二是指社会环境（situation）。语段语言学和语用学所提倡的这种语境化思维手段的明显长处是能消除歧义，实现准确的语际转换。⑦

（三）正是由于语言不能超脱于语言环境之外，因此，任何有意义的话语或篇章都必须处在**特定的时空条件**下，翻译思维如果脱离这个时空条件，就必然会做出主观唯心的判断和推理，准确无误的语际转换就不能实现。

语段既然是一个有组织的、顺乎思维逻辑发展而构成的整体，那么，为了实现整体的意义转换，就必须将双语的语段结构模式进行剖析，按语际转换基本模式，争取语段结构的契合对应式或平行式转换。语段结构模式一般有：聚散型结构（超句群体现演绎逻辑形式）；散聚型结构（超句群体现归纳式逻辑形式）；离散型结构（超句群体现并列聚合关系）；混合交错型结构（超句群体现多种关系）。翻译时应悉心分析语段结构模式，把握其特征，才能准确地将它转换为目的语的对应式。

汉英翻译最宜以语段为基本单位运筹翻译思维。我们的理据是：

（一）上文已经提到，汉语的"语流"实际上是一种以意念为主轴的"意念流"，**意念流的内部黏着性、连贯性很强**，而这种黏着性、连贯性并不表现为类似印欧语那种句法结构形式上的黏着性与连贯性，而表现为"内连外散""形散内聚"的"语言板块"，长长短短，不一而足，俗称"流水句"。

（二）"流水句"铺排更加突出了语境化的必要，只有"语境化"才能使"意义"被"使用"确定下来。这一点对汉语流水句语段来说是至关紧要的。

（三）语段能为文本（话语）提供一个"最起码"的特定时空框架，

这一点句子是难以办到的。句子所能提供的宏观语境范围一般是相当有限的。

（四）单纯从形式上看，流水句的连贯铺排**很难按"句"**（常常是一个"小板块"）**切断**，通常是由大、小板块集结成一组。

下面请看例子：

（其一）

　　神之于质，犹利之于刃；形之于用，犹刃之于利。利之名非刃也，刃之名非利也。然而舍利无刃，舍刃无利。未闻刃没而利存，岂容形亡而神在？
　　　　　　　　　　　　　　　　　　　　　　　　（范　缜）

（其二）

　　我提着这灵巧的小橘灯，慢慢地在黑暗潮湿的山路上走着。这朦胧的橘红的光，实在照不了多远，但这小姑娘的镇定、勇敢、乐观的精神鼓舞了我，我似乎觉得眼前有无限光明！
　　　　　　　　　　　　　　　　　　　　　　　　（冰　心）

这样的语段（混合交错型结构）是以上所述的理据（第一至第四）的最佳写照。我们可以从译文来看以语段为基本单位的翻译思维运作是何等必要：

（其一的译文）

　　The correlation of the soul to its material substance is like that of sharpness to the edge of a knife, while the correlation of the body to its functioning is like that of the edge to sharpness. What we call sharpness is not the same as the edge, and what we call the edge is not the same as sharpness. Nevertheless, there could be no edge if sharpness is inexistent, nor sharpness surviving if the edge destroyed. If it is impossible for a destroyed edge to be still sharp, how can it be admitted that the soul could remain when the body is annihilated.

（其二的译文）

　　Holding this ingeniously — made little lamp, I walked slowly up the dark, wet mountain path. In truth, the dim orange light could not reach very far. However, the little girl's calmness and courage, and her optimism, made me feel as though the way in front of me was boundlessly illuminated. (tr. by Gong Shifen)

　　当然，翻译思维的运筹也是有个性特征的，我们在这里谈的只是根据描写原则提出一种参照性提示并以实例示其要旨。

5.5　结语

　　我们在对翻译思维作上述理论上的剖析和阐述时，曾经力图避免论述上的片面性。因为，如上所述，翻译思维是具有复杂的双重性和综合性，理论上的片面性可能导致实践上的偏差。因此，有必要在此强调以下几点：

　　（一）翻译思维从主体上说属于逻辑思维，因而必须注重逻辑分析，但绝不意味着形象思维对翻译来说是无关紧要的。翻译是科学，同时也是艺术，离不开审美感知。直觉或"灵感的火花"无论在理解抑或在表达阶段都可能迸发出阿基米德解决"王冠之谜"的那种爆发力。

　　（二）翻译是科学，注重逻辑分析。在这里，概念、判断和推理是思维的主要形式。但是，这绝不意味着在翻译中也存在绝对的价值等同、公式或任何推演方程式。机械主义是与翻译艺术水火不相容的。翻译科学必须在反对两种倾向中发展：其一是自由主义，其二是机械主义。

　　（三）翻译学之研究思维问题，既是为了提高翻译理论水平及科学性的需要，又是为了提高翻译者智能和素质的需要。[⑧]本节中的论证证明，翻译是一项高智能的思维科学形式和艺术再创造活动。所谓翻译的"智能和素质"指：

　　1. 思维的敏捷性　智力低常的人，应努力加深修养，加强锻炼，使智力趋于正常；智力正常的人可以经过奋斗，进入超常；智力超常的人，掌握翻译理论一定会更有造诣；

2. **思维的灵活性**　翻译中经常要求译者具备提出对策、做出对应转换的能力，也就是思维的"迁移"作用；

3. **思维的深刻性**　语际转换要求很高的逻辑思维分析能力和逻辑推理水平；

4. **思维的独创性**　翻译不能机械照搬，方法和技巧更要求译者能创造性地加以运用；

5. **思维的批判性**　翻译思维要求行为主体具有批判地分析语言材料，批判地钻研理论的能力。这种能力不仅能对研究中的客体加以审慎的鉴别，而且能对自身不断加以调节，以提高理论认识和自己的技能意识。

〔注释〕

①形象思维与逻辑思维是人类认识世界的两种形式。形象思维的特征是描绘，逻辑思维的特征是论证。在思维过程中逻辑思维要求对客观事物性质、发展规律和结构做出非主观臆想的揭示；而形象思维则可以借助于想象、容许主体对客体做出基于感性经验的描写。

②在认知科学（认知心理学和认知语言学）中语言信息系统指语言符号系统，即符合语法逻辑的语符列。在有些论述中，如果不强调深层概念，语言信息系统也包含概念，这时的语言信息系统与行为信息系统、情感信息系统、生理信息系统等等处于平行关系。

③"概念系统"（system of concept）中的概念重"所思"（sth conceived in the mind），具体指 thought, notion, idea 等，总之是思维形态的东西；词语语义系统即 semantic system（语义系统）重"所云""所指"（sth signified），具体指意义（meaning），已与语言内在形式和外在形式挂上了钩，故称词语语义系统。此外，conception（概念）与 concept 也有微差。conception 强调"所思"的过程，concept 则强调"所思"的结果。"语义结构"（semantic structure）指具有某种语法关系的意义结构，存在于外部语言中，也可以存在于内部语言中。

④这里用"形态分析"只是泛泛而言。按语言学中的结构主义成分分析，句

子可按形位（词）切分为短语而显示出第一层关系，即线性（linear）关系。例中二式线性关系一致，但深层的层次（hierarchical）关系则是不一致的。

⑤ 1932 年林语堂发表了《论翻译》一文，文中提出："……所以句译家对于字义（词义，以下同——刘注）是当活的看，是认一句为结构有组织的东西，是有集中的句义为全句的命脉；一句中的字义是互相连贯互相结合而成一新的'总意义'……"（转引自《翻译论集》，罗新璋主编，商务印书馆 1984 年版，第 421—422 页）。

⑥ 形式接应理论（the theory of cohesion）基本上是功能学派的主张，其代表作是 M. A. K. Halliday 和 R. Hassan 合著的 *Cohesion in English*。作者认为，语段由"接应手段"作内在联系式的"交互参照"（cross reference），有形的接应用在前面的叫作"预指"（anaphora），用在后面的叫作"复指"（cataphora），不用接应词时称为"外指"（exphora）。"接应词"是多种多样的，主要有各种代词、各种连接词、前后"呼应"（coreference）的名词等等。语义、语音、语法结构都可以是呼应手段。

⑦ 这是语段语言学语义机制的主要观点。例如，下句若不加以"语境化"，语义游移不定，或根本无法准确断定句义："Shall I put the coat on?"可能的句义有：（1）（这样暖和的天气）我有必要穿（这么厚的）大衣吗？（2）（这样新的衣）我可以穿吗？（3）（就去邻居家闲坐一会儿）有必要穿（这么一件大）衣吗？（4）（这件衣不是我的）我能穿吗？以上译句中括号内的语句就是"语境化"条件。这在语用学中称为"语用推断"。另见本书 3.5 节。

⑧ 参见朱智贤、林崇德著《思维发展心理学》，北京师范大学出版社 1986 年版，第 18 页。

第六章
语言的互补互释性与可译性问题

6.0 概述：语言的互补性和互释性

语言之间是可以**互补的**（mutual compensatory）也是可以**互释的**（mutual explanatory），为什么呢？这是因为，（1）语言记录的是人的各种经验，而人类的**经验世界是大体相同的**，时序的春夏秋冬，情感的喜怒哀乐大致相同，因此人对外物的感知和对内心的感受是大体相同的，经验的**大体同构**势必决定语言表述的**大体同构**；（2）**语言的符号性是普遍的**，那就是：符号是一种载体（容载工具，就是**能指**），好似"空框"，空框可以五花八门，但里面承载的内容（容载物件，就是**所指**）则很可能是一致的：英语中的一筐"apple"，到了汉语中叫作一筐"苹果"，不可能变成了一筐"荔枝"，因为英语中的"荔枝"叫作"lychee"；（3）**语言都有解释（阐释）功能**。遇到在一种语言里有，而在另一种语言里没有的东西，语言都有办法互相加以解释，不存在在一种语言中有，而在另一种语言中根本无法解释的事物——除非这件事物本身无法解释。"荔枝"在英国没有，因此在英语中也没有，怎么办呢？可以用借汉语词，因而有了"lychee"，"借用"（borrowing）就是一种解释；（4）**语言都具有无限的发展前景**，因此它的**表达能力**、**表述性能**也具有无限的发展潜力，它能伴随人的认识的发展而发展，也就是说，人的认知能力与语言的表述能力是基本同步的。语言中不断出现新词语、新的表现法就证明它在努力与人的认知能力并驾齐驱。

认识到语言的互补性和互释性，可以使我们努力去探求语言转换中的**对应表达法**和种种**代偿表达法**。同时也要看到它们之间的互补互释性只具有相对性，这也就是说，在一定时期内、一定的范围内双语可以互补互释，但这种互补互释又不是绝对的、永恒不变的，因为人类用语言描写世界、反映世界本来就只能做到相对，做不到绝对，这叫作**语言的相对性**（Linguistic Relativity, D. Crystal, *CEL*, 1998: 15）。

以上所说的，就是翻译学中的**可译性命题**（可译性及可译性限度）的理论依据。

这是本章的一个认识论前提，它关系到翻译者应该树立的正确的**语际语言观**，具体而言，就是如何辩证地看待和处理可译性问题。

6.1 可译性概论

翻译理论中的所谓"可译性"（translatability），指双语转换中原语的可译程度，它高于方法论，属于对策论课题。[①] 可译性问题历来有三种解释。第一种解释是就双语表层结构诸如文字形态、表层形式设计而言；第二种解释集中于语义，包括隐喻问题、文化翻译中的意义转换、审美转换，这是中介层级的可译性问题；第三种解释以德国的译论家本杰明（W. Benjamin, 1955: 81）的观点为代表，可译性指双语最深层的意蕴上的相通相应，因而可以互补互释。

可译性涉及的问题很多，如思维认识论及语义系统的同构原理、思维形式问题以及可译性限度。后者又涉及语言文字的结构特征、语言的模糊性、思维表达方式及惯用法的民族独特性、方法论的功能局限性、翻译的层次论等。本书是一本概论性著作，不拟对上诸多问题一一详加阐发，只力求对某些比较重大的问题作概略的论述，立意于对可译性及其限度问题作必要的展开。

可译性问题的理论前提已如前述。翻译中的可译性的语言哲学依据是同类事物之间的相似性，维根斯坦称之为"家族相似"（"family resemblance", *Philosophical Investigations*, Part I, §67, 32e）。语言尽管各异，但它们都属于一个"家族"——人类的语言交流工具，它们之间必有"家族相似"。

从语言本身来分析，语际间存在着基本的、广泛的意义转换条件和手段，我们可以称之为"信息转换通道"（channel for information transfer）。正是信息转换通道，提供了语际转换的可译性，而在信息通道不存在或不完全存在时，就产生了可译性限度，这就是语言之间的非相似性使然了。

6.1.1 认识所指的基本同一性及语义系统的"基本同构"原理 (the Principle of Isomorphic Structure)

如前所述，语言符号都是载体，人在客观世界中的认识对象（即万事万物）在语言符号学上称为"所指"（载体所承载的内容、内涵）。同一所指在人的头脑中构成同一个概念，这个概念不会因人所操之语言不同而在内容或内涵上相悖。四海之内皆有金、木、水、火、土，操各种语言的人根据各自的约定俗成法则给万事万物以不同的语言符号（能指、指号、指称），实际上表示同一概念内涵。语言符号虽然是"任意"的，但它们所代表的事物或物质实体从基本上说却是对等的。操不同语言的人对客观事物或物质实体的认识虽然可能各有其不同的认识特征（包括运用不同的感官手段、强调不同的感应效果等等），但是他们的认识依据，即物质基础是同一的。这种同一性可以使他们在各自的头脑中构成一个疏略但基本相同的概念系统框架。从语言学的角度来说，这个"概念系统框架"就是语义系统，在思维认识论上称为**"同构"**（isomorph）或**"基本同构"**（basically isomorphic structure）。[②]"同构"是人类意识相通的基本思维结构机制，是操不同语言的人能够通过语际转换，进行思想感情的相互传递（communication）的基本条件，即存在着信息转换的通道。这是翻译理论中"可译性"的基本理论依据。操不同语言（如一为原语、一为目的语）的人基于同一个外部世界，凭借"同构"的思维结构框架，互相对应，因而意识相通，也就是说，信息转换通道相通，双语可以互译。产生可译性

的全程机制如图 6-1 所示:

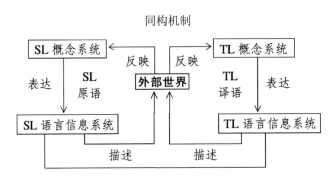

图 6-1

图中原语的同构作用链与目的语的**同构机制及作用链**是完全一致的、对应的：二者的物质基础都是同一个外部世界。差异出现在表中的"反映""表达"与"描述"各种语言很可能各有千秋，而差异也常常表现为文化和审美价值各有千秋。

6.1.2 思维形式的基本同一性[③]

人类思维的基本活动形式及一般特征基本上是同一的。人类不论操何种语言，其思维的基本活动形式都是分析、综合与概括，任何正常的思维活动都不可能违背这些形式规范。

此外，从思维按规律活动的基本形式——**概念、判断和推理**——的逻辑方法来说，操不同语言的人也大体相通[④]，并由此而构成双语转换中的信息转换通道。比如，操汉语的人运用英语的语法概念，从演绎直言推理（三段论）将某一句子判断为"简单句"。[⑤]这个结论与操英语的人运用英语语法概念以演绎推理形式对同一例句做出的判断是不会互相抵触的，原因就在于他们的思维逻辑形式基本上相同。同样，归纳推理也可以使操任何一种语言的人对同一现象得出相同或相近的推论。比如，不论英语或汉语，复句的连接模式大都有修饰关系、转折关系、假设关系、条件关系、因果关系、让步关系等。对不论操什么语言的人来说，"因"与"果"尽管可能有表达上的先后之分，但不可能有性质上的差别：说汉语的人心目中的"因"，不可能成了说英语的人心目中的"果"；"房屋因失火而焚毁"，不可能在另一种语言中成了"房屋因焚毁而失火"。语言是思想的直接现实。思维的交流离不开语言这个工具，语言则是思维的物质载体。尽管不同语言之间的语法结构并不相同，结构形式及叙述方式和风格可以变化无穷，但思维的规律则是相同的。思维基本活动形式的同一性是构成语际转换可能性的另一个重要条件。

6.1.3　语法差异的规律性及语义系统的对应

人类认识所指与思维活动形式的同一性构成了语际转换信息通道相通的两个最重要的条件。人类思维的内容与基本形式是同一的，因此，在转换中的语言是"可译的"（translatable）。

但是思维规律与语言的结构是两回事。相同的思维内容与思维规律可以表现在结构迥异的语言中。问题是，既然双语在语法结构上存在明显的差异，双语之间是否仍然存在"信息转换通道"呢？

回答是肯定的。人类的语言虽然千差万别，但它们反映的都是客观的外部世界，而且他们的思维活动规律也是一致的。因此，人脑中的内部言语以及发之于外的日常语言与外部世界形成了同构的作用链，这是最基本的条件和现实。这时，虽然作为思维载体的语言在语法结构上存在双语差异，但是，（1）语法的基本成分和功能是大体一致的：都有主语、谓语、宾语、状语、定语等等成分，发挥大体相同的功能；（2）语法成分的形态结构或形式虽然可能各不相同，但它们之间的配列式表现为一定的规律性：即总是取以下的搭配组合形式：SV-VS（主谓—谓主）、SVO-SOV（主谓宾—主宾谓）、SVA-ASV（主谓状—状主谓），等等；（3）由于语法成分配列不出有限的基本形式，因此，由这些配列式所承载的意义也不会超出以上的范围。这就是说有什么样的语法成分配列式，就会有什么样的总体语义内涵。（参见本书第三章3.5节第二项的例句）在双语转换中，尽管不同语言有不同的表述形式特征，但语际间具备了大体相通的、对应的语义结构。尽管在赋形于外部语言时不同的语义结构可能具有不同的形式，但就核心句基本框架和总体内涵而言，双语是相通的、对应的。这就给语际转换提供了信息通道相通的基本可能性和物质条件。由于不同语言文字结构及语法成分的组合形式的差异表现出规律性，因此，我们可以通过双语的对比研究（参见本书 1.3.3 节），探索出语际转换的种种使信息通道相通的途径，使可能性尽可能地转化为现实性。例如，通过语序和词性的变通或调整，我们可以获得双语在语法成分配列上的对应式或代偿式，进而通过词语语义上的变通或调整获得双语在语义上的对应式或代偿式。此外，我们还可以通过语序、词语及超句群体式上的变通或调整，尽最大可能地获得双语语段（语篇）在风格上的对应或代偿。可见**变通**或**调整**是双语转换中弥合差异的杠杆和基本手段。

6.1.4 文化的相互渗透性

语言的转换还有其社会因素为之提供信息通道，那就是文化的渗透性。语言是社会交际的工具。社会愈发展，语言之间的接触（language contact）愈多，相互渗透的现象就愈加突出。英语的发展史充分说明了这一点。众所周知，英语与罗曼语（the Romanic Languages）尤其是其中的法语之间的可译性范围最广。[6]原因是 1066 年诺曼人（Normans）入侵不列颠，诺曼人的侵入使大量法语渗入英语而被英语所吸收。这个从渗入到吸收的过程在词汇学中被称为"grafting"（移植）。至 15 世纪初，英语从法语移植的词语已占全部外来语的近半数。诺曼人的进入还使当时先进的基督教文明深深地植根于英国，从而形成了英国从人种、语言到文化与欧洲大陆交融并进的历史性发展趋势。

可见，社会的开放对语言发展具有非常积极的影响。不言而喻，社会愈开放，本族语与外族语接触愈多，渗入与输出愈多，相通之处就愈多，可译性也就愈大。在双语学中，由于语言接触而引起的本族语对外来语的同化、吸收现象称为异化（alienation）。毫无疑问，语言的这种适度异化对双语转换具有十分重要的意义。[7]适度异化可以拓宽双语之间的共性，消除双语之间在某些具体表达方式方面的差距，使双语转换中的冲突转变为平行或对应，从而缩小了可译性限度。毋庸赘言，我们在这里强调的是适度，超过适度的异化，是任何自然语言所处的社会文化环境不能接受的，也必然会受到排斥。任何自然语言通过约定俗成和语言本身的内部机制都能产生一种对"超适度异化"的排斥力，这种由社会约定性造就的社会对语言的管束作用，我们可以称之为语言的"自洁作用"。⑧

以上四个方面是双语转换中可译性的理论依据。翻译理论工作者的任务就是要把握双语转换的基本作用机制，从上述理论依据出发，探求双语转换中的种种对应信息和非对应信息及信息转换通道，并理论化为程序论和方法论。因此，对可译性的研究也具有鲜明的对策性。

6.2 可译性限度

在本章的开头，我们谈到语言互补性和互释性都只可能是相对的。同样，语言之间的家族相似也是相对的，可译性限度产生于语言家族之间的非相似性（维根斯坦，*PI*, Part I, §130, 50e）。翻译学必须认识到语言中几乎处处存在的这种相对性。

上文我们论述了语际转换中的可译性问题，这是转换的对立统一矛盾中的主要方面。正因为可译性是矛盾的主要方面，信息转换通道是客观存在，一切正常的翻译活动才可能进行，语际的有效的意义转换才能从可能性转化为现实性。但是，必须看到语言的同构是一个相对概念，可译性也是一个相对概念。"可译"不是绝对的，它有一定的限度，在语言的各层次中并不是处处存在着信息相通的通道，这就限制了有效转换的完全实现。这种种限制，即所谓"可译性限度"。⑨

6.2.1 同构的相对性及语言的模糊性

语言是思维的载体，是人类对外部世界认识的物质形式。语言与思维紧密相连，它的基本职能是作为一种符号在社会交际中传递信息，"线性"是它基本的符号行为模式。⑩ 在社会交际中各种信息的核心是语义信息，语义信息不可能得出精确的"定量"。语际转换中语言符号的行为模式也导致原语与译语的所指内涵不可能做出精确无差的"定量分析"。"换码"（code-shifting）必然产生可容性"变值"。凭借当今的科学手段，我们甚至还不能准确地描写人脑中关于语言生成、语义加工以及语际转换的生理—心理机制，更谈不上推导出"等值转换"的方程式。由于我们不可能测定语义信息的定量，在语际的转换中既然不存在保证"等值"的方程式，转换的结果就只可能是非定量的、相对的"可变体"。转换过程中不可避免地要出现"意义丧失"。⑪因此所谓"等值""对等"就失去了作为翻译标准的严谨的科学性，因而在翻译学中也就没有什么使用价值。

下面，我们再从同构的相对性与语言的模糊性来论证绝对的等值翻译之不可能。

在这里，同构的相对性有两层意思。

我们在前面说过，原语与目的语都反映同一个外部世界，因此双语之间存在着广泛的共性，思维结构存在着同构关系，因而存在着可译性。但是这种同构关系是相对的，可译性也是相对的。原因是原语所反映的外部世界是原语作者经过自己的头脑"加工"过的，这种"加工"常常带有疏略性和主观局限性。外部世界与原语对它的描述之间只存在相对的同构关系。换言之，原语所描述的外部世界只具有相对的真实性。同构的相对性还有另一层意思，即译者对原语的认识（包括理解与对风格及情态的体验或感应）与原语所蕴含的意义之间只存在相对的同构关系。在很多情况下原语所蕴含的意义不能完全为译者所领悟、所发掘。特别是在文艺作品（尤其是诗歌）中，作者常有尽在不言之意，译者则鲜有不逊毫厘之功。这种"词不达意"可以说是翻译中的常规。

除了同构差异、语义含蕴差异之外，还有一个语言本身的模糊性（fuzziness）问题。⑫语言的模糊性指词义本身界限不明，无法用分类逻辑（class logic）对之划出泾渭分明的界线。而且这种"不明确性"也不能用上下文的联立关系来加以限制或排除。比如 light colour（淡色），究竟"淡"到何等程度才算"淡色"，一般并没有明确的界限，因此在读者头脑中唤起的概念是笼统而模糊的，"淡雅"就更模糊了。又如 light breeze（轻风），程度界限也是模糊的，如果要明确"轻"的程度，必须说明是"二级风"。但即使是"二级风"这个概念对一般非专业读者来说也是模糊的，要进一步明确化，还需说明："轻风"是"在自由海面掀起0.2至0.3米的浪高、在距地0米高处风速为每小时6至11公里或每秒1.6至3.3米"的风。可见，语言的精确性只是一个变量。有些变量可由上下文加以限制，以排除其可变性；有些变量则无法用上下文加以限制，排除模糊性。变量可以产生模糊性，而模糊性则正是一种交际手段（communicative device）。语言如果缺乏模糊性这个交际手段，就必然会失去语言作为"社会现象"而不是"自然现象"的本质属性。

  运用模糊性的语言作交际手段是导致可译性限度的基本原因之一。我们在英汉词义的对比中可以看到，汉语词义比较具体、精确，量词很多但语义范畴偏窄，有时甚至比较凝滞，不宜于表示模糊的"变量"。比如，甲、乙二人见面，甲身边有一位年龄与他相仿的女性。这时，乙对这一女性的认识即存在很大的相对性（同构的第一链节：对外部世界的反映）。实际上，这一认识所指在乙的大脑内部言语中所形成的同构仅仅是"一位与甲年龄相仿的女性"，其他的都是变量：她既可能是甲的妻子，也可能是他的女友，还可能是姐妹，等等。因此，在同构机制的第二链节（乙的大脑对内部言语即概念系统的表述）中，乙有很多"只能意会，不可言传"的意识。这时，如果甲将这位女性介绍给乙而称她为 Ms（有意不确定婚姻状态的美语女性称呼语），甲的描述就构成了语言上的模糊性。这时，如果甲进一步将这位女子介绍为 sister，语言上的模糊性也并没有得到彻底的澄清：在汉语中 sister 既可能是"姐姐"，也可能是"妹妹"，还可能是"堂姐妹"或"表姐妹"等等，总之在汉语中泾渭分明。这时进行双语转换，就出现了可译性限度。这类词语还有很多，brother, uncle, aunt, parent（不是 parents），father-in-law（公公、岳父、丈人），mother-in-law（婆婆、岳母、丈母娘），等等。

  必须指出，语言的模糊性与可译性限度之间并没有必然的联系。前者可能导致可译性障碍，也可能并无障碍，比如前面说的"淡雅""轻风"，原语与目的语都是模糊的，也就是说：可能用模糊性译语译模糊性原语，即方法论中的所谓对应。但是，从双语学的角度说，就汉英对比而言，英语词义与思维表述方式比较灵活、抽象、含糊；汉语词义与思维表述方式比较执着、具体，有时过于明确、凝滞。因此，语言模糊性确实可能为英汉互译带来困难。

6.2.2　语际转换中的障碍

可译性障碍具有种种不同的形式和性质，我们将分类加以阐明。

一、语言文字机构障碍 (Obstruction in the Writing System)

语言表达上的结构或手段（也可以称为文字结构或文体上的障碍），是最常见也是最难逾越的可译性障碍。原因是，语言结构通常体现出某一语言文字结构上的独特性，这种独特性一般只能在同族语言或同系语言之间找到对应体，因为同系语言之间常常出现语符的共用现象，即语符的"移植"，不需要完全换码，而类似转换却很难在非亲属语言之间实现，因为非亲属语言之间语符需要完全换码。这就是说，在非亲属语之间进行转换时，结构上的语言手段（如符号形态）显然不存在信息相通的渠道，因而具有明显的可译性限度。[13]有些甚至是不可译的（untranslatable）。比如，音韵上的结构性手段虽然可以在语义层实现双语转换，但完全无法实现语音层的双语转换。例如狄更斯在小说 *Little Dorrit* 中有一段音韵上的修辞设计：（斜体是本书作者加的）

> "Father" is rather vulgar, my dear. The word "Papa", besides, gives a pretty form to the lips. *Papa*, *potatoes*, *poultry*, *prunes* and *prisms*, are all very good words for the lips; especially prunes and prisms.

文中第三句连续五字以 p 开头，形成所谓首韵法（alliteration）修辞格。首韵法常常用于加强听觉效果。如果说首韵法在印欧语之间转换尚属可能，那么在英汉转换中就完全不可能，因为汉语中没有可以构成首韵的文字结构条件。汉语中有所谓"联绵词"，即双声叠韵词，如"窈窕""彷徨""逍遥""澎湃"等等，声韵铿锵绵延，但在汉译英中却不得不放弃这种产生音韵效果的修辞手段。汉语中还有些词利用汉语特有的构形条件构成，如"妯娌""玛瑙""踟蹰"等等，具有独特的汉字形体美。翻译中既不可能也没有必要去寻找目的语的形体对应。英语中有不少类似汉语联绵词的所谓"doublets"（并联词组，也有人译为"成对词"）。⑭有些是固定并联，有些是自由并联；有的着眼于音，有的着眼于形，如 weal and woe（祸与福）、odds and ends（零零星星的东西）、part and parcel（重要的组成部分）、thick and thin（历尽艰辛地）、by hook or by crook（不惜一切地），等等。从这些并联结构的汉语翻译中可以看出原文中的音—形修辞立意很难在双语转换中实现转换。词语的机巧运用（近形、谐音等）也可以形成可译性障碍。如"Any stigma will do to beat a dogma."（Guedalla），可惜这类常常颇具匠心的修辞设计在语言转换中无法表现在文字体系根本不同于原语的目的语中。音—形修辞立意在双语转换中丧失的原因是语言表层（语音结构层）不存在双语转换的信息通道，双语的对应是在语义结构层进行的，双语的语音之间不能实现有意义的对应，见图 6—2 所示。

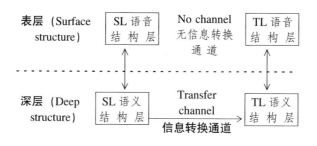

图 6—2

由于双语间表层（音、形）没有意义的信息转换通道，因此在非亲属语之间音、形不可能形成同源对应（cognate equivalence）⑮；汉英属于非亲属语，语际转换只能在语义结构层实现。下例英语中着眼于音、形的修辞立意都是"不可译"的："for all the slow, sleepy, sluggish — brained sloths stayed at home"（Mark Twain，五个"sl"连用以加强作家的厌恶感）；"his soul swooned slowly as he heard the snow"（James Joyce，四个"s"音连用，以徐缓的语流渲染作家的漫漫悠思）。这时候，原语中音、形、义三者已经结合在一起了，但在双语转换中，这种"三结合"构成了信息转换通道障碍。汉字的视觉和听觉分辨率都很高，汉语中音、形、义相结合的例子就更多了。李清照的名句"寻寻觅觅,冷冷清清,凄凄惨惨戚戚"具有独特的"三维"美感。美国当代诗人肯明斯(E. E. Cummings, 1894–1962)常常利用拆析的字母构成怪诞的诗句,以唤起人们的"意象"。上面提到的作家詹姆士·乔伊斯(James Joyce, 1882–1941)也常以奇特的文字结构和句子记录"潜意识",导致双语转换障碍。

  双关语是因音、形手段构成可译性障碍的又一例证。⑯双关语利用异义、同音(或谐音、近音)、异形(或同形、近形)构成"隐语",即"语义双关"。由于语际转换只能在语义结构层实现对应,结果造成"双关"立意的丧失。比如"She's too brown for a fair praise."(Shakespeare, *Much Ado About Nothing*)中的 fair 就是一个双关语。句中它的词义有两个:一是"白皙的肤色"中的"白皙",二是"公平"。结果,在原语中构成的语义双关在译语已经丧失:"她皮肤黝黑,说她'白皙'未免过奖了"。汉语中的双关语也同样具有可译性障碍。著名的例子是唐代诗人刘禹锡的绝句:"东边日出西边雨,道是无晴却有晴",诗中的"晴"与"情"构成双关,无法英译。

  一切形式的文字形体修辞手段都可能构成无法逾越的可译性障碍。著名的例子是"Traduttore traditore"(翻译家是叛逆者)。汉语有许多楹联、骈句都属于这类手段,如"国士无双双国士,忠臣不贰贰忠臣"(杭州岳祠对联)。英语中也有许多借形寓意的修辞手法,如"Homer wrote the Oddity."中 Oddity 是有意与 Odyssey 谐音近形,以造成谐谑。可惜的是,在双语转换中原文作者借形(音)寓意的匠心有时难以表述于译文中,结果只好牺牲形式意义、谐音寓意及暗含情态。词语修辞设计通常伴随某种情态色彩,在双语转换中则常常带来情态色彩的丧失。以下原句很有幽默感:"Dogmatism is puppyism coming to its full growth",妙处在 dog 是"狗",puppy 是"小狗","coming to its full growth"(成长壮大)才有幽默感。但译成汉语时,只好守住概念意义,形象意义与幽默感尽失:"墨守成规是妄自尊大的必然结果"。

  信息理论证明,文字表现(图形结构)所具有的意义传播能力的平均率是25%。各种语言可因文字结构特点之不同而具有或高或低的意义传播能力。汉字方形信息是三维的,其视觉分辨率很高,信息量很大。汉字可以以"视觉符号直接表示概念"⑰。这是有汉语参与的双语转换中汉语形式意义转换的基本障碍。

二、惯用法障碍 (Usage Obstruction)

惯用法的核心问题是语言社会性中的约定俗成，即惯例规范（accepted norms）。惯例规范不"服从"语法和逻辑意念，受到一定的语境功能的制约；其中有文化背景、心理素质等作用机制。语言中的词句该怎么用，取决于语境的要求。正是在这一点上，每一种语言都具有自己的独特性。因此，惯用法可以导致信息转换通道的阻塞及语义对应关系的丧失，而构成可译性障碍。

（一）词语搭配（Collocation）

惯用法普遍表现在词语搭配中。诚然，词语搭配的内在关系是语法的结构。除了语法结构关系以外，决定一个词必须与某一个词搭配而不与另一个词义与之相同（或相近）的词搭配的理据，则是惯用法规范。搭配的定式化是社会约定俗成的结果。比如，我们常说"油漆剥落""皮毛脱落"。"剥落"与"脱落"其实是近义词，但在特定的语境中它们必须各得其所，不能任意更换。

由于惯用法各异，汉英主谓、述宾、名词与量词以及偏正之间的搭配在转换中都可能产生可译性障碍。这时，译者为保证译文的最佳可读性而不得不采取差强人意的变通手段，从而导致种种意义丧失。

1. 主谓搭配（SV）

主语与谓语的搭配中主语对谓语动词的选择性并不完全取决于逻辑意念，还有以惯用法为理据的语境机制。⑱在很多情况下似乎都是惯用法规范在起作用。比如在汉语中种种天象虽然都与"发生""开始"的意念搭配，但各有其约定的搭配式，如"风起""霜降""雨落""云飞（涌）""雪飘"等等。在双语转换中，惯用法可使主谓搭配丧失对应。以"树大招风"为例，"招"的意思是"招引""招惹"等。英语的对应词应是 attract, induce, provoke, incur, court 等。但与"树"搭配，就只能用 catch（捉、抓）：A tall tree catches the wind。"招"的语义特征丧失了（"招"："手呼也"，《说文解字》，十二上部）。又如"琐事缠身"，"缠身"是个形象词，用它来表示"动弹不得"的意思。这句话的英译是：Trifles take (waste) up one's time."缠身"的形象效果和意义完全丧失了。英语中这类例子也很多，如："A bad workman quarrels with his tools."句中 quarrel 受语境限制，翻译时只能引申为"责怪"："手拙怪刀斧"。"His anger sleeps now."意思是"他的怒气消了"，sleep 的形象喻义已在转换中丧失：因为在汉语中"气"只能"消逝"，不能"安眠"。

2. 述宾搭配（VO）

动词与宾语的搭配（在句法中叫作"述宾搭配"）是词语搭配中最活跃的现象，也是约定俗成表现得最明显的一种搭配，似乎无规律可循。一般说来，动宾搭配中活跃的成分是搭配中的动词，无论是汉语还是英语，大抵都是以作为宾语的名词去配作为谓语的动词；名词比较稳定。试悉心体会以下词语中动词的动势感：抚琴泼墨、吟诗作画、飞针走线、呼云唤雨、翻老账、敲竹杠、寻短见等等。英语也不逊色于汉语，比如下句中的动宾搭配，其中的动词都具有很强的动势感：A greeting card can warm a heart, hold a hand, lend an ear, pat a back, light up a face, tickle a funnybone, dry an eye, surprise a child, woo a sweetheart, toast a bride, welcome a stranger, wave a goodbye, shout a bravo, blow a kiss, mend a quarrel, ease a pain, boost morale, stop a worry and start a tradition，共有十九个。在这些述宾搭配中，语义信息的主体是作为宾语的名词，名词之所以稳定是由于语义稳定，起主轴作用，因而被称为"中心词"。动词动势感强，具有相当大的灵活性，搭配的功夫又在动词。在语句生成的思维活动中，逻辑意念一经确定，惯用法即起调节作用，搭配词通常是最符合约定俗成的动词。由于惯用法起着重要的调节作用，因此双语转换中述宾搭配有时不存在信息通道，造成可译性障碍。上述英语例句约有一半 VO 不能实现对应式转换，比如 wave a goodbye 译成"道声再见"失去形象意义，blow a kiss 译成"送你一个吻"，mend a quarrel 译成"平息纷争"，stop a worry 译成"消除焦虑"，light up a face 译成"抹去愁容"都属于失去原语的概念意义，大抵都需将形象意义转化。

3. 量词与名词的搭配（MN）

现代汉语中量词丰富多彩，与名词的搭配式千差万别，结合面也相当广（有具体名词，也包括抽象名词）。英语没有量词类，但对应概念还是有的。在很多情况下，汉英对应契合，如一线希望——a thread of hope，一阵严寒——a spell of cold，一把米——a handful of rice，一队驳船——a fleet of barges，一卷柯达胶卷——a reel of Kodak film，等等。计量性量词的对应式就更多了，转换时几乎没有丧失什么意义。

但描写性量词在转换中的可译性障碍就比较明显，顾及译语的可读性和约定俗成就顾不到原语的概念丧失或感情色彩的丧失。比如英语中 a round of beef 里的 round，意思是"圆筒形物体"，有外形描状。但汉语只能译为"一块牛肉"，外形描状丧失。汉语"一派好风光"与"一派胡言"中的"派"[19]暗示宽度、广度、强度、鲜明度，含有感情色彩。但英译时"派"的暗含义完全丧失，前者是 attractive scenery，后者固然可以视情况译为 a pack of nonsense，但其中的 pack 已属于计量性而不具有描写性了。[20]这样的例子极多。如 a whiff（声色词）of fresh air 只能译成"吸口新鲜空气"，汉语的"一缕情思"中的"缕"暗含为纤细、悠长、剪不断等义，但英语无法表述，只能译成 tender regards，差强人意，给译者留下的是一种心声未尽的遗憾。

4. 偏正搭配（MrMd）

偏正搭配是修饰语（modifier）与被修饰的中心词（modified）之间的搭配。双语惯用法在这里的差异可能很大。此外，在转换中修饰语的准确对应常常被视为"无关宏旨"而被舍弃，以保证最佳可读性。其实，修饰语不符合语感在语流中是很刺耳的，一向被辞章学家视为"败笔"。以下偏正搭配中形容词均已失去严格意义上的概念对应：win a narrow victory 险胜，shallow laugther 淡然一笑，fancy shops 高级商店，proud flesh 赘肉，lavish endearment 有失分寸的热乎劲。汉语"新春"指旧历春节后一二十天，承载文化信息；英语中无对应式，"new spring"中的 new 是一个很泛的概念，不承载特殊的文化信息。

（二）成语结构或惯用语结构（Idiomatic Structures）

各种成语结构的可译性通常有一定的限度，因为成语是惯例规范表现得最充分的例证。无论在英语抑或汉语中，许多成语都是历时惯用法的产物，是经历了长期的约定俗成并见于典籍才流传、确定下来的，因此与特定的社会语境紧密相连。各类成语及惯用法的共同特点是结构上的稳定性、语义上的相对独立性与完整性，以及暗含的情态表达力。

英语成语除了具有上述特点以外还有一个突出的特征，即多义性。许多成语即便在词语联立关系中也很难确定词义。汉语成语语义凝练、结构严谨，富于哲理与文化色彩。英汉成语在双语转换中都普遍存在各种意义丧失。

三、表达法障碍 (Expression Obstruction)

表达法是一个很广泛的范畴或系统，很值得多加探讨。我们在下面只谈四个方面的问题。

（一）正说与反说（肯定与否定）

在大多数情况下，汉英的正说法与反说法是相似或相通的，可译性并无障碍。但无论汉语或英语都有只能取否定式或只能取肯定式的强制情况。这时，我们只能舍弃原语的表达法。汉英正、反表达法相悖基本上是一个给概念命名的不同角度以及表述的侧重面、着眼点、价值观等差异问题，肯定式与否定式并无优劣之分。如：不动产（汉语着眼于与可携带的证券、货币相比较）⇨real estate（英语着眼于实体性、事物性）；不速之客（"速"的意思是"邀请"，着眼于主体即说话者的行为或意向）⇨a shadow（英语着眼于客体的行为性状）；uncommon（英语着眼于说话者对客体的评价）⇨出众的（汉语着眼于主体的态势），等等。但在下列情况下，正说与反说确有细微差别：

1. 反说具有某种婉转性。比如汉语"其貌不扬"，汉英翻译时往往译成 ugly looking，其实"不扬"并不等于"丑"，具有婉转性的反说法语义强度（tensity）低于正说法。这种例子很多，not rich 并不等于"穷"，unworn（没有穿坏）不等于"新的"，underpay（付款不足）不等于"付得太少"。词典的释义往往正说、反说并举，但在不少情况下实际强度不同，正、反互译可能出现意义丧失。

2. 有时，反说属于形式上的"折反"或反衬，因此有形式意义，但双语转换时往往难以照顾。比如莎士比亚有名的不定式短语"To be or not to be"，利用否定形成折反，比"To die or to live"优美得多，洗练得多。但这种有形式意义的结构往往构成可译性障碍，我们不能将上述不定式短语译成"生或不生"，只能译成"生或死"。汉语的"不多不少"利用反衬，英语只能译成 just the right amount，失去形式意义。"不死不活"（It's dying）、"不高不矮"（medium height）也是如此。

3. 汉英口语中都有利用否定加强语势的表达法。汉语的"好不热闹"等于"好热闹"，英语的俗语中也有一种双重否定式 no...nothing，相当于 nothing at all。在翻译成汉语时，这种否定的强调式是无法获得对应的，形式意义丧失了。

（二）主动与被动（施事与受事）

汉语较少用被动，英语较多用被动，因此翻译中常有语态转换问题。一般说来，施事与受事的转换不会导致意义丧失。但在以下情况下，汉语难以表达原语语态语法范畴的逻辑意义：

1. 原语强调原发情况、行为（或状态）原委的受事性（passivity）。这一点在逻辑意念中本来是很重要的，但英汉转换时往往因惯用表达法或因求语感上的自然而略去了受事性，如：

（i）He was hard *hit* by the flu.
他得了重感冒。
（被动转换成主动，但被动强调原发情况，更符合逻辑）
（ii）Very often I *was driven* to conjecture.
我只好诉诸猜测，而且经常如此。
（分析同上，强调主语的被迫）

汉语在语感上常常避免使用"被""被迫"，因为汉语中受事的施事化有悠久的历史传统。汉语重内在的逻辑意念，而不重外在的语言形式，不求形式上的精微。汉语语法范畴在形式上基本上是隐含的，有时就难免丧失语法形式规范所具有的逻辑概念意义。以上两例中的受事性其实是很重要的。当然表现法各有所长，全凭运用得体，不能以偏概全。

2. 原语可以在强调主位（主语所陈述的行为或所处的状况）的同时又附带表明了受事性，这在汉语语流中是很难不另行措辞加以表述的，而在一般情况下，另行措辞又嫌累赘或很不自然，如：

（i）I had my hair cut yesterday.

95

我昨天理发了。

（原语明确交代了是别人替"我"理的发）

(ii) I had the letter xeroxed.

我已将这封信复印了。

（原语明确交代了是别人替"我"复印的）

如果说前句在事实上还不致造成误解的话，则后句的汉译中究竟是谁去"复印"的就不得而知了。汉语动词本身不具备语态范畴的形态表意功能，因此双语转换中也缺乏形态上的信息转换通道，只能借助于词汇，在语义深层寻求信息通道。当词汇手段也无能为力时，就导致意义丧失。

（三）形象性与非形象性

形象意义丧失在双语转换中最为常见，其原因是形象比喻的形成多溯源于民族文化历史、民俗民情、民族文化典籍、民谣民谚及社会约定俗成，总之具有鲜明的民族色彩。因此，形象性词语在双语冲突式转换中常常只能取核心语义还原法，也就是说，在找不到对应式或平行式目的语时，只好放弃形象比喻的描写手段，略去形象色彩，退而求其本义上的不冲突，做到概念意义上的转换，改"着色"为"白描"。请看表 6-1 中的例子。

表 6-1

形象比喻词（着色法）	核心语义	转换把握住核心语义（白描法）
under the table	in secret	秘密地
from one's teeth	with insincerity	无诚意地
揭竿而起	起而造反	to rise in rebellion
接踵而来	一个接一个地来	to come one after another
生米煮成了熟饭	已无可挽回	what's already done
混口饭吃	为生计而不得已地干某事	to get an unpleasant job for one's livelihood

上例中转换后的意义均已失去形象色彩。形象色彩的丧失，可能使原语的生动性、讥诮风格或作家的个人笔触特色丧失殆尽。下例利用谐音的形象词 poetry-poison 使句子产生幽默感：One man's poetry is another man's poison（O. Wilde），我们只好译成"诗人难找知音"。很显然，形象比喻的"白描"译法实在是一种令人遗憾的转换手段。

有幸者，人类感知经验具有多方面的共性，形象词语常常可以在双语中找到契合对应或基本上契合对应，特别是平行转换的目的语。我们曾以 200 个汉英形象词语为例作抽样分析：其中 60% 左右的形象比喻词语可以找到平行式或基本上契合的对应式，只有大约 28.7% 的形象性词语完全失去形象意义，必须诉诸"白描"，取核心语义。汉英双语间以下形象比喻词语都是相当贴切的："一风吹"（完全丧失）⇨"go to the winds"（utterly lost）；"window dressing"（misrepresentation of facts so as to give a favorable impression）⇨"装饰门面"（提供虚假事实使人获得良好印象）；"泼凉水"（做败兴的事）——"throw cold water on"（dampen one's enthusiasm of），等等。毫无疑义，对应式或平行式转换是我们的最佳选择，因为形象意义的丧失直接影响语言的交际功能。

（四）形态表意与词汇表意

比较而言，词汇表意比形态表意在语言转换中的意义丧失要少。这是因为，一般说来，词汇的意义内涵比较明确，比较易于把握。形态作为语法手段时，功能是稳定而明确的，但作为意义的信息承载符号时，内涵则具有游移性。这种意义内涵的游移性在转换时有时很难把握而导致意义丧失。譬如，英语以动词的形态变化表示"体"（aspect）的范畴。所谓"体"表示动词的活动方式以及人们对这种方式的态度，而这一切，在汉语中则是以词汇的方式表示。因此，当英语以体的形态表示比较微妙的活动方式及态度时，汉语就可能因难以表达而导致意义丧失。这是英译汉中又一种典型的表达法障碍。

英语进行体在表示以下意义时，双语转换中常常出现意义丧失：

1. 表示动作的反复性（非一次完成）

试比较：

(i) The child jumped for joy. （暗示：大体上是一次）

(ii) The child was jumping for joy. （暗示：重复多次）

在英汉双语转换时，前后二式都只能译成"孩子高兴得跳了起来"；如果将后式译为"跳跃不止"，就可能失之过分。而英语就可以比较精微地表示"跳"的反复性。

2. 表示行为（或状态）的发生，因而从强调本质发展为强调实感

试比较：

(i) Mary is a good girl. （强调其本质）

(ii) Mary is being a good girl today.

（强调其行为的发生，或可以使人看到的表现）

这种语义微差是难以表达的，（ii）式的意思大约是"玛丽今天的表现是不错的"，但这种体式很难在以词汇表意的汉语中找到丝丝入扣的措辞。

3. 表示说话者对行为者的感情或态度，一般暗含不满等情态

试比较：

(i) Who's eaten my dinner?

（暗示"这次"及"吃光了"）

(ii) Who's been eating my dinner?

（暗示"又有人吃过"，不满的口气很明显）

前式似可译为"谁把我的午饭吃了？"后式似可译为"谁又在偷吃我的午饭？"但情态含义表述得似乎过重，"偷吃"语义过于明白、凝滞。

4. 表示行为的暂时性、未完成性

试比较：

(i) She has worked for IBM since 1985.

（ii）She has been working for IBM since 1985.

以上两句基本句义是一致的，但前式明确表示行为的完成状况；而后式说话者认为"她"为该公司工作只是暂时的，也并没有结束。很难在翻译时恰如其分地反映出两句的意义微差。

5. 表示行为者的某种倾向性、习惯性以及说话者含蓄的反感
试比较：

（i）He always lives within himself.
（ii）He's always living within himself.

两句的意思都是"他总是离群索居"。但后句强调"他"具有离群索居的性癖，人们似乎很难理解个中原委。

6. 表示说话者的某种殷切感、亲切感等
试比较：

（i）We hoped that you would come.（一般表述）
（ii）We were hoping that you would come.（比较殷切）

两句的基本语义是一致的，不同之处是后式反映说话者的殷切心情。但 hoping 的进行体绝不是都是表示殷切感或亲切感，试分析下句中的 hoping: If the inlaws are hoping to stop me making false moves, they're wasting their time. They might stand me up against a wall and let fly a dozen rifles.（A. Sillitee）请注意上文第 3 例的解释，句中的 hoping（竟然抱着这种希望）暗含某种反感。从这里也可以看到语境对情态意义的制约功能。

（五）重心与层次

句子发展的重心与层次一般说来只是一个思维表达的习惯问题，并不涉及意义的显著变化及表达法的优劣。在语际转换中，重心与层次的改变，一般也并不导致意义丧失，特别是概念意义的丧失。

但双语转换中重心和层次的变化却常常可以导致语句连接关系、强调

部分位移以及语气轻重等方面的双语差异。此外，在以上种种情况下，由于同步转换之不可能，形式意义的丧失也就毫无疑义了。

1. 语句连接关系的双语差异及可译性限度

英语可以用形态手段作为语句连接的纽带，而连接所具有的信息内涵又是内隐的。这时汉语必须以词语来表达；同样，汉语重意合（意义接应），语句连接关系可以不用任何外显的形式接应手段，其间的信息内涵也是内隐的。这样，双语转换时就很可能造成差异或障碍。试观察以下英汉两句的差异：

（i）He thinks by infection, catching an opinion like a cold.（连接信息隐含）

（ii）人家怎么想他就怎么想，就像人家得了伤风，他就染上感冒。（连接信息外显）

上述（i）句的连接信息是隐含的，被隐含的逻辑关系英语称为"伴随情况"（attending circumstances）表示"伴随性""同时性"；而（ii）句的连接信息则是外显的，连接手段是表示比喻的连接词语"就像……一样"。

汉语的意合常常在双语转换中留下难以定夺的连接信息。比如汉语的"字如其人，文尤如其人"之间的连接信息在译成英语时可能有以下诸式，但似以第 iii 句更为接近原句：

（i）If handwriting reveals character, writing reveals it still more.

（ii）As handwriting reveals character, writing reveals it still more.

（iii）While handwriting reveals character, writing reveals it still more.

（iv）Handwriting reveals character and writing reveals it still more.

（v）Handwriting reveals character but writing reveals it still more.

（vi）Writing reveals one's character more than his handwriting does.

2. 信息焦点的位移及叙述重心的可译性限度

所谓"信息焦点"（focus of information）就是句中的强调部分，通常即行文中的语句重心。我们这里只探讨书面语的强调部分在双语转换中的所谓"错位"。

信息焦点在双语转换中的位移，可产生强调效果的差异，使双语强调（stress）不能同步。但如果不进行位移，就会使译句成为语法或语感上的不合格句。我们试比较以下情况：

（1）句尾焦点（end-focus）位移，使强调错位

试比较以下汉英对应句的强调效果：

（i）Away went the car *like a whirlwind*.（句尾焦点）
汽车像一阵疾风似地开走了。（句中焦点）

（ii）*Equally inexplicable* was his behaviour towards his son.（句首焦点）
他在儿子面前的行为举止也同样令人费解。（句尾焦点）

当然，译语也可以刻意与原语形成强调的同步，如："汽车开走了，像一阵风"，"同样令人费解的是他在儿子面前的行为举止"。但前句似乎带有诗意（poetic）；后句比较累赘。而且一般说来，汉语"……的是……"句的信息焦点是句尾"是……"这一部分，见以下例句（ii）中的汉语句子。

（2）主位位移，使强调错位

所谓"主位"指句首通常由主语所处的位置，但英语主位不一定就是主语。英语的主位通常具有强调的效果，汉语则不尽然。

试比较以下汉英对应句的强调效果：

（i）我生在故国，也要死在故国。
（强调不在主位，句尾重心）
In homeland I was born, and in homeland I'll die.（强调在主位，句首重心）

（ii）A red sports car was behind the bus.（强调在主位）
在公共汽车后面行驶的是一辆红色的跑车。（强调在句尾）

(3) 英语强调式断裂句信息焦点的丧失

英语断裂句是信息焦点最明确的强调式句型，在现代英语中，断裂句也是信息焦点可替换性最强的句型。但在英译汉中，断裂句的这种优势却是有限的。

下列英语句子共有五个信息焦点替换式，其中（iii）（iv）（v）式在汉语中不能构成与原语强调部分对应的信息焦点：

(i) It was John who wore his best suit to the dance last night.
昨天晚上穿上最漂亮的衣服去舞会的是约翰。
（句尾焦点，语感上不妥）

(ii) It was his best suit that John wore to the dance last night.
约翰昨天夜里去跳舞了，穿的是一身漂亮的衣服。
（句尾焦点，后句为补叙）

(iii) It was last night that John wore his best suit to the dance.
昨天夜里约翰穿上了最漂亮的衣服去跳舞。
（汉语句子的逻辑重点不是"昨夜"，而是"跳舞"）

(iv) It was to the dance that John wore his best suit last night.（正式语体）
昨夜里约翰穿上最漂亮的衣服去的地方是舞会。
（汉语重点虽与英语对应，但很不自然）

(v) It was the dance that John wore his best suit to last night.（非正式语体）
昨天夜里约翰穿上最漂亮的衣服去舞会了。
（同第 iii 句译句，"了"是语尾助词，表示完成）

当然，（iv）（v）句可以译为："为了去参加舞会，约翰穿上了最漂亮的衣服"。但这样一来，句子强调意义与原句不能同步。

3. 语句的层次转换及叙述层次的可译性限度

汉英叙事层次不尽相同，其中往往有主次之别。在双语转换中，这种层次的主次之分往往成了不分主次的并列式或适得其反（主层次与次层次对换）。这种层次转移多见于状语从句式分词结构。在英语中，从句或分词结构无疑是次层次，主句是主层次，比如：

（i）His remarks hit home when he said that we did not work hard enough.（主句是主层次，从句是次层次）

译成汉语后，两个层次并列：

他说得很对，我们工作不够努力。

汉译英经常出现变原语的并列为译语的主从的情况：

（ii）训练班为期三周，星期六结业。（层次并列）
The training course lasted three weeks, ending on a Saturday.（主句是主层次，分词短语是次层次）

英语是并列式而汉语译句成了主、次层次的转换例证也很多，如：

（iii）Teach your child to hold his tongue, he'll learn fast enough to speak.（B. Franklin）（层次并列）
教你的孩子闭上嘴好了，反正他很快就会学会讲话。（主层次→次层次）

双语转换中原语与译语句子层次主次互换的例子如：

（iv）I walked down the hill into town, ignoring the flashes of lightning all around me.（主句为主层次，分词短语为次层次）

上句译成汉语后，次层次变成了主层次：

我顾不得雷鸣电闪,沿着山路向市区走去。

　　汉语表述层次的差异在更多的情况下仅仅产生于汉英表述顺序的惯用法。比如,汉语在叙述上一般遵循以下时空原则(不排除例外):

　　(1) PTS(the Principle of Temporal Sequence,时间顺序原则):即先叙述发生在前的事,后叙述发生在后的事。如"一手交钱,一手交货",从语言表层看是同时,但行为逻辑仍是一先一后,因此在表述顺序上仍是先交代发生在前的事(交钱),后交代发生在后的事(交货)。上例(iv)中,先有"顾不得",才可能"沿着……走去"。

　　(2) PSS(the Principle of Spatial Sequence,空间顺序原则):即大范围的事物在前,小范围的事物在后,如"香港 ⇨ 沙田 ⇨ 第一城"。英语常与此相反。

　　凡是与以上时空原则相悖的外语叙述顺序,双语转换时都可能产生叙述层次的变化。但这种变化一般只导致形式程式意义的丧失;而无修辞立意的形式程式,一般说来,并没有什么值得转换的意义。

四、语义陈述障碍 (Semantic Obstruction)

　　上面已经提到,汉英词义在概念所指上虽然广泛存在着同构现象,但在对概念的表述上,各种语言往往各有特色。比较而言,英语词义与思维表述方式比较灵活、抽象、含糊,不受语素(词素)形态的约束,对语境的适应性较大;汉语词语由"音""形""义"三维结合的汉字(语素)构成,因此词义往往受语素"形"与"义"的约束,因此汉语词义有时过于执着、具体、明确,以致流于凝滞、偏窄,对语境的适应性较小。由于存在以上差异,因此在具体的上下文中,双语之间常常出现语义表述上的障碍。这种可译性限度,产生于语义微差(semantic nuance),因此可能导致概念意义不同程度的丧失。语义陈述障碍常常表现为:

　　(一)多词一义

　　英语中有许多同义词词义常常颇有差别,但转换成汉语时却找不到相互对应的汉语词。典型的例子很多,其中之一是"会议"。英语中有很多词都可以而且只得汉译为"会议"。实际上,它们之间都有微差。以下词语都是"会议":meeting, meet, council, conference, assembly, assemblage, convention, conventicle, convening, gathering, forgathering, get-together, reunion, session, bull-session, rally, conclave, panel, concourse, convocation, concentration,等等。如果脱离语境(上下文),对上述各词的微差,还可以作一些限定性解释。但在特定的语境中,"会议"却是汉语唯一可以使用的措辞。"协会""委员会""研讨会"在英语中也各有很多对应词。汉语词语的语义覆盖面往往比较小,常常被迫"以一当十"。

(二)一词多义

汉英一词多义现象都很突出。比如"意见"一词,在"他对这件事很有意见"与在"有意见你还可以再来"中,这个词的词义是不尽相同的。但以上二者的意思似乎很难在 contrary opinion, different views, complaints, reservation, objection, dissatisfaction, challenge, criticisms, disagreement, not of the same mind 等中确定下来;而在汉语中,我们将毫不犹豫地都用"意见"。

(三)语义表述手段的局限性

现代汉语自 20 世纪二三十年代以来已有很大的发展,其显著标志是词汇量大大增加了,句法表现式大大丰富了。但由于汉语受到构成语素的基本意义的约束,汉语词义不仅具有语境适应性比较小的局限性,而且表现力也很有限。汉语只能以词表意,词的语义结构受构成语素的限定,很难"左右逢源"。比如 culture shock 中的 shock 一词,英语词义并没有什么变化,但在汉语中似乎用"冲击""撞击""震动""震荡"都不恰当,它表示"因文化环境改变、精神上又无充分准备因而不知所措,失去适应力的状态",我们只好译为"冲击";显然"冲击"在与"文化"搭配时失之过强。当然语义表述手段的局限性并不限于汉语,英语也有其本身的局限。比如英语就很难表达汉语中的"风流""潇洒""洒脱""酣畅"等等语义模糊性很强的词。汉语中"诗""词"并不是一回事,但译成英语后都成了 poetry,这里牵涉到文化障碍问题。

五、文化障碍(Cultural Obstruction)

文化障碍是限制可译性的最常见也是最忌简单处理的因素。语言是文化信息的载体，可以突破时空限制承载文化信息的多方面内涵。因此，在语际转换中，文化信息符号的换码是一个非常重要的任务。

语言中的文化信息符号是一个庞大的"象征系统"（a system of symbols），这个庞大的"象征系统"以散点式结构而不是以焦点联结式结构广泛包容以下五个方面相互交织和渗透的信息符号。我们的任务是必须首先辨析语言中的这些符号，才能正确处理这些符号。

（一）语言中的民族意识化符号

语言中的民族意识化符号，包括产生这一文化的民族的一切观念形态方面的语言信息，其中有反映该民族的世界观、哲学观、道德观、价值观以及宗教信仰、宗法制度、典章文物、伦理观念、思维方式和思维特征的语言信息符号。民族意识化符号往往具有折射性，即不是直接而是间接地反映该文化的观念形态。如"天诛地灭"反映我国古代天道观的权威性，而"judgment of God"（上帝的审判）则反映欧洲人的基督教信仰和宿命论世界观。

（二）语言中的民族声象化符号

语言音位系统和文字系统都属于民族声象化符号。声象化符号具有不同程度和不同性质的象征性。语言中声象化符号象征性最强的是数以万计的声色词、比喻词、形象性词语以及其他以听觉与视觉为感应媒介的声、象、色描摹性词语、成语、谚语、俗语、歇后语、俚语，等等。"一只碗不响，两只碗叮当"和"wild goose chase"就分别属于汉语与英语中具有很强象征性的民族声象化符号。有关游乐、音乐、舞蹈、影视、书法、美术、雕刻等等文艺领域里的词语则属于另一种性质的语言声象化符号。

（三）语言中的民族社会化符号

反映民族习俗与风情以及人际的、社会的、阶级的、群落的惯用称呼、服饰、体语、行为特征、活动形式、生活方式的词语都属于民族社会化符号。语言中的民族社会化符号极为丰富，比如"额手称庆""洞房花烛""双喜临门""麻衣绣鞋""a shrug"（耸肩）、"play knife and fork"（饱餐一顿）等，分别属于汉语与英语中具有很强象征性的民族社会化符号。

（四）语言中的民族地域化符号

反映操某一语言的民族或群落的自然地理生态环境、气候条件与特征、山川、市镇称号等文化内涵的词语都属于该语言的民族地域化符号。"泰山北斗""付诸东流"带有强烈的中华民族地域色彩，而"When Dover and Calais meet"（喻绝不可能的事；Dover 多佛，英国港口；Calais 加来，法国港口，两港遥遥相对）。"Indian summer"（美国某些地区严冬到来之前的一段很短的暖和天气）则带有明显的英美文化色彩。

（五）语言中的民族物质化符号

语言中涉及物质经济生活、日常用品及生产或生活工具、科技文化及设施等承载文化内涵的词语都属于该语言的物质化符号。如"湘绣""川贝""乌龙茶"具有明显的汉民族文化色彩，而"hot dog""motel"等词则带有英美文化色彩。

由于人类文化具有广泛的共性及渗透性，因此以上五类文化信息符号在双语换码中有相当一部分是"可译的"，我们可以在双语中找到契合对应或平行对应。

但是，如果我们对以上五类文化信息符号作一个总的比较考察，我们就可以推导出以下重要的原则和必要的结论：

1. 不同文化之间的共性是相对的、广泛的，差异是本质的、深刻的。因此，在语际转换中，文化的可译性是相对的，可译性限度是绝对的，翻译中不可能不存在文化障碍。

2. 文化障碍及其后果具体表现为：

（1）词语文化信息符号的所指内涵在语际转换中呈冲突式：常见的情况是，我们可以根据承载某一特定文化信息符号的所指忠实地转换成另一种语言符号系统的同一所指的对应符号系列，以为这样可以找到信息通道，但却仍然不能获得对应。譬如，将"泰山北斗"的所指转换为英语时为"Mount Tai and the North Star"，但仍不能认为它是一种意义转换，其原因在文化障碍（"泰山北斗"是汉民族地域化符号。"泰山北斗"被当作对德高望重者的尊称，而英语的对应词只承载语义信息，不承载这一文化信息）。上文提到将"诗"与"词"都译成了 poetry，但并没有从根本上解决二者不同的内涵义，因此将"词"译成 poetry 属于"半冲突式"转换，因为它只译出了"类概念意义"，没有译出"属概念意义"。

（2）词语文化信息符号的语用意义在语际转换中呈冲突式：比如，上文提到的"天诛地灭"这一成语运用"天""地"作为最高权力的象征。但它只能适用于天道观影响很深的中国，英语用的是 God。各种颜色在汉语中的语用意义与在英语中可以截然相反，譬如"黄色"在受皇权长期统治的中国的语用意义是"显贵"，而 yellow 在英语中的语用意义则是"卑怯"。以上五类符号的语用意义都非常突出，因此双语在以上五个范畴内都可能出现由于语用意义不对应而形成的文化障碍。

（3）词语文化信息符号的语言内部意义在语际转换中呈冲突式。在语言内部的各个层次上，文化信息符号都可能遇到转换障碍。

3. 词语文化信息量与可译性限度呈相同趋势：语言符号所承载的文化信息量越大，双语转换中所遇到的文化障碍就越大，可译性限度也越大。当然我们不能排除例外。

4. 因此，我们必须十分熟悉以上五个范畴的语言文化信息符号，必须十分熟悉这些范畴的信息符号所包含的上述（1）（2）（3）三种意义，力求在双语转换中不丧失以上所述的意义。

5. 为此，我们必须掌握方法论中的各种技法（第九章），以求得文化意义尽最大可能地准确传达。文化色彩的过于"淡化"与执着于形式对应一样，是翻译中的应该避免的偏向。

6.3　语言的互补互释性与可译性限度的调节机制

上面我们谈到了语际转换中的诸多障碍。可以肯定，语际转换中的确存在着"难以逾越"的障碍。但是在本章的开头，我们论述了语言之间是可以互补的，也是可以互释的，这是语言之间的基本共性。世界上还找不到一种东西用语言甲"可以解释"而用语言乙就"解释不了"。因此，这里的关键是"**如何解释**"，而不是"**不能解释**"。实际上"难以逾越"与"不可逾越"是两个概念，翻译理论的任务是用"如何解释"来想方设法逾越那些"难以逾越"的障碍。应该看到，语言的互补性和互释性观点给翻译理论（特别是方法论）研究展示了广阔的开拓领域，当然也为可译性限度的分析研究提供了思路和理据。

一、思维深化和翻译思想的发展

翻译是高强度分析综合工作。翻译的质量与思维活动水平有关，与人的总智能水平有关。各国翻译史中有很多类似的例子。50年前或者甚至30年前认为无法翻译的作品，今天已经问世，并将陆续问世。随着人的思维能力的发展即分析综合水平的提高，人类克服语际转换障碍的智能（反映在翻译者的素质和工作效能上）必将提高。此外，人们的翻译思想也是发展的，有开拓、有深化、有修正、有补充。翻译思想的发展变化也会对翻译行为产生深刻的影响，使翻译得以冲破固有的障碍，获得新的可译性疆界。

二、外域文化与语言表达法可容性的扩大

人类社会在不断进步，随着文化接触的加强和深化，语言的接触也必然出现语言互补互释性的同步发展。文化的渗透性可以使文化的民族局限性受到制约，使共性不断扩大。开放性社会文化为语言表达法提供的可容性比封闭性社会文化提供的可容性大得多。这中间，文化的渗透性起着十分积极的作用。从长远的发展眼光来看，世界分离的多元文化将成为历史遗迹，世界文化一体化过程虽然十分缓慢，但终究是大势所趋。这将给语际的交互渗透提供极好的生态环境和条件。

三、方法论的发展潜势

翻译方法论具有很大的发展潜势，可以预言，对策论中的代偿（功能代偿）策略包括方法论中的替代法、增补法以及阐释法将越来越得到重视，并在语际转换实际中拓宽其应用领域和功效。

四、接受者因素的强化

可译性限度在随着上述因素的加强而得到调节的同时，接受者的因素也将起积极的参与作用；人们的翻译审美水平和总的审美素质将得到提高，从而有利于语际转换越过可译性障碍。

6.4 结语

基于语言的互补互释性这个基本原因,翻译中的可译性和不可译性(限度)都是相对概念,具有开放性,都不是绝对的。但必须看到,可译性在不断增长,可译性限度在不断收缩,这是一个总趋势。但即便如此,可译性限度目前仍是俯拾即是的翻译现实。美国哲学家、符号学家皮尔士说:"有三种事情我们永远不能希望达到,即绝对的确实性、绝对的精确性和绝对的普遍性。"皮尔士的这个论断非常适合我们看待翻译理论问题。尽管如此,翻译家还是在殚精竭虑地向"不可能"挑战,也就是向自己挑战,试图在"不可译"中找出"可译"的蛛丝马迹,特别要看到像"功能代偿"这样的对策思想,确实可以破除很多"心理禁忌"和技术难关,例如 gene 之译为"基因"就是音、形、义交互的功能代偿的绝妙例证。

〔注释〕

① 在西方翻译理论中,首先提出"可译性限度"及"不可译性"(untranslatability)概念的是语言学派的理论家。迄今为止西方翻译理论对可译性的研究总的说来仍属于描写性的探索,理论上有待于深化。譬如卡德福特提出不可译性可以分为"语言上的不可译性"与"文化上的不可译性"两个方面,前者产生于:(1)一词多义;(2)词语与语法的"同形异构"(shared exponence),如 bank 可以指"银行",也可以指"河岸",因此当这个词进入词义双关的语境时,在目的语(如法语)中就可能造成不可译。卡德福特举了下例:". . . there was no Small Change but many Checks on the Bank wherein the wild Time grew and grew and grew"。句中 bank(银行)在法语中是 banque,适用于上文,但不适用于下文,因为在下文中,这个词的词义是"河岸",而"河岸"在法语中是 river,不是 banque。在英译法中这个双关语义成了"不可译"。

② 不言而喻,"同一"与"同构"的概念都是相对的。世界上不存在"绝对的同一性",正如世界上不存在绝对纯金一样。哲学认为"绝对同一"只有本身

"selfsame",别无其他。

③所谓"思维形式",指思维借以表现内容的手段、方式以及有规律的活动过程。逻辑学认为逻辑思维形式有三种类型,即概念、判断与推理。

④这里说"大体相通"而不是完全相同,只是考虑到具体的表述方式。比如,当思维逻辑表述为某一句型结构时,不同的语言可能呈现出不同的惯用法语序,而就形式逻辑程式本体论而言,任何语言从根本上说是相同的。

⑤参见 W. C. Salmon 著《逻辑》(中文版),台北:三民书局1991年版,第31页。这是就一般情况而言,我们也不能忽视语法本位观在不同语言之间的巨大差异。

⑥英语在印欧语(Indo-European Languages)中属于西日耳曼语族(West Germanic)。与西日耳曼语并列的是拉丁语,包括沃语、罗马尼亚语、葡萄牙语、西班牙语、意大利语和瓦隆语(Walloon,今比利时南部瓦隆人的语言)。以上六种语言统称罗曼语,或意大利语族(Italic)。

⑦语言接触的结果必须会导致一种语言向另一种语言的异化,一般说来是相互的异化。但语言异化往往具有强烈的倾向性。一般情况是:政治、经济实力较强,科技或文化上较先进的民族的语言往往居于主导方面。主体受客体异化的例子如中古英语受诺曼人的法语或基督教文化的影响;我国新文化运动时期白话文之受英语及日语的影响。王力曾经在《中国现代语法》中说:"欧化是大势所趋。不是人力所能阻隔的;但是,西洋语法和中国语法相离太远的地方,也不是中国所能勉强迁就的。"(第六章,"欧化的语法",商务印书馆1985年版,第334页)。事实表明,半个世纪以来现代汉语的进步是与外语的积极影响分不开的。

⑧语言规范工作者保护的正是语言的这种"自洁作用"。比如汉语有"因形见义"的传统,也是汉语赖以维护其特征的内部机制。汉语抵制不能因形见义的词语(如"布尔乔亚""普罗列塔利亚""德摩克拉西"),而代之以能因形见义的词语("资产阶级""无产阶级""民主政治")。但同样一些词,则可从法语完全移植到英语中,因为英语没有"因形见义"的传统或内部规律,文字结构上也大体一致,而汉语则与之迥异。当然,语言的自洁作用还必须与自觉的语言规范化工作相辅相成。

⑨关于可译性的相对性乔治·斯坦纳(George Steiner, 1929–)说:

Not *everything* can be translated. Theology and gnosis posit an upper limit. There are mysteries which can only be transcribed, which it would be sacrilegious and radically inaccurate to transpose or paraphrase. In such cases it is best to preserve the incomprehensible.... Not everything can be translated now. Contexts can be lost, bodies of reference which in the past made it possible to interpret a piece of writing which now eludes us.... In a sense which is more difficult to define, there are texts which we cannot yet translate but which may, through linguistic changes, through a refinement of interpretative means, through shifts in receptive sensibility, become translatable in the future. The source language and the language of the translator are in dual motion, relative to themselves and to each other.

引自 *After Babel*, Oxford, 1975, p. 262。

⑩语言的线性符号行为模式，是"先定的"（predetermined），也就是说，正因为呈线性，语言才成其为语言，而与别的符号系统（如图画）有本质区别。所谓"线性"，就是按时间顺序依次出列。在理论上，线性运动不存在空间向度。因此，在不同时间内的线性绝对同轨，在理论上是不可能的。任何双语转换的绝对条件是"不同时间"：SL 在前，TL 在后。这样，从总体上说，SL 的线性轨迹与 TL 的线性轨迹就不可能绝对相同，任何种类的意义丧失都是可能的；从总体上来说则是必然的（但从局部可能找出双语完全可大体相同的句子）。

⑪参见 Peter Newmark 著 *Approaches to Translation*, Pergamon Institute of English, 1981, p. 7。"意义丧失"可能是多方面的，常见的有语义的丧失、形式意义的丧失及情态、风格以及文化意义的丧失。

⑫参见 L. A. Zadeh 著：《模糊集合、语言变量及模糊逻辑》中译本，科学出版社，1982 年版，比如，Zadeh 认为，"语言描写就其本质而言是模糊的，因为这种描写通常是对复杂情况的概括描写"。

⑬符号的形态常常具有：（1）视觉表意功能比如汉语的文字"日""月""水"，就是用符号表意。（2）符号音位化以后，具有听觉传播功能；这种功能也可以转化为表意功能。

⑭见 E. L. Johnson 著 *Latin Words of Common English*。

⑮"同源对应"指亲属语之间同源词的对应。亲属语的词是否同源，属于语义学的理据（motivation）研究。理据研究分语音理据、构词理据和词源理据。不同语言之间的词如具有相同的词源理据，即有可能构成词源对应。如英语的 family 与德语的 Familie, 法语的 famille 及西班牙语的 familia 四个词形成同源对应，因为

它们的词源理据都是拉丁语 familia。

⑯有些双关语也不是绝对"不可译"。双语偶合，是可能的，也可以采取变通手法，将双关语义剥开，拆成两层来表达。如 Soccer kicks off with violence 中 kick off 语义双关：足球开踢是一层意思，引发暴力又是一层意思。可以拆译成："足球开踢，拳打脚踢"，不失为幽默的拆译。

⑰ L. R. Palmer 在其《语言学概论》一书中说："（汉字的）视觉符号直接表示概念，而不是通过口头的词再去表示概念。"中译本，第 99 页。

⑱我国文学史上的著名例子是王安石（宋）在《泊船瓜洲》中对"春风又绿江南岸"一句"绿"字的推敲。他先后用过五个动词与"春风"搭配：即"到""过""入""满""绿"，最后确定为"绿"。可见主语对谓动的选择性很大，其中还包括审美修辞上的考虑。

⑲与"派"类似的还有"片"（"一片冰心在玉壶"）、"团"（"一团和气"）等。

⑳其实，汉语的量词大都是模糊性词语，但计量（计数）性量词比描写性量词具体些，描写性量词的模糊性更突出，像"派""缕""团"是绝对模糊词。

㉑就英语而言，句子重心的分布伴随信息的重要性。根据主位与述位分布的原则，句子信息的重要性取渐强的态势：随着主位向述位的扩展，信息重要性渐强，句子呈句尾重心式。一般情况下，信息分布的自然顺序是由一般到特定，由泛指到特指、由已知到新知。因此，英语单句的层次是先说次要，后说主要；但复句的层次就不尽如此。英语复句的层次安排常常是：先说结论，后说分析；先说结果，后说原因；先说假设，再说前提，也就是说取重心前置式。汉语单句与复句似均取重心后置式：如："箱子里装的（次要）是什么东西（主要）"；"箱子太沉（条件，次要），我得找人帮个忙才行（结论，主要）。"

㉒参见 R. Quirk 等著 *A Grammar of Contemporary English*，第 14.2 节。

㉓参见 R. Quirk 等著 *A Grammar of Contemporary English*，第 14.18 节。例句亦取自该节。

㉔"词素"只包括不能单独成为词的语素。吕叔湘认为："比较起来，用语素好些，因为语素的划分可以先于词的划分，词素的划分必得后于词的划分，而汉语的词的划分是问题比较多的。"《汉语语法分析问题》，商务印书馆 1979 年版，第 15 页。

㉕在符号学中称为"内涵义"。内涵义容载于"符号形式"中，使符号形式

具有"指示义"。语言符号的"指示义"可以容载种种"内涵义"。比如 rose 的指示义是"蔷薇花",也可以容载"爱"这个内涵义。文化是使内涵义发生变化的极重要的因素。

㉖在符号学中,各种"symbol"都称为"非规约性符号"。所谓"非规约"就是指它的内涵义随文化形态的不同而流变,不像数理符号,受不同文化的共同规约。可以说,文化障碍是由"象征"的"非规约性"造成的。

㉗转引自 F. Thilly 著 *A History of Philosophy*, 1962 年第三版;中译本《西方哲学史》,葛力译,北京:商务印书馆 2003 年版,第 726 页。

第七章 翻译过程解析：语际转换的基本作用机制

7.0 概述：过程与产品

翻译是一种信息传播行为，简称翻译行为。翻译行为的成果，也就是产品（product）。翻译行为的实施过程叫作翻译过程（process）。"产品"与"过程"的关系是一个理论课题。传统译论只关注成果研究。当代翻译理论既关注成果研究，又关注过程研究，因为二者相辅相成。

语际转换指从一种语言转换到另一种语言，在符号学中称为"换码"（transcoding，或解码，decoding）。用索绪尔的话来说就是将"能指"和"所指"关系融进"另一种具有代码性质的符号指示"中。[①] 这里的"所指"（signified，用 Sd 表示）指符号所表示的概念或内涵，"能指"（signifier，用 Sr 表示）指符号本身，即所谓音组及文字表现式。根据索绪尔的意见，语言符号具有"武断性、随意性"，是"无法加以论证的"。[②] 语际转换是语言符号之间的"换码"。那么，这种"换码"是不是也是"武断"的、"随意"的呢？回答是否定的。这是因为，"换码"中"能指"的转换，必须以"所指"为依据，即以符号所指代的概念为依据。比如，在英语中"句子"这个概念的能指是 sentence，转换为法语时，必须依据 sentence 的概念即"句子"，将英语的 sentence 转换为法语的"能指"phrase。因为法语 phrase 的"所指"正是"句子"，而不是 sentence。sentence 在法语中的"所指"是"判决"或"格言"。可见,虽然语言符号的确定是武断的、随意的,但符号之间的换码却不能武断或随意。日语的"言语"转换为汉语时,必须是"语言",而不是汉语的"言语",因为汉语的"言语"的"所指",不同于"语言"的"所指"。"所指"的同一性是语言符号换码的基本条件,也就是基本作用机制(basic operating mechanism)。[③] 翻译原理讨论的是语际转换的基本作用机制问题,其中包括语际转换与语言符号行为模式、语际转换与语言文字结构机制、语际转换与思维方式及语感问题、语际转换的社会功能机制以及语际转换的四种基本模式。我们对以上诸多问题的探讨,意在试图解答双语转换得以实现的**媒介、条件、依据、障碍以及手段**等等重大问题,这些问题可以归纳为一个大题目,就是我们通常所说的翻译的原理,即为语际转换的实现过程提出一个理论描写和一个科学的解释(rationale)。

7.1 语际转换与语言符号行为模式

如上所述,语际转换是语言符号系统之间的换码。换码是语言符号的一种使用行为,它的行为模式与语言符号特性至为密切。语言符号具有以下特性,正是这些特性决定了它在语际转换中的行为模式:

(一)语言符号系统的意义承载功能,也就是它的所谓"空框结构性"。语言符号的音组及其文字表现式其实是一种音形结合的"承载空框",是一种用以容纳及传递某种实体的工具,其中的实体,就是所指,也就是人类在社会交际中所要表示的概念。可见,翻译作为一种语际转换,也就是符号系统之间的转换,而符号系统转换的依据,是它的所指,即意义。因此,翻译的实质,也就是语际间的意义的对应转换。用符号学的公式来表述,语际转换的基本行为模式是(⇨表示转换):

$$原语\ SL = Sr_1\ 承载\ Sd_1$$
$$译语\ TL = Sr_2\ 承载\ Sd_2$$
$$SL \Rightarrow TL = Sr_1\ 承载\ Sd_1 \Rightarrow Sr_2\ 承载\ Sd_2$$

语际转换的目的是要取得 Sd_1 与 Sd_2 的"等值",因此,SL 与 TL 的"等值转换"必须具备的条件是:

$Sd_1 = Sd_2$（原语所指"等于"译语所指）

（二）语言符号系统表意功能的粒散性。如上所述,语言符号是用来承载概念、表达意的。但是语言符号在容纳、承载概念及表达、传递意义时有一个很大的特点,即只能提供一个疏略的意义框架,也就是说,语言符号空框所容载的实体,呈现出的不是聚集型结构（assemblage）而是粒散型结构（disassemblage）;不是界限分明的整体性实体,而是非整体性粒散状语义网络,这种网络既是疏略的,又是开放的、无限的（因为人类的思维概念是无限的）。语言符号的这一特性,表现为符号单独出现时"所指"（概念内涵）的游移性和多变性。因此,在符号系统的转换即翻译时,人们经常遇到一词多义（或一义多词）中的辨义（如何因义遣词）问题。语言越发展,语义网络粒散组织越扩大,语际转换时对"所指"内涵的定夺就越困难。

（三）语言的模糊性（fuzziness）也就是语言的不精确性（impreciseness）和非定界性（indefiniteness）。就思维形式而言,"词"表示的是概念,"句子"表示的是判断（或陈述）。由于词的所指具有模糊性,因此,由词组成的句子所提供的判断（或陈述）也就常常难以精确定界。语言的这种模糊性和非定界性使语际转换这一种语言符号的行为特性完全不同于其他符号系统（如自然科学公式）的行为特性。语言符号在转换时的行为模式永远带有变通的（flexible）、能动的（dynamic）、非恒常的（inconsistent）特点。

（四）语言符号的多功能性（multi-function）。语言符号所承载的信息是多种多样的。符号"所指"的核心和主体是概念,也就是语义信息。除语义信息以外,符号还可以承载文化信息、文体信息、情态信息和审美信息。比如 buck 这个词,它的语义信息是"（玩牌时的）庄家标志",这个语义主体给它带来了"美元"的文化信息;具有这个文化信息时,它属于俚俗语,因而带有文体色彩,同时具有轻蔑的情态。审美信息体现在整体设计中,其收受和感应取决于审美主体（读者、受话者）的审美能力和经验,因此具有更大的游移性、灵活性。语言符号是以上种种信息的承载工具。信息的多样化,决定了语言符号的多功能性,这种多功能性使语际转换大大复杂化、多维化。

语言符号系统的上述第（二）（三）（四）项特性决定了它在语际转换中如下行为模式：

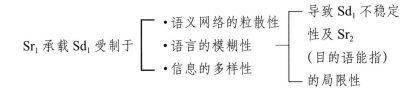

因此，(i) 前述 $Sd_1=Sd_2$ 式的相对性，语际转换中没有绝对的"等同"或"等值"

(ii) 导致 SL ⇨ TL 的可译性限度："意义丧失"（loss of meaning）之不可避免

同时，(iii) Sr_2 的局限性，其本身具有音组及文字表现式特色，形成换码中的可容性"变值"④（实际上翻译中不可能有"值"的量化）

可见，语言符号系统是人类多元符号系统中最复杂的一种。语言本身不是一个自足系统，因此，语言符号这一人类的认识和交际的系统工具，也只具有相对价值。研究翻译理论必须十分注意语言转换的变通规律。翻译规范都应赋以很大的"变通概率"（accommodation probability）。⑤这是我们从符号学方法论解释翻译的原理时必须了解的一条原则。

7.2 语际转换的语言文字结构机制

语际转换必须通过语言文字作媒介才能得以实现。因此，语言文字的结构手段必定是双语相通的重要条件。如果不具备这些条件，双语之间实现转换是不可能的。

从语言文字结构上来分析，双语转换之所以能实现，是由于双语在以下几方面具备转换条件。

7.2.1 语言结构层次

在构成语义结构的基本语言结构层次上⑥，**双语具有转换功能，可以获得语义上的对应。**

（一）词汇（相当于乔姆斯基的"语素形式"）：词汇的转换功能表现为：

1. 可以实现语义转换，构成语义结构的单元。语际间绝大部分的词都是可以相互转换的，都是"可译的"。"可译"是常规，理据是基于对客观世界认识的同构。"不可译"（即在目的语中找不到对应语）是非常规，一般只占词汇中的千分之二三。当然，可译性常常出现某种限度。词汇的语义转换功能是它的本质属性，"不可译"及可译性限度是非本质属性。

2. 可以实现词类转换，即词的语法"多范畴性"和"兼容性"：一个词往往既是名词，又是动词，因此，在双语转换中既可以以名词作句法上的安排，如用作主语或宾语；又可以以动词作句法上的安排，如用作谓语或动词短语等等。词的多范畴性和词类兼容性大大加强了词的句法转换功能，便利了语义结构的形成。

（二）短语结构（这是乔姆斯基的分层法，相当于弗斯的"搭配"）：短语是词在句子（或分句）以下的散点式语法组合或集约，因此短语在语义结构中比词高一级。一个短语可以包含一个或几个词。但短语又比句子（或分句）低一级，后者可以包含一个或几个短语。语际转换在短语这个层次中是最活跃、也是关键性的：实际上，句子最终取决于短语的配列或集约形式。因此，原语短语转换功能的充分发挥就可以决定译语句子的基本构架即语义结构基本形式。例如下句，共有三个短语，即名词短语（three daughters，偏正关系，数量词加名词）、动词短语（were born，被动词态，过去时）及介词短语（at one birth）：

Three daughters were born at one birth.

在语际转换中，短语的活跃性及关键作用表现在：

1. 提供原语各组成部分的语义内涵及外延；
2. 提供原语各组成部分所体现的全部语法意义；
3. 提供原语各组成部分的句法配列关系以便构成全句的语义结构，从而使句子的整合成为可能。

（三）句子（这也是乔姆斯基的分层法，相当于弗斯的"语句"）：句子是短语结构的线性整合式语法组合或集约。句子的语际转换功能表现为：从结构层次上说，句子是语际转换中语义结构形成的终端过程。以上例句中三个短语所提供的意义（概念意义＋语法意义）进入到句子层，已形成整体语义结构："三个女儿被生在一胎中"。

如上所述，句子是语际转换中语义结构形成的终端过程。这是就交际中最基本的完整语言单位而言。实际上，句子以上还有"超句群"（即语段）。超句群是句子的组合或集约，但超句群并不是语言结构的基本层次。[7] 超句群的组合或集约属于话语语言学（语段语言学）的研究范畴。

7.2.2 语序规范及其变通性

语序规范及语序规范的变通性是实现语际转换，获得整体性语义对应的重要条件。

就语言文字结构而言，如果只具备各语言层次上的转换功能，而缺乏语序规范及其变通性这个重要条件，语义结构还是只能停留在原语的构架形态上。比如以上例句，"三个女儿被生在一胎中"，便是原语的语法语义构架形态。由于语言文字结构具有语序变通性，在语际转换中语序可以按目的语的句型及惯用法变式进行调整、转换，因此以上例句语序应转换为"一胎生了三个女儿"。这才是汉语的语法—语义结构形式。

当然，任何自然语言的语序变通性都是有限的。屈折型形态变化发达的语言语序变通性较大，语序变化通常不引起语义结构的变化。但在汉语中，语序是重要的语法手段。因此，语际转换中语序变通的功能规范应该是：

（1）变通不引起语义结构的变化；
（2）变通应符合译语句法及修辞规范；
（3）变通应符合译语惯用法及语感。

7.2.3　表意手段

形态表意手段与词汇表意手段的兼容性，可以相互参照、相互补偿，这是实现语际转换的另一个重要条件。

人类语言分为不同的类型。从历史上说，英语属屈折语，但处于现代"退化期"[⑧]。因此，英语仍然保留内部屈折与外部屈折加辅助词的特色，词的形态变化被用于标示语法范畴、表达语法意义，并集中表现在动词的形态变化上，形成以动词形态变化为主轴的句法结构模式，意义紧紧与句法形态结合。汉语从历史上说属孤立型，它的词以词根形式出现，缺乏能表示语法意义的形态变化体系。汉语是以词汇的手段表示概念意义及语法意义，后者包括名词的数及动词的时体、语态、语气等。试比较英语与汉语的不同的表意手段：

(1) 名词的数
- 英语以形态表意：two cultures taken as a *whole*
  汉语以词汇表意：将两种文化视为一体
- 英语以形态表意：two cultures taken as *wholes*
  汉语以词汇表意：将两种文化各自视为一个整体

(2) 动词的时态
- 英语以形态表意：They *loved* each other and there *is* no love lost between them.
  汉语以词汇表意：他们过去是相爱的，但现在已没什么感情可言了。

(3) 动词的语态
- 英语以形态表意：In every game, they *were bested* by the visitors.
  汉语以词汇表意：(i) 每场比赛他们都被客队打败。(显性被动)
  　　　　　　　(ii) 每场比赛他们都败在客队的手下。(隐性被动)

语言表意手段的兼容性、相互参照性及互补性使不同类型的语言间转换的可能性大大拓宽，也就是：(1) 使分析型目的语得以运用词汇表达综合型原语的语法范畴，从而构筑起目的语的语义结构；(2) 使综合型目的语得以运用形态手段表达分析型原语的语法意义，从而构筑起目的语的语义结构。实际上，人类自然语言中有许多语种很难截然划成某种类型的语言。例如，英语似乎是综合兼分析型，汉语也并不是纯粹的综合型。不论语言是什么类型，分析型结构形态与综合型结构形态所分别具有的词汇手段和形态变化手段在转换中为寻求语义结构和功能代偿，兼容参照，"各显神通"，使语际间结构关系的差异得以弥合，使意义的转换得以尽最大可能地实现，则是重要的语言现实，是翻译原理中的重要组成部分。

7.2.4 文字结构

文字结构（文字图像构形）意义可以转化为词汇意义。

文字结构规律属于语言符号的构形系统。符号构形本身有时可以承载概念信息，这就是语言中借文字以修辞的理据。在语际转换中，语言符号系统相同的双语，通常可以实现构形意义的转换（如英语与法语、汉语与日语中的汉字，等等），语言符号系统不同的双语，有时也能实现这种构形意义的转换，如英语的 Beauty is truth, truth beauty（John Keats 的名句，"美就是真，真就是美"），属于修辞中的所谓 "回文"（palindrome）[9]。但是两种语言符号系统迥然不同的语言在转换时通常是很难实现这种构形意义的形式转换的。在这种情况下，可行的手段只能依靠词汇加以解释，而解释正是一种功能代偿。比如鲁迅《且介亭杂文》中的 "且" "介" 是 "租" "界" 二字的各一半，构成 "半租界里的亭子间" 的暗含义，这时就不得不依仗注释来翻译。"Polar bathers are frigid dares" 一句中的 frigid dare 是 frigidaire（电冰箱，原为美国商标名）的拆字。文字结构图像的构形表意手段实际上也是一种语言符号的行为模式，我们可以称为 "符号的表观行为"（apparent behavior of signs）。符号的表观在换码中的意义丧失是很显然的，但我们仍然可以 "以义补形"，实现代偿。

7.3 语际转换的思维调节及语感机制

不言而喻，语际间实现转换的最基本的条件是人类思维机制的同一性。人类不论操何种语言都具有本质上相同的感觉经验（冷、热、明、暗等等）和认知经验（认识事物的表、里及行为的因、果及主动、被动等等），本质上相同的思维过程（分析、综合与概括）以及本质上相同的逻辑形式。这是人类可以利用不同的语言进行交际的最基本的共性，没有这个最基本的共性，任何形式的语际转换都是不可能实现的。

但是语际转换是一个十分复杂的思维过程。人类操不同的语言，不同的民族及语言群体具有不同的文化历史、社会、政治、经济形态以及地域等自然条件的差异，这种种差异形成了不同的民族心理及意志过程，表现为不同的思维方式、思维特征及思维风格，并反映在各自的语言中。因此，在语际转换中，人类不仅必须具有思维机制的共性，还必须具备思维的调节机制（mechanism of regulation in thinking），并运用这一机制，调节由于思维方式、特征及风格的差异而产生的语言差异，为双语转换的实现提供条件。

7.3.1 按习惯表达法调节思维

习惯表达法即惯用法。思维调节机制可以使人们运用惯用法越过双语在思维及表达方式上的障碍。"惯用法"指某一语言群体使用其母语的方式、方法，通常是这一语言群体"全部个人言语特点的选择性总和"。因此，从事翻译必须熟悉原语及目的语的惯用法，以利调节、变通。

从宏观上看，语言结构表现为不同的层次，语言是一种无限延伸的横向层次组织。这一点，我们已在前面论述过了。从微观上看，语言结构是由语素（最小的语法符号）及句子（最大的语法单位）构成的。语素与句子具有不同的功能。语素构成词；句子构成语段，表达连贯的、起交际作用的意义。前者是一种静态单位；后者则是动态单位、使用单位。⑩ 所谓习惯表达法，主要指语言的动态表达模式，在句法上，也就是我们常说的"句型"。任何一种语言都有自己的句型系统。英语以动词形态变化为主轴，共有25种句型,汉语按关联词语、语音停顿的组合状况的主谓宾分布模式,可以分解出100多种句型。由此可见,英汉两种语言的句型系统各异,不可能出现一一对应的机械契合。这就在双语转换中产生一个必须按习惯表达法进行调节的问题。语际转换中句义对应契合的实现,正是思维调节机制按句型惯用法进行动态组合的结果,而不能按原语核心句构架进行机械的转换,这也正是语际转换的描写—功能观。试观察在汉英双语转换中思维调节机制如何按惯用法对句型进行动态的转换(dynamic transforming):

(i) 他可以把有理也说成无理。(主语是人)
Sense makes no sense in him.
(主语转移,必须摆脱句子构架,**在思维深层进行调节**)
(ii) Soap bubbles should be seen and not touched.(被动语态)
肥皂泡可看不可摸。
(语态转换,必须摆脱句法范畴界限,**在思维深层进行调节**)

思维调节机制在整个翻译过程中无时不在起作用,而思维调节的关键——它在调节中的主要作用杠杆,就是习惯表达法;实际上这种调节不仅仅在句子层进行,在词语层按惯用法进行的调节也无时无刻不在进行。这就是我们常说的"斟词酌句"。

7.3.2 语感机制

语感来源于民族语言的漫长的历时经验和广泛的共时运用,是一种语言表现法的优化机制。语感不同于惯用法之处在于它更加接近操某一语言的民族或群体的思维方式、思维特征、思维风格,而较少地执着于某种语言结构模式或定式,其原因是语感基于感性,要求目的语更具有表现力(expressiveness),更自然(naturalness),更能反映社会生活的变化及进展(reflectiveness),要求有丰富的感性经验。因此,语感对双语转换的有效实现起着很大的作用。健全的母语感对目的语的"优化"关系极大,凭借它,可以最大限度地发挥目的语的优势。在一般情况下,语感总是在对言语中的语流及时地起着校正、疏导、修补作用，使之更加符合社会接受标准（social acceptability），更充分地发挥语言的交际功能。

一、语感作用于思维表述上的优化

语感常常可以引导译者对目的语进行一些概念上的补缀或省略，使表意更加明确，更符合目的语反映思维的方式。

比如：

(i) An unreasonable quarrel often interrupts an argument.

汉译：无谓的争吵常常断送有益的辩论。

汉语在思维方式上倾向于用排比、对仗，此句加上一个"有益的"与"无谓的"对仗，在语感上使表意更明确有力。这种概念性增删要求译者具有敏锐的语感，运用"少一词则嫌不足，多一词则嫌过分"的判断力。

(ii) 武断与固执是他多年来不动脑筋思考问题的结果。

英译：His arbitrariness and obstinacy is the result of years of not thinking.

英译句中省略汉语原句的"动脑筋"，因为"思考"就是"动脑筋"。汉语倾向于迭进式思维表述方式，常常形成"叠床架屋"。这里"问题"也是多余的。英语在语感上很忌讳松散（looseness）与累赘（redundancy），在思维上很注重逻辑性，被誉为"刚性语言"。⑪

二、语感作用于语言结构上的优化

这方面的典型表现是虚词的用法。汉语的虚词似乎是一种"呼之欲出"的词语，⑫常常在双语转换中起"润滑剂"或"催化剂"的作用，使用虚词要求译者具有很好的汉语语感。比如：

(i) A lot of men think that if they smile for a second, somebody will take advantage of them, and they are right. (Don Herold)

汉译：许多人认为，只要他们莞尔一笑，有人就会因此而沾光。这些人倒不无道理。

(ii) Snobs talk as if they had begotten their own ancestors. (Herbert Agar)
汉译：大言不惭，简直把祖宗也说成了自己的后代。

以上例句中如果去掉虚词，则译语必将大为逊色。汉译英时，英语语感对于译出准确的语句结构也是极其重要的：

(iii) 他这个人够结实的，发了两个星期的高烧，一点事也没有。
英译：He's really strong. Two weeks' high fever and he feels as good as ever.

语感就是语言直觉。母语语感通常有极深厚的实践经验作基础。敏锐、健全的语感能使语句结构在双语转换中摆脱形式束缚，获得灵活的对应。语感使结构转换具有更大的选择性及语义契合的贴切感，可以大大改进译语的可读性。不言而喻，健全的语感对去除语病（尤其是优化搭配）更是至关重要，"僧推门"之易"僧敲门"，差异入纤毫，无上乘语感者，莫能为之。

三、语感作用于译语总体风貌上的优化

对原文风格的感应以及对译文风格的掌握在很大程度上凭借译者敏锐的语感，我们将在第十一章中详加论述。

7.4 语际转换的社会功能机制

语际转换的社会功能是双语转换的另一个重要的基本作用机制：双语之所以能有效地实现转换，必须具有种种社会交际因素加以保证。如果缺乏这些因素，语际转换就会成为无功效、无意义的活动。

7.4.1 接受者因素

"接受者"指语际转换中信息的接受者。在翻译中,原语"文本"是静态的、个体的,而接受者则是能动的、可变的、群体的。因此,语际转换中在如何充分发挥语言功能的问题上,我们的关注中心应当是接受者(读者群体)或受话者(听众),而不仅仅是原语的文本。⑬ 由此可见,接受者因素(the Factor of the Receptor)是语际转换基本作用机制中重要的功能机制。事实上,任何有意义的翻译活动都不可能是独立的、个体的,而必然是社会性的、群体的。传统译论中有一种旧观点或倾向,认为译者只需对原语作品(原作者)负责,忽视接受者的能动性、可变性、多层次性。这样就把翻译活动看作了一种封闭的、自足的、单向决定性(原著或原作者)的非社会性活动。由于自觉或不自觉地将这种观点视为一种"翻译标准",因而不可避免地影响了翻译质量。

强调接受者因素的功能价值的意义是:

(一)拓宽译者的视界,突破传统的"个体性图式结构框架"(图7-1),即将翻译仅仅视为一种注释原文文本或诠释原作者意图的单向活动的语际言语行为模式。必须充分考虑接受者,将个体的、单向的语际言语行为模式改变为多向的、循环式语际言语行为模式,也就是将图7-1推进为图7-2。

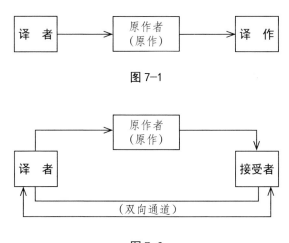

图 7-1

图 7-2

（二）改变译者在翻译活动中的"静态意识""个体意识"及"孤立意识"，促进多向交流。翻译者不仅应密切关注对原著的理解、诠释和表述，而且还必须密切关注读者的接受潜势（potentials of reception），包括文化智能水平、审美倾向、审美能力等等，从而将接受者的受益或效果视为翻译活动的终极目的；并由此而出现循环式的反馈以促进译者对译文的水准、对象性和价值观的不断提高，从而促成了社会对翻译的高定位。

（三）加强语际转换活动的社会性，提高翻译的质量和社会效益，从而从总的方面加强了语际转换的社会功能和社会价值，以适应整个社会进步的需求。翻译应以社会功利为价值标准。社会是发展的，因此翻译的标准也应适应社会的发展。

（四）以上（一）、（二）、（三）项可以促使翻译提升自己的社会意识，即不满足于"文化市场的投合者"身份，而勉力担当起高水准的多元文化引介者、引导者、打造者的崇高职责。

7.4.2　文化因素

文化对语际的有效转换关系极大。相同或相近的文化形式（或形态）具有相通或相近的信息通道；反之，不同的文化形式必然产生文化差异或"隔膜"，阻塞信息通道的畅通。因此，文化因素在语际转换基本作用机制中起着重要的、不可忽视的作用。在这一节中，我们将概略地探讨文化的一般特性，正是这些特性使语际转换成为可能，同时又使语际转换具有一定的局限性，不可能做到等值。

一、文化的民族性（Nationality）

任何文化都有自己的"民族母体"，因此文化都带有民族色彩及民族烙印。反映在语言中的民族文化特色通常是能够通过各种等级的语际转换表现在目的语中的。外域与本土文化特色常能兼容在目的语中。《圣经》的原语文化特色几乎能相当鲜明地表现在全世界50多种文化和亚文化形式中。英国作家王尔德（O. Wilde, 1854–1900）的名句"A well-tied tie is the first serious step in life."虽然具有鲜明的英国文化特色，但仍然可以转换成十分通晓的汉语:"打得整洁的领带是人生中严肃的第一步"。语言中民族文化的转换条件是:(1)承载文化信息的词语所指的同一性;(2)句法结构的语义信息对应;(3)文化信息内涵的同一性及可理解性(intelligibility);(4)以上述三项为基础或条件而导致的可译性。

二、文化的兼容性(Compatibility)

文化具有相互兼容、并存发展的特性。这一特性,为语际转换创造了条件。人类文化史和现代生活无不证明不同的文化形式可以在并存中求得发展,在兼容中得以充实。而且,人类社会越发达、越进步,文化的兼容性就越可能得到发展。人类历史上曾经多次爆发宗教战争。而现在,在绝大多数国家中,各种宗教不仅都能相安共处,而且还能相互支持和补充。许多优秀的文学、文化典籍和艺术珍品更是人类共享的财富。由于文化具有兼容性,使语言接触具有兼容并蓄的良好生态环境,可以信息相通。现代汉语中不少词语及句子结构都与外来语有关。在中古英语(Middle English, 1100–1450)中法语词语占全部英语词汇的近43%。[⑱]这是今天英法双语相互转换最为便捷的深远的历史渊源。

三、文化的渗透性(Infiltration)

人类文化虽然具有不同的形式,但一切文化形式都经历了漫长的发展史。这一发展史总是在历时和共时两个向度上进行,在文化的历时发展中通常总有共时因素在起作用。这种共时因素就是文化的渗透性及相互作用。欧洲不同民族的现代化进程几乎是同时发生、发展的。我国盛唐时期的文化对毗邻的亚洲各国甚至中亚细亚的文化发展起过影响深远的促进作用。

文化渗透的媒介是多种多样的,但这种渗透大都通过语言符号来表达,并反映在语言中;其实施手段有以下几种:(1)利用物质实体对等取得所指的同一性进行换码。比如 plastics 与"塑料"的所指是同一的,因此换码就成为语言现实。不同文化中的亿万事物或物质实体都可以通过这一手段实现语际间的转换;(2)凭借功能或语用(functional or pragmatic equivalence)对应取得所指的同一性进行换码。比如,不同文化中的"称呼语"及"问候语"不尽相同或根本不同,这时就可以凭借社会功能的同一性获得换码的功能对应。英语的 hello 与汉语的"你好"就是功能和语用的对应,而不是语义实体的对应;(3) 利用语言文字的音形手段将外来文化"植入"本土文化,比如 pizza 来源于汉语的"饼子"(13 世纪进入意大利语),silk 来源于汉语的"丝","拷贝"则来源于英语的 copy,等等。

四、文化的干扰性（Interference）

域外文化也可能形成对本土文化的干扰而造成双语转换的障碍。典型的例子是所谓"混杂语"（pidgin）。"洋泾浜"英语就是混杂语的一种。在意识流影响下的"朦胧诗"也往往很难翻译。语际转换中由于外域文化干扰形成语际转换障碍时的变通手段详见本书第六章。

从以上二、三、四项看,民族文化的可塑性的内部条件是存在的,即便是文化的民族性也不是一个绝对的稳定因素。因此我们要具备文化的发展观,同时,也应具有文化的"安全观",翻译应该抵制不利于民族文化健全发展的消极因素。

7.4.3 语境因素

语境就是语言所处的环境,已如上述。语境的社会功能可以从两个不同的视角加以考察。一是宏观视角:特定的时代、时潮或社会风尚可以作用于语言,也就是我国汉代杰出的文体学家刘勰所说的"时运交移,质文代变,古今情理"（《文心雕龙·时序》）。二是微观视角:特定的言语交际目的、交际对象、交际双方的心理因素、交际场合和社会环境,都可能作用于语言使之具有各类功能语体（varieties）以及"正式的等级"（levels of speech）的种种特征。所谓"功能文体学"（functional stylistics）就是研究以上诸多因素作用于话语或语篇而形成种种语言特征的应用语言学科。

可见,语境是语际转换的重要的基本作用机制。严复之所以用"先秦笔韵"翻译西方文献正是由他所处的时代背景及他的交际目的（传播西方先进思想）、交际对象（清末顽固派士大夫）的心理及接受者群体等因素决定的。

翻译活动中在具体处理某一篇章或语句时也必须经常考虑语境因素。

一般说来，决定目的语语体必须注意以下几个方面的语境因素：（1）文风时尚，古汉语、近代汉语、文白夹杂的汉语及地区性或方言汉语已不适用于一般译作，古旧式外语也不能用于翻译我国现代文体作品；（2）原作风貌及原文体式，应密切注意风格的适应性（详见第十一章）；（3）语体的社会功能类别，必须密切注意目的语的交际目的，公文文体、新闻文体、广告文体、政论文体、科技文体、文艺文体都各有其语体特征，在语际转换中应注意遣词造句，文贵适体；（4）接受者因素。

7.5 语际转换的四种基本模式

以上我们从语言符号学、语言结构、思维方式及社会功能等四个方面分析了语际转换的基本作用机制，力图全面解析并论证使语际转换成为可能的种种内在的、客观的、能动的因素。正是这些因素，构成了语际转换的原理。通过解析和论证，可以使我们了解翻译活动——包括对种种翻译方法和技巧的运用——虽然是选择性的、参照的，却绝不是任意的、不可解释的。

在通晓了翻译的原理以后，有必要对语际转换实施运作模式及条件做一探讨。

语际转换行为虽然千变万化，但其基本模式只有四种。

由于句子是意义转换的最大的基本单位，因此，下面我们对双语转换行为模式的讨论均以句子层为基准。句子的双语转换是全部双语转换行为的关键。

模式 I 对应式转换 (Correspondence)

对应式转换的目的是寻求并获得"对应体"（equivalent），其条件是：

（1）双语的词语所指同一，即对同一外部世界的事物双语在概念上形成同构（具有对事物或物质的实体对等）；

（2）双语句法关系相应，从而使句子的语义可以在结构上获得对应；

（3）在第（1）、第（2）同一及对应的前提下，双语思维表达形式上的对应或基本上对应。

汉英的完全契合式对应如:"2 加 2 等于 4" ⇨ "Two plus two equals four."由于汉语近五六十年来的发展,契合对应式范围已大大拓宽了,如:"I was enchanted with the music." ⇨ "我被音乐迷住了。"但这种对应属于基本契合对应式,因为对应中已有了局部的调整、转换。

由于汉英之间各方面的差异,契合对应式通常都需要作一些局部的语序调整,这种基本对应式在翻译实务中并不少:

(i) If you empty your glass, I will let you go.
(如果你)干了(你的)这一杯,我就让你走。(汉语条件分句属于意合)

(ii) 人不可一日无业。(汉语主谓提挈:"人"+"无",宾语是"业","不可"是能愿助词"可"的否定式)
Men ought not to be one day without employment.

实际上双语的"完全契合对应"只是一种相对概念:其相对性主要表现为:(1)汉英完全契合对应句的出现频率不高;(2)双语差异(语言文字结构、语序、表达方式、情态及暗含义、形式意义等等方面)是个绝对因素,双语同一只能是相对的,因此调整是必不可少的。

模式 II 平行式转换 (Parallel)

基本对应式转换通常是语际转换中的最先选择,但并不总是最佳选择。其原因是对应式转换可能导致:(1)可读性差;(2)"因形害义",即由于过分执着于形式(字面含义、语序同步等等)而损害了原意,导致削足适履。

在这种情况下,平行式转换常常表现出优越性。所谓"平行",指双语中对同一意义实体的不同习惯表现方式,属于"半斤八两""异曲同工",好在各自发挥了自己的优势。因此,平行式转换通常较能提高接受效果(尤其是在文学翻译中)。平行式转换的优点和限制是:

(1)由于比对应式更接近目的语的表达习惯,因此可以提高译文行文的质量即可读性,已如上述;

（2）平行式往往能利用平行表现法加强语言效果，比如可以实行形象转移，以保留语言的形象效果，即"以形象易形象"，因此在功能上也略胜一筹；

（3）平行式转换必须注意深层语义的对应或基本对应，不应因照顾平行的形象性而使原语语义改变或加强、减弱，也不应使语言的暗含义及色彩产生很大的转移或转变；

（4）平行式转换必须注意特殊的文化背景，不应违反文化背景的民族性、地域性或历史局限性，比如以 dollar（美元）这个词组成的成语（如 to pay top dollar 出高价）大抵带有美国文化色彩，就不宜按字面转换到与"美元"这一特定文化符号无关的语言中，正如"作揖""叩首""一品官"等不宜用于英语中一样。

以下例句均属于形象比喻的平行转换：

（i）你不要脚踏两条船。
• Don't sit on the fence.
• If you run after two hares, you will catch neither.
（ii）After rain comes sunshine.
苦尽甘来。
（iii）白天不做亏心事，夜半敲门心不惊。
A good conscience is a soft pillow.

平行转换的优势可以从以上的例子中看出：（1）基本上保证了语义内容的传达；（2）可以有效地保留语言的形象效果；（3）贴切的平行转换通常可以保留语言的警策力；（4）可以利用转换保留文化着色手段。

模式 III 替代式转换（Substitution）[⑮]

替代式转换是极重要的变通手段，也是最常用的语际转换行为模式。所谓"替代"，不同于"平行"，因为它比平行有更多的变通，具体指广泛的调整、变换，以代替原语的措辞或语句结构样式。这里的所谓"调整"，具体包括以下几个方面的变通性转换：

(1) 词语方面:"易词而译"(换一个词来译原语,如原语为形象词,被译为一般性词语,使形象"淡化");"以释代译"(就是所谓"阐释法")以及采取词类转换、词语拆译、词义融合(几个词的词义融合为一)等办法。使用"替代词"(substitute)可以通行文、化阻滞,常常产生易一词而使全句生辉的效果。

(2) 句法方面:语序(如以自然语序代替原语的倒置语序)、句型(如以散点式简单句代替环扣式复杂句)、语法成分(如主语转换,谓语动词转换,动词的时、体、态转换,定语与状语的相互转换)等方面的替代调整,以利目的语句法优势的发挥。以词汇手段译、形态手段(或相反)就是一种替代法。

(3) 语段篇章方面:常见的调整是句子发展层次及重心的转移、句段组织或体式上的变化、语体风格上的调整(如诗歌的散文化翻译)等等。这方面的调整往往是考虑到接受者因素。

试观察以下例句中的替代式转换成分:

(i) *You* should not show your hand to a stranger.
对陌生人要存几分戒心。
(ii) *The incident* was passed on by mouth.
众口相传,就把这件事说开了。
(主语替代宾语,被动替代主动)
(iii) *It* is mean of a man to bite the hand that fed him.
恩将仇报的人是卑鄙的。
(句型及句子重心调整及转移,同时包含形象比喻的淡化、还原)

模式 Ⅳ 冲突式转换 (Confliction)

冲突式转换的目的在于求得语义实质上的对应而舍弃对语言形式结构的考虑,因为在形式上双语无法实现以上三种形式的"对应换码"。这类转换通常可见于以下两种情况:

(1) 双语在表现法上的冲突。如在肯定式或否定式上的冲突,即所谓正说与反说的冲突,往往可以以"正"译"反",或以"反"译"正"。比如:

(i) The rain may hold off, but it *won't* hurt you to take an umbrella with you.（否定式）

雨可能会停，但带把伞又何妨呢？（肯定式）

(ii) 我才不会理这一套呢！（否定式）

As if I cared!（肯定式，并涉及虚拟语气问题）

大多数正说与反说的转换是选择性的不是强制性的，但也有一些正说或反说的转换是强制性的。比如：

(iii) It's a sick joke if you think he's a liberal — he is *anything but* a liberal; he's very big on making people perform.

如果你把他看作自由派人士那就未免太荒唐了，他根本就不是什么自由派，他只懂得让别人卖力。（强制性反说）

(iv) Knowledge about the most powerful problem-solving tool man has ever developed is too valuable *not* to share.

人类业已开发出功率很大的电脑，这方面的知识极其可贵，应为人类所共享。（强制性正说）

汉英双语在表示"同意"或"不同意"时常是冲突的。比如英语中说"Your father didn't tell you?"如果事实是"没有告诉"，中国人是点头，意思是"是的"；说英语的人则必须摇头，意思是"没告诉"。

（2）双语在联想意义上的冲突，包括双语在词语本义或暗含义上的冲突。比如"大红"在汉语中表示吉利，而在英语中则暗示"凶险"；dragon 的暗含义在英语和汉语中也是冲突的，前者表示"险恶"，汉语"龙"则暗含"吉祥""威严"等意。在所指上的冲突如上文提到的汉语"料理"(v.) 不同于日语的"料理"(n.)。

（3）双语在思维方式上的冲突。汉语重主体思维，英语重客观写照。汉语说"我生于1940年"，是完全合格句，但英语绝对不能说："I bore in 1940."必须是："I was born in 1940."这是思维方式和风格不同造成的冲突式转换。为消除冲突而就文字表面进行转换则必然导致意义的偏离或丧失。英语虚拟语气汉译（"If I were you"⇨"如果我是你"）就是冲突式翻译；至于以词汇补足英语情态，则属于替代式转换。

7.6 结语

从对双语转换的四个模式中的分析，我们可以得出如下推论：

（一）双语转换活动共有四种行为模式，这是语际交际中最普遍的规律和最基本的手段。四种行为模式中每一种行为的目的都以寻求意义的对应转换为最终目标，形式对应是第二性的。但形式对应往往可以使意义上的对应效果相得益彰。因此形式对应与意义对应关系至为密切。

（二）双语转换活动以对应、平行、替代三种行为模式（相对于不同程度的直译兼意译）为主体，其中完全契合对应（相当于完全直译）的情况相对而言是比较少的。四种转换式的分布概率大体如表 7—1。

如下表所示的转换式契机分布可以证实中外许多翻译家的如下体悟：

（1）翻译的熟练取决于对前三式的自如运用；

（2）翻译的功夫取决于对冲突式的匠心运斤。

		100%
I. 对应式（完全契合）Correspondence	80%(I、II、III)	20%（I）
II. 平行式（不完全契合）Parallel		80%（II、III）
III. 替代式（不完全契合）Substitution		
IV. 冲突式（不契合）Confliction	20% (IV)	
	100%	

* 数据来源于对 3000 例的双语转换对应式分析。

（三）双语转换的整个过程是四种最基本手段的综合的、灵活的运用，四种最普遍规律的相辅相成的实施。翻译的整个过程，表现为翻译行为目的的实现，这个过程受语际转换形式规律的支配。翻译家的智慧表现为对客观规律和诸多手段的运作匠心，也可以说是恰到好处的"神功"（唐·司空图，837—908）。而匠心也好"神功"也好，必须服从于交流的需要，归根结底，翻译行为取决于交流目的，离开了交流目的，翻译家的苦心经营难免不付诸东流。当代西方译论中有一种强调过程而不是强调成果的主张（A. Neubert, 1992）。其实"过程"和"成果"二者是并行不悖的，我们可以用图7-3来显示：

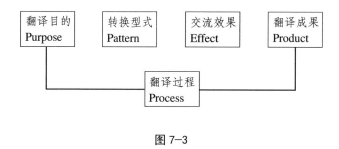

图 7-3

符合客观规律的、由译者自觉掌控的过程必然会产生积极的成果，这是自然之理。

〔注释〕

①参见 T. Hawkes 著的 *Structuralism and Semiotics*，中译本，第111页。

②关于语言符号的"不可论证性"后来受到一些人的反驳。实际上，语言词汇中并不是所有的"音组结构"都"不可论证"。比如英语中的复合词（如 horseback, greenhouse）及缩略词（如 laser）等等都是可以论证的。汉语词的论证依据就更充足了，许多词（字）可以追溯到许慎的《说文解字》。但语言中最基本的概念命名（nomenclature）通常是"不可论证"的（拟声也是一种论证，但拟声词只是词汇中很小一部分）。

③所谓"基本作用机制"，指促使转换成为可能的基本条件，没有这些基本条

件,语际转换就不可能实现。正是从这个意义上说,翻译的原理也就是对基本作用机制如何运作的理论阐述。在阐述中,我们借鉴了社会符号学的许多基本观点。

④比如诗歌翻译中的韵律变化,英语可以有"首韵",汉语就不可能有,汉语有声调,入声韵带有沉郁、凄切的效果,英语中就不可能有,等等。

⑤从翻译的符号学模式看,"变通概率"也就是以(ⅰ)(ⅱ)(ⅲ)式的总和。在一般情况下,"变通概率"包括所有的可变因素,通常起作用的是语言文字结构特征、文化特征、民族心理意识特征、历时特征及自然地域特征,以及以上诸多因素形成的语感。

⑥关于语言的层次结构(hierarchy),各学派之间均有不同的主张及理据。我们这里所取的是乔姆斯基和伦敦学派弗斯的分层法。

⑦语言符号的组合方式呈线性状态,就是说在时间上依次出现。这种依次出现以句子为"最大的单位"。因此传统上给语言作层级结构分析时,各派语言学家均以句子为最高层级。语段是句子的逻辑扩展。

⑧根据丹麦语言学家 Vilhelm Thomsen 的论著《十九世纪以前的语言学史》,转引自《语言学和现代科学》(陈明远编著,四川人民出版社 1984 年版,第 43 页)。英语的所谓"退化",也有人认为正是向"完善化"的进步。

⑨汉语文学作品中"回文"的例子也不少。如苏轼的《菩萨蛮》中有:"归不恨开迟,迟开恨不归"。

⑩参见吕叔湘著《汉语语法分析问题》,第 28 页。

⑪参见 Eric Partridge 著 *The World of Words*,第 8 页。

⑫我国南宋词人张炎(1248—1314)云"用虚字呼唤,使语句自活",可使文章"有一唱三叹"之美,见张炎著《词源》。

⑬这是"接受美学"(Aesthetics of Reception)的基本理论思想。接受美学是一门新兴的文艺美学流派,其基本主张是反对"文学文本具有决定性"的说法,不承认文学文本只有一种绝对的意义,认为文学文本是一个多层面的、开放的图式结构,它的意义可以因人而异、因时代而异地做出诠释;认为文本的美学价值永远是一个"非稳态系统"。其结论是,接受者的审美能动性起着关键作用。

⑭参见 Eric Partridge 著 *The World of Words*,第 25 页。

⑮作为语际转换的模式之一,这里的所谓"替代"是广义的,而方法论中的替代法则是狭义的,只指"易词而译""易句而译"。

第八章 翻译的程序论

8.0 概述:语际转换过程的理论描写

按照笛卡儿的说法,所谓"程序"是"对方法的宏观实施过程的理论描写"。翻译的程序论是翻译学的应用理论研究。"翻译程序"指语际转换的活动过程:"程序论"则是对这一过程的系统化、阶段化和规范化的程序描写。程序论既是对策论课题,又是方法论课题,由于侧重操作,因此大体上归属于方法论范畴。显而易见,研究双语转换活动过程,并将这一过程系统化、阶段化和规范化,必将有助于提高翻译活动的质量和功效。[①]

程序论关注的理论问题以实践性为原则,因此,程序论研究是方法论不可或缺的部分。程序论和方法论是翻译理论应用研究的两个重要方面。程序论研究如何制定程序规范,包括双语转换活动的发展程式及完成步骤,具有宏观性质;方法论探讨的是保证转换活动的发展及程序顺利完成的诸多手段以及运用这些手段的种种条件,具有微观性质。程序论和方法论的理论提升,就是我们在绪论中强调的对策性。相对的程序规范研究必须贯彻对策研究的应用理论原则,其终极目的是为有效的意义转换服务。

从思维形式上说,全部翻译活动过程可以归纳为分析与综合两个程序。

8.1 程序论中的分析

分析主要指对原语的层次组合进行结构分解,语言层次结构分解的目的是从结构上把握意义,以构筑语义结构。

语言是由不同的层次结构组合而成的。接触原语时我们首先见到的是它的语言形式(音素及音位),在书面语中表现为文字符号体系。文字符号体系是一种多功能的信息承载符号系统,它有自己的分层集约模式。语言符号系统的基本"单元"是词(词汇),词可以集约成较小的单位,称为词组或短语;也可以集约成较大的单位,称为分句。分句的再组合,就是句子。句子是最基本的逻辑意义单位。由句子组成语段(句组或超句群)。较完整的语段,即语篇(或篇章)。

对翻译的分层分解活动而言,最重要的组织结构剖析应集中于以下三项(共六个层次):

(一)"词—短语"层 这是翻译分层分解活动的基础,也是正确把握句子意义的前提。

(二)"分句—句子"层 句子是逻辑思维表达的基本结构单位,因此对句子层的分析工作是对原语的整个结构分层分析工作的关键。忽视任何一个句子都可能影响对语段整体结构的把握,甚至影响到整个篇章。

(三)"文本和次文本"层 文本指整个待译篇章。文本分析的目的是:(1)为整体性理解所必需的意义把握;(2)为个别文句难点的理解提供整体的参照,以资定夺;(3)为文本的潜在意义把握提供一个"非潜在"的意义依据,这就是所谓"次文本"(sub-text, co-text)分析。

在"词—短语"层,我们的分析目标是:抓住并捋清词语的形态关系系统,即从词语的形态判断其词性;从词语的词性判断其在句中的成分(part of speech);从词语的形态及联立关系判断其搭配形式(pattern of collocation),如介词词组、动词词组等等,进而判断其在句中的成分;在形态关系系统充分显现的基础上进行语义结构模态[②]的判断。

在"分句—句子"层,我们的分析目标是:把握各语言成分的线性配列式(语序),捋出核心句基本构造(SV/SVO/SV·IO·DO/SVA/SVOA/SVC/SVOC 等)及其扩展式;抓住句子连接标记,弄清各分句的连接形式及分布状况;在捋清句子线性配列及布局分析的基础上进行"分句—句子"层语义结构模态的判断。

在文本和次文本层,我们的分析目标是把握原作者在整个篇章中所寄寓或含蕴的潜在和非潜在的意义和意向：非潜在的也就是字面的意义固然重要，潜在的意义尤其是意向同样重要，因为很多作者都功于"隐义以藏用"（"用"就是"功用""效果"，刘勰《文心雕龙·征圣》）。

以上三项六个层次的结构分析包括三个方面，即意义、修辞和逻辑，三个方面缺一不可、缺一即不全，后果也就迟早会反映在理解和表达中。因此说，"周密的扫描分析是成功的关键"。

总之，分析要紧紧抓住原语的层次结构，其目的是要通过对整体层次结构的把握，掌握原语的语义结构，也就是我们通常说的句子的意义。在翻译中，任何形式的分析或论证，都应该落实在对语义结构构成模态的微观组织上，以便根据对微观组织的分析，进行下一个程序的工作即综合。换言之，对原语语义结构的组织模态进行微观分解是程序论中"分析"的基本目的；基本目的一旦达到，语际转换即进入以综合为主要活动形式的阶段。必须指出，汉英转换语言结构分析还要扩及语段层。汉英语段发展可有迥然不同的形式。

8.2　程序论中的综合

综合主要指对目的语语句的语义结构模态进行宏观的调节、整理、定型工作，其特点是思维活动的连贯性、反复性。[③] 最终目标是对原语语义系统进行整合。

综合阶段语际转换活动表现为：

（1）将层次分析所得，进行归纳，对原语语义模态进行加工；以原语语义结构为依据，以原语核心句基本构架为模型，进行双语语际转换（参见第七章语际转换模式），并最后落实在目的语上。

（2）按目的语语法规范，对转换迁移后的目的语语义模态表现式"句坯"（base）进行优化调整与修饰，其目的在保证目的语的可读性与社会功能，[④] 最终确定整合形式。

至此，我们可以将双语转换的典型化程序描写如下：

第一步，形态—词法分析过程（lexical analysing）：捋清原语词语形态关系系统，判断词语词性及在句中的语法成分及搭配形式；

第二步，句法结构分析过程（syntactic analysing）：捋清原语语法层次；捋出核心句基本构架及其扩展式；捋出分句及句子层次、重心的分布形式；析出语句风格化特征；

第三步，情景-语义分析过程（semantic analysing）：在捋清结构系统的前提下，析出原语的语义结构模态，充分考虑到原语涉及的社会情景及文化背景；

第四步，生成构句过程（sentence constructing）：在加工梳理原语语义结构模态的前提下，实现转换迁移，将译者头脑中的目的语内部言语形式赋形为目的语"句坯"；

第五步，修辞优化过程（sentence refining）：将"句坯"进行修琢，排除原语的"负干扰"，炼词、炼句，提高目的语的可读性，确定文体风格对应体式。

以上是双语转换的典型化程序。遵循这个程序，就可以保证双语转换的质量。其中，从第一步至第三步，思维的主要活动形式是分析；在第四步、第五步中，思维的主要活动形式是综合。这个程序是由信息工程原理所论证的。

8.3　语法结构是翻译运作的语言依据

在我们进行具体的语际转换程序的描写以前，还必须阐述一下掌握语法结构及整体语义系统在整个程序论中的重要意义，因为语法结构是分析和综合的关键。用一般的话来表述，也就是"语法分析是翻译的关键"。

语言（句子级以上）中一般存在着四个结构：一是语法结构，二是语义结构，三是文化结构，四是审美结构。这四个结构中，语法结构是基础，好似房屋的骨架。

要把握意义必须把握语法结构。因为意义寓于语法结构之中。[5]在现代语言学看来，"结构"和"系统"各有其特定的含义。"结构"指语言成分的组合性排列式（或句法排列，syntagmatic ordering），表现为句子各成分的线性组合配列形式。这里所谓"线性",指按时间顺序的依次出列,构成某种有语法意义的基本序列,通常称为"核心句"(kernel sentence),也就是基本句模式。而句子则表现为不同的结构层次,每一个结构层次都是出类聚单位组成的。"系统"则是指一组(或同属性——包括词类属性或句法属性)的无限个能够在结构线性序列中替换的"类聚性单位"(或范例式单位,a set of paradigmatic units)。"结构"是横向的,"系统"是纵向的,二者的关系,如图8-1所示:

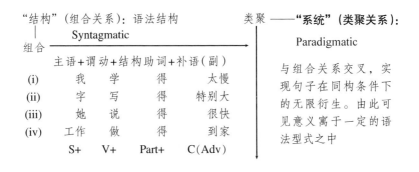

图 8–1

图中横轴表示结构,包括各个语言单位的组合序列,正是这个序列(也就是语序,加上虚词,上例为"得"),构成了语法结构;图中的纵轴,实际上是在语符链的某一环节上句法项可以作无穷替换的符号,由于它们的语法功能相同,所以称之为"类聚"(或范式)。类聚实际上是语法功能相同的语义链,它与语法组合链相交,因而使语义与语法发生了交叉聚合关系。因此,我们可以凭借语法结构,探求语义结构,也就是说,语法结构是探求意义的语言依据。

下面再以英语为例:

(i) We came from Hong Kong.(SVA) ⇨ 我们来自香港。

(ii) We went to Hong Kong.(SVA) ⇨ 我们前往香港。

(iii) We returned from Hong Kong.(SVA) ⇨ 我们从香港归来。

以上句子的共性是 SVA（都是 SV **主谓提挈**式），这是它们共同的组合性排列式，可见它们的语法结构是相同的。从系统来看，come, went, return 以及三个介词词组则属于类聚合，它们也是相同的。这样，我们就可以得出以下推论：

（1）在同一式语法结构组合式中可以替换出无数个类聚性单位（come from, go to, return from, arrive in …），因此，在同一个核心的序列中可以衍生出无数个语义同构的聚合式；

（2）语法结构具有"语义性选择限制"的功能，即显示特定符号所指所限定的意义特征；

（3）因此，语法结构是语义结构的依据；

（4）可见，意义寓于语法结构之中，要掌握语义系统，就必须把握语法结构；⑥

（5）根据语法结构（组合关系）衍生的语义结构，常带有原语的表述特征。因此必须根据译语的惯用法（约定俗成），以可读性原则进行行文调整（如上例第 i 句是"来自香港"，但第 ii 句却不能说"归自香港"，尽管它们的类聚关系是一致的）。

据此，我们就可以获得程序论上的启示：为了准确把握意义，译者必须紧紧抓住语法结构，进行深透的语法分析，只有抓住语法结构，才能析出寓于其中的语义结构，然后赋形于目的语的最佳对应式语义—语法结构，最终完成意义的双语转换：从句坯到定式。

汉语语法呈隐性。汉语又是我们的母语。因此，在汉译英中，我们大都运用母语直感析出语义而无需作太多的语法分析。但即使如此，特别是在遇到难题时，运用组合分析和类聚分析也是必要的。这时，析出主语和谓语动词（叫作"**主谓定位**"：SV Placement）是至关紧要的第一步，尤其重要的是要分辨两种与印欧语语法概念中的句型完全不同的句子，其一是主谓型（SV Pattern），其二是话题型（TC/TR Pattern），而组合关系分析正是达致理解的钥匙。

除了语义结构以外，语言中还有文化结构和审美结构，这两个结构可以在一定的程度上反映语言文化的特征，特别是思维方式与风格，以及表现法的种种文化心理特征。这些都是翻译深层研究的重要课题。这两个结构与语法结构、语义结构的关系是密不可分的。因此翻译程序论所谓把握语言结构，指的是一种"整体把握"（grasp it as a whole），切忌顾此失彼。

8.4 翻译的步骤

现在我们来探讨一下具体的翻译步骤。这里更多的是从教学和自学的角度出发，而上面讨论的程序则主要着眼于推导语际转换的程序理论模式。

从实际上说，翻译的全过程可以分为理解与表达两个大的阶段。将原语的一个句子翻译成目的语的典型过程可以分为以下六步：（1）理解阶段：紧缩主干、辨析词义、分析句型、捋清脉络；（2）表达阶段：调整搭配、润饰词语。此外，程序论还包括"终端检验"工作。

8.4.1 紧缩主干

所谓"紧缩主干"，就是上面所说的析出原语核心句组合关系中主干成分主语、谓语、宾语，以及次要成分定语、状语、补语。特别是在汉译英时，我们常常必须首先分析原句中有没有主语或什么是主语、什么是谓语，能不能以此作为目的语的主语、谓语、或另选其他成分做主谓语。总之，我们常以确定目的语的主谓带动全句格局，即所谓主谓提挈。这种句子紧缩法，称为"主谓定位法"。英译汉时，也是这样，找出了主谓，全句格局即可初见端倪。英语是形态语言，"SV"的提挈职能很强，名词有格，动词也有数的形态变化，因此以定主谓带动全局脉络并不困难，困难在区分主从及捋清层次。

句子的主谓（宾）是一个纲，纲举目张。抓住主干，举纲而后张目，以确定句子的基本格局。英语具有一定的语法形态，因此辨认纲目，一般困难不大，已如上述（特别是英语的谓语动词，有时态、语态、语气与人称的一致等形态标记；在谓语动词前居于主位有主谓逻辑关系的名词一般就是主语）。而汉语则不然。[7] 我们必须学习汉语语法，以便运用上述一些方法，紧缩主干，确定主谓（宾）或作主语转移或选择句式变化。例如下句，可因信息焦点转移引起主谓变换（斜体字表示不同形式的译句主语）而使译语

有不同的句子结构:⑧

　　(i) **吃饭吃面他**都无所谓。
　　(话题主语,是一个连动词组;属与事主语)
　　Noodles or rice doesn't make any difference to him.
　　(ii) 吃饭吃面**他**都无所谓。("他"是述题中的施事主语)
　　He doesn't mind (about) eating noodles or rice.
　　(iii) 吃饭吃面他都**无所谓**。("无所谓"是述题中的谓语)
　　There's *no difference* to him whether to eat noodles or rice.
　　(iv) 吃饭？吃面？（他都）无所谓。(也可以是省略句)
　　Rice or noodles? Whatever (for him).

　　由上例可见，确定主语是紧缩主干的第一步也是最重要的一步。主语一旦确定，犹如"一锤定音"，即可着手按原语语义及目的语习惯法搭配谓语，同时还可以选定句式（如上述第 iv 句）。在外译汉中，"紧缩主干"的程序论意义在长句翻译中特别突出。比如：

　　In that same village and in one of these very *houses* (which, to tell the precise truth, was sadly time-worn and weather-beaten), there *lived* many years since, while the country was yet a province of Great Britain, a simple good-natured *fellow*, of the name of Rip Van Winkle. (W. Irving)

　　在面对这种长句时，我们如果不尽力紧缩主干（主语 fellow ⇨ 谓语动词 lived ⇨ 处所状语 house:"某人住在某处"），先"滤掉"（strain out）一切次要的、附带的语言成分，使主干显现，那么无论在理解和表达阶段，译者都会感到不知如何下手。

8.4.2　辨析词义

　　在翻译中词义辨析工作是大量的，是很重要的基础分析工作，辨析词义应紧紧抓住以下关系：

一、形态语义关系 (Meaning in Lexical and Semantic Context)

即抓住词语的形态结构，进行解析，以得出词义。具体方法是解析词的构造系统，分到最基本的"义素"（sense morpheme）为止，再加以综合。如 quarterfinal，可以分解为 quarter（四分之一）加上 final（决赛），因此整个词义为"四分之一决赛"。又如 electronumeroscopic，可以分解为 electro-（电子的）加 numero-（数字），再加 scop-（仪器、仪表），-ic 是表示形容词性的词尾标志，因此整个词义为"电子计数器的"。这是词的语义形态结构分析法。此外，还可以根据词的句法功能以确定其词义，见下项二中的解释。

汉语词语也可以依据形态结构析出词义，因为汉语虽然没有屈折型形态变化，却具有独特的语素构词规律及丰富多样的词形变化。

以语素（大体相当于义素）为例。我们可以根据语素判断汉语合成词的词义。如，"朋友"："同门曰朋，同志曰友"（《小学钩沉·卷二》）、"宇宙"："四方上下曰宇，往古来今曰宙"（《小学钩沉·卷三》）、"辛辣"："辛甚曰辣"（《小学钩沉·卷四》）。这些词都是义素的意义综合或重复。至于词的形态变化，汉语也有自己独特的体系。"形"（能指）可以作为判断"义"（所指）的线索或手段之一，也就是我们的"形声字"。形声字的形旁表义，音旁表音。比如"蟋蟀"，看到"虫"旁就知道虫类，这就是所谓"谐声字"，半主义，半主音。"《说文》九千余字，以义相统"。⑨ 据估计，汉语中形声字占 90% 左右。当然，汉语文字体系这种形—义关系还很不完善，"字"这个符号系统的所指只能给我们提供一个"义"的线索，但这个线索却是很好的词义理据。此外，汉语还有许多形态助词，表示某种语法意义。

二、语法层次关系 (Meaning in Grammatical Context)

对词语进行语法关系（层次和范畴）上的分析，包括以下几层意思：

（一）词的基本词性。像英语这类有形态标记的语言，一般可从形态上对词义加以判断。比如 timelessness，其基本词性必定是名词，因为它带有名词词尾 -ness；分解后的 timeless 还可以作形态语义分析，它是 time（时间）

加上形容词词尾 less（无），因此我们可以断定这个词的词义是"无时间性"（泛时性）。

（二）处在某一具体语境中的词性及意义。比如 nursing 在 his nursing mother 中与在 the nursing profession 中的词性是不一样的，前者是形容词，后者是名词，因为 mother 可以作施事者，而 profession 不能作施事者，故此意义有别。前一短语的意思是"他的养母"，后一短语的意思是"护士业"。这种差异出现在句法中时，要特别注意。

（三）词在"格"与"数"等语法范畴改变时所产生的词义。比如将 father 改为 father's，词义即可能改变："at my father's"是"在我父亲家"。"数"改变时词义改变的现象也很普遍，如 rag（破布）⇨ rags（破烂衣裳）；curtain（幕布）⇨ curtains（幕落），等等。这类数的范畴变化带来的词义变化，翻译时也要特别注意。

汉语的层次、范畴分析是一个比较复杂的问题，因为汉语的语法是"软性的"，⑩ 其词语的语法功能具有广泛的隐含性，词语缺乏识别性标志，因此常常给层次分析带来一定的困难，在语际转换中必须悉心研究，否则就会将词义弄错。例如，同样一个词处在句法层与处在词法层的词义就可能不同："笔直"中的"直"处在词法层，意思是"不弯曲"。"心直口快"中的"直"处在句法层，与"心"构成主谓关系，属于句法层，"直"的词义是"公正、直爽"。处在同一层次的词还有一个管界问题，词义取决于如何切分。比如"很/难看"与"很难/看"中的"难"的词义就不一样，前者的意思是"不好（看）"，而后者的意思则是"困难""不容易"。"这份/给你"与"他不领/这份情"中的第一个"这份"是主语处在句法第一层，意思是"这一份"；第二个"这份"与"情"构成偏正搭配，处在第三层，意思是"这等""这种"，有贬义。这样一分析，翻译中就可以定夺了。

三、词语联立关系（Meaning in Textual Context）

即抓住某一疑难词的章句关系进行语义上的分析。词的章句关系可大可小。小的章句关系一般指搭配（collocation），大的章句关系（larger context）指上下文。总之，我们可以"上挂下联"，析出词义。汉语词义独立性较强，英语词义独立性很弱，因此后者的联立关系极为重要。比如

science 在"science of defence for ladies"（妇女防身术）中的词义不是"科学"而是"技艺"；school 在"the London School"中的词义不是"学校"而是"学派"。

词语联立关系对意义的构成起着极大的作用。联立关系不仅可以使词语将核心意义确定下来，还可以使它产生各种色彩意义。比如下句中的"thinks"的讽刺意义就是在语句联立特别是在与"rouges"对比中产生的："A young lady who thinks is like a young man who rouges."（C. Lessing），意思是"要求一位妙龄少女开动脑筋无异于让一位青年男子去涂脂抹粉"。词语的联立关系（包括定式搭配）对词义起着互补作用。

四、语言文化关系（Meaning in Cultural Context）

即对某一词语的民族文化及历史地理背景进行语义上的参照分析。词语的文化背景可以对这个词的词义产生极深刻的影响，致使它与目的语中的对应词的联想义或暗含义差异悬殊。这一点，上文业已论及。我们在表达中必须密切注意。比如色彩词常反映不同的社会文化心理。"白"在汉语中表示"平民"（如"白衣"，唐制："庶人以白"），在英语中表示"纯洁"；"白"在汉民族心理中还代表"不祥"（如"红白喜事"，"白"表示丧事），而"白"在西方的婚礼中则恰好是喜庆色。

语际转换中常见的情况是：全句每一个词本义都是明白的，但全句的意思却难以定夺。比如下句："Some would say that today it is very difficult to find such a man in this community, as difficult as to find a landmark baptist."问题出在最后二字的文化意义。为什么作者说"landmark baptist"就"很难找"？原来这种浸礼会教徒主要分布于美国西南部，他们的浸礼必须由浸礼会正式牧师主持，而这个牧师本人当初也必须经受同样的洗礼，代代都是正宗。汉语中这类文化色彩很浓的词也很多，不查其背景则不明其含义。宋代岳飞的词中说"三十功名尘与土"，"三十"的意思何在？如果不查明当时岳飞年正值三十，这个诗句就很难懂了，当然也很难下笔翻译。

五、情态色彩关系（Meaning in Emotive Context）

即对词语进行情态与色彩方面的暗含义的分析，这类暗含义一般都是语境所赋予的（situationally suggested）。词的情态包括亲切、期待、反感、嘲讽等等感情意义，在语言中可以千差万别；色彩包括词语的褒贬、分寸等等。表达情态与色彩，是语言的一种基本功能，而情态与色彩意义，又属于语言的"潜在意义"。⑪抓住词的情态色彩意义必须密切注意语言情景与词的联立关系。用词上的脱出本义，即所谓"变异"也常常立意于表达某种情态。比如"怕他不来"有两个意思。"怕"可以表示"be afraid"，是一般的担心。"怕"还可能表示一种蔑视情态：大意可能是："我叫他来，他敢不来？"（He will come, because he has to.）

六、指涉呼应关系（Meaning in Referential Context）

即对某一疑难词在句中或上下文中的指涉呼应关系进行分析，以析出其词义。分析指涉呼应关系一般适用于各式代词（人称代词、指示代词、不定代词、关系代词）。在具体的上下文中，代词常常会出现指涉关系的纠葛。名词的所有格也存在呼应意义，如"views quite different from his father's"中 his father's 的词义内涵取决于前呼应词 views。英语中有些词的词义内涵、色彩或分寸也来源于对上下文的接应、呼应、预示或对比。比如下文中的"so"：A: A sponge? I drink no more than a sponge.（我是酒鬼？我并不比酒鬼喝得多啊。）B: Well, I don't think so.（我可认为你并不比酒鬼喝得少呢。）

七、思维逻辑关系（Meaning in Logical Context）

有时词义产生于逻辑意念，尽管从字面上看不出来，因为逻辑意念往往是隐含的。此外，逻辑意念的表述往往与思维风格有关。因此，在语际转换中，我们必须把握好逻辑分析的方法。其目的是使思维表达符合逻辑，这就是说，我们必须从逻辑上正确掌握一个词的词义，不要受表面意义的局限或约束。比如"I love fool's experiments; I am always making them."（C. Darwin）前一句如果译成"我喜欢做傻瓜的试验"就会形成逻辑意念含混。我们说"地球引力的试验""遗传学的试验"，那么"傻瓜的试验"是不是"以傻瓜为题做试验"？显然不是。Fool's experiments 中的 fool's 的逻辑意念应是"甘当傻瓜的"。英译汉时逻辑意念往往必须改隐含为明示，以免出现非逻辑表述。譬如："He has no opinion; he just takes his colour from the company he is in."句中"He has no opinion."不能简单译成"他没有意见"。在这里，"opinion"的逻辑意念是"自己的意见"或"主见"。在汉语中"他没有意见"的意思是"他赞成"。全句的意思是"他没有主见，只是人云亦云"。

思维逻辑分析常常必须运用于差异精微的词义辨析中。譬如："Every couple is not a pair."句中的 couple 与 pair 词义是很相近的，但必须全句作逻辑分析：couple 重在对事实的描述，pair 重在对素质的描述。因此全句的意思是，"并不是每一对夫妻都是称心如意的匹配"。

古汉语言简旨深，很适宜于表达精微的逻辑。譬如成语"亡羊补牢"，"亡"的词义是"逃逸"，并不是"死亡"，羊逃走了，当然是牢出了问题。现代汉语从古汉语脱颖而出，半个世纪以来"白话文"已有很大的发展，表达力日臻完善。但由于约定俗成，汉语中常有不合逻辑的表达法。譬如"普通话"其实并不是"普普通通"的话，而是"标准语"的意思。

八、专业领域关系（Meaning in Professional Context）

即按各学科或专业的特定用词含义及惯用法确定词义，英语倾向于借用常用词表达各自的学科或专业概念，即寓新义于旧词；汉语倾向于使用新词表达各自的学科或专业概念，即寓新义于新词，英汉有别。汉英互译时，必须严格按各学科或专业的特定词义与措辞确定译词。

以上八个方面是英汉互译中辨析词义的主要途径。这些途径常常需要采取"反复试验法"（trial and error）加以综合运用。在遇到疑难词时，我们不应当放弃或忽视任何一个途径去求得准确的词义。

8.4.3 分析句型

句子结构的成分分析对翻译的重要性毋庸赘言。英语比较重形态（形式），主谓之间有 Concord 联系，词又有词性标志，不难辨析句法词项。而且英语句型种类只有七式，主谓一旦定位，句子结构不难析出。英语句法分析比较障目的是：(1) 后置成分很多，常与汉语表达法适得其反；(2) 插入成分很多,使以汉语作为母语的人难免产生思维阻断;(3)一词多义、多词一义现象比较突出。这些问题我们已在前文中论述过了。

汉语句型分析问题比较复杂,语法界历来认为是一大难题。从翻译程序论视角来看,我们需要把握以下要点:

(一)汉语主语的次范畴化(sub-categorization) 汉语语法被视为棘手除了语法功能缺乏标志、语法关系呈隐性这个总的基本特征以外,主语的界定是一大难题。汉语的主语,不限于名词性,不限于施事与受事,不限于与句中动词具有形式的、逻辑的关系,不限于一个,也并不是不可或缺的成分。因此与英语主语殊异,汉语的主语更具话题性,而较少施事性。汉语主语有以下特征,我们称之为"主语的分布模式"(Subject Distribution Pattern,简称 SDP):

1. 不限于名词:
Nominal Subj(名词主语):
　　电很有用。(Electricity is useful.)
Adjectival Subj(形容词主语):
　　过谦并不好。(It's not good being too modest.)
Verb Subj(动词主语):
　　学习是第一步。(The first step is to learn.)
Numerals Subj(数词主语):
　　"八八"是个吉利数字。("88" is a lucky number.)
Phrase Subj(词组主语,"你不管"是主谓词组):
　　你不管就是你的不对了。(It's your fault not to take care of it.)
2. 不限于施事或受事:
Agentive Subj(施事主语):
　　我很讨厌长篇发言。(I hate long speech.)
Recipient Subj(受事主语):
　　五个汉堡包够吃吗? (Five hamburgers — is it enough?)
Dative Subj(与事主语):
　　这本书我没看过。(I don't know that book.)

Topic Subj(表时间的话题主语):
　　明天再谈吧。(Let us talk about it tomorrow.)
Place Subj(表处所的话题主语):
　　河畔草青青。("河畔"是"大主语";"草"是"小主语",Green grass grows along the riverbanks.)
Instrument Subj(表工具的话题主语):
　　保鲜膜有时也并不保鲜。(Film wrap sometimes can't keep food fresh.)

　　汉语语法界长期争论的例句"台上坐着主席团"的"台上"应该说是"表处所的话题主语",也叫作"存现主语"。以上各式各样的主语,说明主语次范畴化的必要,因为这是谁也否认不了、改变不了的语言现实。
　　(二)汉语动词的非形态化及谓语的多样化(diversiforms) 汉语句子中可以不限于使用一个动词,而且这些动词又无定式(finite form)或非定式(non-finite form)之分,我们称为连动式、兼语式及紧缩式,总之是动词连用。例如:

Catenative Verbs(连动式):
　　每天不外乎读书看报看电视。(The old routine is reading books and newspapers and watching TV.)
Pivotal Verbs(兼语式):
　　我才不会让他干呢。(I won't let him do it.)
Contracted Verbs(紧缩式):
　　他总是没事找事。("总是"是状语;"没"是"没有"省略)(He is always making too much fuss.)

　　(三)汉语的句子谓语不必一定是动词,称为谓语的"周遍性"。这一点与英语殊异。今略举二例:

Adjectival Pred(形容词性谓语):
　　这人很诚实。(This person is honest.)

Nominal Pred（名词性谓语）：

我三十岁，她二十八岁。（I'm thirty and she's twenty-eight.）

第二例"三十岁"实际上是名词词组。名词词组也可以简化为单纯的数词，成为数词谓语，"我三十，她二十八"。

（四）汉语的各式词组（尤其是主谓、述宾）可以出现在句子的主、谓、宾、状、定各部分，而无形式标志，使我们在乍看之下很难析出其句法结构。以主谓词组为例：

主谓词组作主语：

你不去解决不了问题。

（"你不去"是主语，"解决"是动词谓语，"问题"是宾语）

（If you don't go, the problem will remain unsettled.）

主谓词组作谓语：

你班门弄斧，人家笑话你呢。（People were laughing at you as you displayed your petty skills before the professionals.）

主谓词组作宾语：

他希望你多提意见。（He expected that you would make more suggestions.）

汉语中这类从属成分没有层次标志，使我们常常忽视它们实际上应该（或可以）译成英语的从句或（不定式、分词短语等）非定式结构。从程序论上说，在汉译英中区分汉语主从是一个关键性步骤。汉语讲求"词约义丰"，缺乏形态标志，从语言形式上看不出主从关系；而这一切又属于语言常规，不是什么"省略式"。汉语的主句与分句也往往取意合式主从关系隐含。由此可见，区分主从是使理解阶段翻译思维顺利发展的重要步骤。对原语主从关系分析的顺利完成，通常可为目的语"句坯"的结构与总体布局打下良好的基础。这时，只要我们注意排除原语的"负干扰"，"句坯"常常是一个可取的译句雏形。

在汉译英中，与区分主从有关的还有一个更基本的问题就是汉语单元句的句型分析。

汉语的句型结构非常复杂，句型分析的关键也就是上面所说的四点。

今按现代汉语各类句型略举数式,加以剖析:

第一类　非主谓句(Non-SP-Sentence)
"非主谓句"就是没有主语或没有谓语的句子。如:("了""呢"是语尾助词)

(a) 下课了。(无主语)(V + 了):(The) class is over.
(b) 真莫名其妙。(无主语)(Adv+VO):It's just inexplicable!
(c) 我的房间呢？　(N + 呢):Where's my room?

第二类　主谓句(简单主谓句)(Simple SP-Sentence)
"主谓句"就是有主、有谓的句子。"简单"表示成分简单。

(a) 水干了。(S+V+ 了):The water dried up now.
(b) 鸡蛋碰石头。(S+V+O):The egg was broken against a rock.
Fig: It's like striking an egg against a rock.
(c) 生病并不可怕。(S+ 并不 +V,"生病"是动词,在句中作主语;"可怕"是形容词性谓语):
Falling ill is nothing to be afraid of.
(d) 台上坐着主席团。(S+V+O,"台上"是时地性话题主语,"主席团"叫作"施事宾语"):
On the platform were the members of the presidium.
(e) 花生米下酒。(S+V+O,"花生米"叫作"工具主语"或"与事主语"Dative Subj.,"下"这个动作的执行者仍然是喝酒的人):
To eat peanuts to go with wine.
(f) 明天别忘了。(S+ 别 +V+ 了,"明天"是时地主语,"别"是个副词,表示否定,"了"是语尾助词):
Don't forget it tomorrow.
(g) 黑灰色的最好看。(S+V,"黑灰色的"是形容词,也叫作"的"字结构,作主语;"好看"是形容词作谓语,这时的 V, 实际上是 P):

The one in charcoal is top chic.

第三类　复杂主谓句（Complex SP-Sentence）

复杂主谓句指"句中有句"的主谓句，这个"句中之句"可以在主、谓、宾、补、定、状各部分；或者说，在主题或述题中。

(a) 解决这个问题要时间。〔$(V_1+O)+V_2+O$，"解决这个问题"是处在主语位置上的句中之句〕：

It takes time to solve the problem.

(b) 这个问题本公司要解决。〔$S_1+(S_2+V)$，"这个问题"是一个话题主语，记作 S_1，句中之句是谓语"本公司要解决"，其中"本公司"又是句中之句的主语，记作 S_2〕：

This corporation is going to solve the problem.

(c) 我已经干得精疲力尽了。〔$S+Adv+V+C$，句中"已经"是副词。"得"叫作结构助词，引进补语，记作 C；而 C 本身又是一个句中之句，"精疲力尽"（$S_1+V_1+S_2+V_2$）〕：

The job exhausted me.

第四类　特殊谓语句

所谓特殊谓语指连动式谓语、兼语式谓语和紧缩式谓语。例句见本节上文，此处从略。

第五类　特殊句型（Special Sentence Patterns）

(a)"是"字句："是"字相当于英语的 be，但在汉语中"是"被称为"判断词"。判断词后的成分叫作"判断宾语"，而在英语中，be 引导的成分叫作"表语"（predicative）。其实，汉语的"是"字句不必译成带 be 的句子的实例很多，如：

有博士文凭的不一定是博士，穿法官长袍的不一定是法官。
A PhD does not make a doctor nor the judicial gown the judge.

(b)"把"字句:"把"字在汉语中是介词,可以引导一个名词词组,其中名词一般是句中动词的逻辑宾语。因此"把"字句在汉语中是一种将宾语提前、强调宾语的句式,如:

你已经把错改了,就不必提了。
You should not be told of the faults which you have mended.

(c)"有"字句:"有"字是动词,一般与 have 与 there be 对应。但翻译"有"字主位句时应细心分析其语义以及是否有实义,如:

有一年春节,昆明竟下起雪来,人说是"昆明飘雪"。
Once, on the very day of the Spring Festival, snow flurried unexpectedly in Kunming, where spring warmth lingers all the year round. For days people talked about the ticker-tape welcome snow.

(d)"被"字句:"被"字也是介词,引介名词(可能是施事);"被"字也是一个助词,这时它引入的是动词(V)或名词加动词(NV),这个名词就是施事者。这种结构就是汉语中的被动语态,如:

我被他弄糊涂了。
(也可以用"让他""叫他""给他",尤在口语中)
I was bewildered by him now.
他嘴上被说服了,可心里并没被说服。
("他"是受事主语,"嘴上"是个状语;也有人认为"他嘴上"是话题主语)
He was convinced against his will but is of the same opinion still.

以上五类句型只是现代汉语句型的上位分类,每一类中的每一个句型还可以分出许多变式。但我们从以上粗略的分类中已经可以充分看出句型

（句结构）分析对汉译英的重要意义：

（1）句型分析可以为我们剖析出句子的成分分布状况，从而使我们了解是否存在双语在句子层实现契合对应的可能性；

（2）句型分析可以使我们洞悉复杂句子的结构层次，而不是仅凭语感（语言直觉），知其然不知其所以然而为之。这正是翻译程序论研究的意义。以下例句是现代汉语句法分析中仍有争议的例子，现在作一层级分析，由此可以明白汉语句子语法分析既非易事，又不可等闲视之：

"这件事我现在脑子里一点印象也没有。"（见图 8-2）

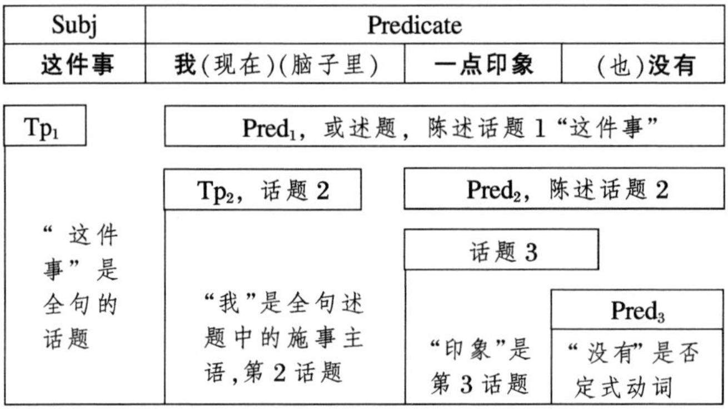

Subj	Predicate			
这件事	我(现在)(脑子里)		一点印象	(也)没有

Tp_1	$Pred_1$，或述题，陈述话题 1 "这件事"			
"这件事"是全句的话题	Tp_2，话题 2	$Pred_2$，陈述话题 2		
	"我"是全句述题中的施事主语，第 2 话题	话题 3	$Pred_3$	
		"印象"是第 3 话题	"没有"是否定式动词	

＊句中"现在""脑子里"和"也"是副词。

图 8-2

汉语的句型分析，历来见仁见智，原因盖出于汉语的形态弱势。语法界各派议论纷纭，但近年来已渐取得共识。基本原则应是尊重汉语的语言现实，摆脱印欧语语法框架的约束，建设汉语语法本体论体系。[12]汉语缺乏语法形态（形式）标志，重主体思维，动词的时、体、态隐含，名词的数隐含。这些特征性素质使我们可以大体确定汉语基本上属于话题型语言，而不是英语那样的主谓型语言。上例 Tp_1 和 Tp_3 在上位层（全句）、下位层（句中的述题中）都分别充当了话题的角色，而不是像英语那样与动词结成 doer + action 关系。这是我们做翻译的句型分析时要倍加注意的。

8.4.4 捋清脉络

这里的脉络指思维的表达层次，也是思维发展的形式，一般表现为句子与句子或主句与分句的组合关系。例如汉语句子扩展式有双双并举的并列式，有事事相因的承接式，有环环相扣的递进式。汉语句子讲究"长短相间，单复交替"。英语句子的基本扩张式也不外乎递进并列、环扣（主与从、被修饰与修饰成分等）。而且这些方式，常常综合运用，句子可以很长。不论汉语与英语，都有一个句子的扩展脉络与组合关系问题。翻译中，在分析单元句句型结构，区分了句子的主从以后，就有一个按思维脉络与组合关系表达的问题。显然，只有捋清了原语的思维脉络及句子组合关系，才能在表达中做到有条不紊。

捋清脉络还应包括对原语重心的探究，英语与汉语都有自己的重心分布趋势。一般说来，句子都是有重心的，重心通常在句尾，也有一些句子重心在句首。已见前述。

8.4.5 调整搭配

这里的"搭配"既是广义的，又是狭义的。广义的搭配指整个句子的主谓（宾）以及其他句子成分的搭配形式，狭义的搭配只指词与词的搭配形式。

搭配为什么要调整？这里涉及语言的约定性，即所谓约定俗成，语言中的许多搭配都受到约定俗成的制约，有自己的习惯表达法。[13]

调整搭配这一步的关键在调整。"句坯"经过前四个步骤至此已形成雏形。但这个"句坯"站不站得住脚还要经过以下原则的验证：

（1）原语的语义内容："句坯"所表达的全部语义内容，必须与原语句子的语义内容完全一致。

（2）原语的文体色彩："句坯"所表现的文体色彩（语域、章句组织形式、言外意义、效果）必须与原语句子的文体色彩一致。

（3）目的语的语法修辞规范："句坯"必须符合语法规范，属于"合格句"；修辞手段大体对应。

（4）目的语的习惯用法："句坯"必须符合习惯用法，是当代读者可接受的；在语段中适得其所。

调整的积极意义，在于使"句坯"最后上升为符合以上四个原则的定型句子。

8.4.6 润饰词语

翻译的最后一个步骤就是润饰词语。润饰词语应遵循以下原则：

（一）润饰词语的一个重要手段是统观全局，包括词、词组、句、语段及语篇，许多拙词、拗句都是在把握语流中语感的全局性审读中发现的，通常也只能在悉心的、瞻前顾后的全局性审读中，才能发现。通读全句、全段乃至全篇，拙词拗句往往能在衬托、比映中相形见绌，引起语感障碍而得以改正，这就是所谓"正视听，以去疵聱"。

（二）润饰词语的标准是准（准确）、精（精练）、美（优美、隽美）。"准确"功在达意，"精练"功在行文，"隽美"功在风韵。未经润饰的词语章句有一些通病，如词不切意，文不顺理；用词粗糙芜杂，造句生硬梗塞。这时就需要我们给予润饰，将句坯"抛光"，在琢磨推敲中使译文达到准、精、美的要求。

英译汉中要特别注意汉语虚词的用法，去掉误用、拙用或赘用的虚词；汉译英中要特别注意英语介词和连词的用法。这些词都很"小"，但作用很大。润饰词语就是在细微处见功夫。

翻译中的六个步骤，称为"六步法"。这六个步骤也是一种典型化的操作程序。在实际的翻译活动中，六个步骤往往需要反复地、交错地加以运用。翻译的程序不是一个一次性流程，往往要在语义、语法、结构及情态风格几个平面上同时地、相辅相成地进行扫描式优化成型操作；因为，归根结底，翻译思维是一个十分复杂的逻辑意念发展和审美体验过程。人类的智能潜力的发挥是逐步的，但它能达到的水平则是任何处理信息的计算机所望尘莫及的。

8.5　程序论的"终端检验"

最后我们应该指出，在完成了以上六个步骤以后，还要对照原语将译文逐字逐句地加以审校，以核实原意在目的语中的对应落实，任何翻译都应该经过这个审校程序。这是因为，任何高手都难免于疏漏，逐字逐句的审校是校正疏漏的有效措施，也是质量的"终端检验"程序。因此，它是翻译程序论的组成部分。

除了逐字逐句的审校以外，校正疏漏还有一个很有效的方法即"回译法"。"回译"就是将已译成的目的语语句倒回到原文，看看词、句意义是否与原句大体相应。如果倒回的结果二者大相径庭，那就说明转换中肯定有误，这时必须重新核查，以正疏漏。另外，核校定稿时还必须注意务必不要先入为主，应该大胆存疑。不要"偏爱"已经译好的句子，不妨多译几种句式，在比较中择优而定，因为优劣只能在比较中显露出来。

〔注释〕

①西方现代翻译理论中也有人试图对翻译程序进行研究与剖析，但大都停留在一般性描写上。譬如 Steiner(1975)认为翻译可以分为四个阶段，即 trust（信任），aggression（侵入），import（吸收）及 restitution（补偿）。这是西方（主要在欧洲）的诠释派程序论（Hermeneutic Movement）。

②"模态"指思维过程（分析）中的主项和述项配列（TC/TR）的初始样式。这时的模式带有一定的未定性，只有经过审慎的判断，未定性才能演进为稳定性，"模态"即变成规范的"形式"。

③必须指出，在实际的语际转换活动中，分析与综合常常是交织着进行的，我们不能对思维的分析与综合作机械分割。在翻译思维中没有截然的分析或综合阶段。实际上在我们对原语进行分析时也常常必须做综合工作，经常伴随对分析情况的综合归纳。毫无疑问，在结构层次分析过程中，翻译思维以分析为特征，正如在行文表达阶段是以综合为特征一样。

④可读性规范是：(1) 合乎语法（grammaticality）；(2) 合乎习惯（idiomaticness）；(3) 文体的适应性（stylistic adapation）；(4) 含义明晰（clarity）；(5) 条理性（organization）。可读性与社会功能常常是密不可分的两个要素，但在翻译中二者并不是在任何情况下都表现一致。譬如，原语的可读性就不能不考虑在内。我们的原则似应为：有一定的社会效益但可读性差的原文在翻译中仍应充分考虑目的语的基本可读性。因为翻译是社会的语际交流，不能不顾及社会的习惯与接受力。

⑤我们这里的论述，是从普通语言学的宏观视角进行概略的考察，而不是从对比语言学进行微观的辨析。实际上汉语语义结构与语法结构的关系不同于重形态的语言（如印欧语）。这是因为汉语形态（形式）呈弱势，主谓关系变式及核心句变式很多。汉语重意，语义结构的形态—形式手段集中于虚词和语序。

⑥毫无疑问，我们这里说的是最一般的情况，而且是针对重形态结构、以动词的形态变化为主轴的语言而言。汉语语义结构有其本身的特色，主要依靠语序和虚词。

⑦在现代汉语语法中，关于主语的地位问题有很多争论，因而存在很多对汉语主语的不同定义。例如，目前对汉语主语有如下不同定义：(1) "主语是被陈述的，谓语则对主语加以陈述"；(2) 主语是说话人述说的对象，"是一句话的主题，即话题（topic），叫主语"；(3) "主语是一句话的话题，是谓语表述的表述对象"；(4) 主谓词组也由两部分组成，前一部分是陈述的对象，或说"话题"。从以上情况看，目前语法界将主语看作"话题"的主张占优势。将"话题"看作主语有较大的概括性、灵活性，符合汉语的语言现实。以上论述参见李临定著"主语的语法地位"，载《庆祝吕叔湘先生从事语文教学与研究六十年论文集》，语文出版社1985年版，第62页；另见《汉语语法研究参考资料》，李松茂主编，中国社会科学出版社1983年版，第254—308页。

⑧如何选择主语，以形成"SV kernel"，就成了汉译外的主要课题。从例中也可以充分地看出来，汉语的"SV kernel"式是很弱的。对汉语而言，我们以主位（theme）和述位（rheme）来做句法的第一次切分（TC/TR）比较便当，也比较符合汉语的实际。无论如何，语法是第二位的，言语是第一位的。

⑨转引自《现代汉语参考资料》，李行健著《汉字的形、音、义》，上海教育出版社1981年版，第46页。

⑩见王力著《中国语法理论》，上册，第197页。

⑪前文注（4.0节）中已提到利奇对意义的分类。M. A. K. Halliday 认为语

言有三种功能，一是表意功能（ideational function）；二是人际功能（interpersonal function）；三是章句功能（textual function）。所谓"人际功能"，就是表达感情、态度的功能。参见 D. C. Freeman 编 *Essays in Modern Stylistics*, London, 1981, p. 328。

⑫参见《语言教学与研究》，1992 年第一期载文《三个平面：语法研究的多维视野》，黄山语法修辞座谈会摘要。

⑬搭配问题详见前述（6.2.2 下的"二、惯用法障碍"）。

第九章 翻译的方法论

9.0 概述：基本理论原则

翻译对策论和方法论是翻译学中最重要的应用理论研究两大领域。[①] 对策论是一种方法的理论指引，是翻译理论与翻译方法之间的桥梁，向理论倾斜，因此对策论具有较高的理论性，而方法论则更具有操作性，它的基本任务，是探求双语转换的各种手段；阐明各种手段的基本作用机制理据，阐明方法论研究的理论原则和基本指导思想，向实践倾斜。翻译方法论的研究领域最为广阔，所涉及的实际问题也最多，最具有实用性、对策性。[②] 因此，研究方法论、学习方法论是每一个从事翻译工作的人必须重视的任务。

在对方法论问题进行具体的探讨以前，需要阐明一下将某一语际转换手段在理论上予以验证和认可的基本原则，也就是说，我们将一些手段视为方法，而将另一些手段排除在外的基本理论依据。

9.0.1 方法论基本理论原则之一

科学的方法论必须扬弃机械论和形而上学。这个原则的理论含义是：翻译的科学方法论以语言分析（语法分析、语义分析、语用分析及文体分析等）、对比语言研究和逻辑分析为依据。因此，在语际转换手段的运用中，不以表面的形式对应为目标，而是紧紧抓住翻译是语际意义转换的实质，既强调概念意义的对应，也强调形式意义的尽可能的对应。翻译中，只顾概念意义，不顾形式意义是错误的；只顾形式意义，不顾概念意义也是错误的。任何方法的运用，必须既考虑各种意义转换的效果，又要考虑形式转换可能性。意义与形式的辩证统一是基本的指导原则。

这一原则，就汉英双语而言，尤其重要。从汉英差异出发，我们应该不忽视形式在翻译中的意义。汉语重质[③]，重语义结构。汉语质实劲，词语内涵丰厚，文句结构流洒自如；在词语和句法组织上重意合而不重形合，句子的语法成分和语法意义也都不显现在形态上，而是隐含在语言的总体结构中。汉语的这一特征，并不说明汉语就缺乏形式表现力。汉语的文字系统具有独特的形式表现功能。汉字采取方形信息的"形、声、义"三维式结构，其视觉分辨率、示差性及信息承载量都很高。汉字的音节和声韵结构都是很好的形式手段。因此，只要善于研究，我们是能够发掘出汉英互译时的多途径形式表现手段的。方法论研究必须克服将意义转换与形式转换对立起来的机械主义观点。

当然，汉语与英语究竟是不同语系的两种语言。语言文字形态结构上的一些形式设计可能在双语转换中成为难以逾越的障碍，我们在可译性限度中作过论述。形成障碍时，原文的形式意义往往是以这一语言形式上的独特优势（如汉字的形、义、声结合）为依据而设计的。在任何情况下，词语语义内容的转换总是第一位的，形式意义的转换虽然不可忽视，终究是第二位的。

9.0.2　方法论基本理论原则之二

翻译学是经验科学，但排斥经验主义。

科学的翻译方法论排斥经验论。翻译的科学方法论之排斥经验论包括以下几层意思：

（一）不能将个别经验或个人经验[④]视为具有广泛实用性的方法。个别经验或个人经验常常带有很大的局限性、片面性。某种技法或"套路"的产生一般与彼时彼地的条件（如目的语的特征、原著特点、文风时尚、文论潮流、翻译家本身的条件以及接受者因素等等）有密切关系，因此个人经验的实用性通常仅限于一时一地。科学的翻译方法论，不是个别经验或个人经验的总结，而是为普遍的实践效果所验证的科学规律，这种规律是可以用语言科学、美学或逻辑学加以论证的。翻译规范的可论证性及论证程序和手段，正是我们翻译基本理论的基本任务。

（二）科学的方法论虽然具有普遍的实用性，但是对翻译科学发展及全局而言，却并不存在"无限真值"（infinite truth）。因为语际转换都只能是具体的，不存在抽象的原语或目的语，因此，不可能有抽象的适用于各语种、各语系的方法论。方法论的对策性具有广泛的相对意义。即便是就某一对具体的原语和目的语而言，方法论作为一个体系也必须具备方法的兼容性、并存性（plurality）和选择性（selectiveness）。

（三）这一原则也有助于我们端正对外国翻译理论（包括方法论）的态度。外国翻译理论一般都是根据某一对（或若干，常扩及一个语系）具体的原语与目的语在转换中所推导出的翻译规律，因此其对策或只具有相对意义，不存在"无限真值"。今天，在我们开拓理论研究领域，建设中国的翻译理论的时候，外国翻译理论无疑具有不可否认的借鉴意义。但是不论外国翻译理论如何完备或先进，都不能取代我们自己的理论研究。因为，我们的方法论的对策性是明确无误地针对汉语与外语的转换而制定的，而离开了对策性，方法论研究就失去它应有的功能意义（functional significance）。

（四）最后，我们应该认识到，方法论是发展的。随着社会的进步、语言接触的加强和语言科学研究的发展，随着翻译理论领域的不断开拓及翻译实践的更大规模、更深层次的开展，新的理论视界必将展现，新的理论概念必将诞生，某些可译性障碍必将被突破，新的语际转换手段和信息交流通道必将被揭示和运用。本书中所归纳、论证的一些方法是到目前为止可供选择的汉外互译中运用的方法，远不是也不应是方法论的详尽、完备的论述。方法论的研究前景是无穷尽的。我们应当在自己的理论研究中始终贯彻这种发展观，方法论研究才能具备应有的科学性、功能性和对策性。可以说发展观正是方法论获得生命力的关键。因此，我们的研究视界必须是开放的，而不是封闭的，任何方法研究都不是已穷其极。

9.1　方法论的分类原则

翻译程序的顺利完成取决于运用正确的、善加选择的方法。

我们可以将汉外互译的种种方法加以分类。分类的标准是按照它们不同的功能。概而言之，翻译的方法有以下两种功能：

一、作为语际转换的常规手段（Regular Means）

所谓语际转换的常规，指双语在转换时信息通道的畅通或基本畅通，其条件是语义结构的同构（或基本同构）、表达形式（语言表层结构的同构或基本同构）和语言情景的相同（或基本相同）。实际上这三个条件是广泛存在的。由于社会的进步和语言接触的扩大和深化，这些条件存在的广泛性还将逐步扩大。⑤ 符合以上条件的常规手段是对应。在语言各层次的转换中，实现双语对应转换的可能性最为普遍，也最为有效，因此也最常用。对应在语序和句序上的延伸，就是所谓"同步"（synchronizing），常常是相对同步。

二、作为语际转换的变通手段（Strategic Means）

变通手段是对语际转换非常规条件的某种经过权衡的解决办法（expedience）或对策。因此变通手段的可行性标准就是对策性。所谓"非常规条件"指双语在转换时信息通道不畅通，原因是语法及语义系统的异构、表达形式以及语言情景的差异。

9.2　对应论：常规手段

翻译中的"对应"（equivalence）概念来自西方，被认为是翻译基本的常规手段。在中外翻译界，"对应"是一常用的概念，由于源自 equivalence，因而常与"对等""等同"等混淆。其实，在中国和西方，对应的概念是不尽相同的。不少西方理论中所说的"对应"实指"同源对应"

（cognate equivalence）。例如英语的 dew（露水）与德语的 Tau 就是同源对应，西方语言之间连句法都可以是相对应的。汉语与西方语言不同源，因此，汉语的对应实际上仅仅指**概念**上的对应或基本对应。汉外转换必须基于一个核心的对策论思想，那就是"表意及审美功能上的代偿"。因此，"代偿"才是最宽泛意义上的双语转换手段，见 9.3 节。

9.2.1 对应（Equivalence）

对应的条件已在第七章双语转换的模式论中作过探讨和论证。这里，我们将概略地论述作为常规手段的对应的若干类型及其功能的应用理论问题。此外，我们还应特别说明：我们在本书中均使用"对应"一词时，没有 equivalent 这个原词可能具有的"对等"或"等值"的意思。因为就汉外翻译而言，不存在双语的"对等""等值"或"等同"；我们使用"对应"时，只意指概念转换效果以及"质"或"量"的相当，不存在"对等"或"等值"或"等同"。由于语际转换属于思维活动、思维过程，不是物理性或数学的活动或过程。语际转换的可变参数很多，常数有限（限于物质名词等科学概念等，见下文）。因此"等同""对等""等值"等等都不符合语言实际和翻译实际。⑥

双语中为了求得最大限度的对应，我们可以确立求得"最佳对应值"的参数（parameter），作为探求和检验词语对应效果及质量的可论证依据。

语际转换的对应参数项就是各个意义项，包括概念意义、形式意义、语境意义、风格意义、形象意义和文化意义。总对应值就是多意义项值的总和：

（一）总意义对应值（Total Meaning Value）＝概念意义值（CpV）＋形式意义值（FmV）＋语境意义值（CnV）＋风格意义值（StV）＋形象意义值（FgV）＋文化意义值（CrV）。

（二）由于意义的主体是概念，因此我们将概念意义值定为 50，其他意义值均各为 10。最佳对应值为 100。此外，每一个词都必须在一定的上下文中，因此，每个词的基本对应值应为概念意义值加语境意义值，即 60。

（三）实际上，在上下文中的每个词的意义对应参数项是不同的，大多数词只有概念意义及语境意义（即在给定的原语上下文中的准确含义）。有些词有文化意义、有些词又有形象意义，等等。因此，我们在确定某一词的最佳对应值时，必须根据这个词的具体情况，首先确定它的意义对应参数项。参数项越多的词，对应总值也就越大，翻译中的对应难度就越大。总之，在确定或计算一个词的对应等级及对应总值、划定其对应难度时，必须按逐个词或逐个词组作基本情况对应分析，我们称作"Case Work"（逐项分析）。这是一种基础分析，也就是对应值的定量分析。

表9-1　词语对应值定量分析参数表

参数项 对应值 对应等级	CpV	FmV	CnV	StV	FgV	CrV	对应 等级	对应 总值 TEV
（分项对应值）	50	10	10	10	10	10		100
最佳对应	10	10	10	10	10	10	1级	100
甚佳对应							2级	
较佳对应							3级	⇨
较佳对应							4级	60
较差对应							5级	⇨
不　对　应	0	0	0	0	0	0	0级	0

＊表中所示都是该项的最高分值。分析各参数项时根据对应程度酌减。

一、完全对应（Full Equivalence）[7]

双语中的完全对应在语义上的依据是所指的同一，在语法上的依据是句法功能的基本相同。汉英双语的完全对应词有以下几类：

（1）人称代词（但英语中无"她们""你们"，也不能区分"它们"与"他们/她们"）及部分不定代词或指示代词；

（2）数词及其种种组合式；各种数理公式、方程式；

（3）无多义或歧义的科学技术名词及专业术语；

（4）无多义或歧义的专名，包括人名、物名、地名、朝代名、年号名；

（5）无多义或歧义的名词、无歧义的定式搭配及常用的自由搭配，如太阳 ⇨ sun；白雪 ⇨ white snow；rainy season ⇨ 雨季，等等；

（6）无变义或歧义的核心句：如 I eat.（SV）⇨ 我吃；我爱音乐（SVO）⇨ I love music. He's a Canadian.（SVC）⇨他是加拿大人，等等；

（7）若干定式寒暄语（conventional greetings），如 bye bye ⇨ 再见，good morning ⇨ 早上好，等等。

据我们抽样分析，在给定的语境、语段、语篇中⑧，属于上述七类完全对应的语言成分词及词组约占五分之二至四分之一，其他五分之三至四分之三都不能实现完全对应。

完全对应在双语中虽然不占优势，但由于其概念范畴及用法有限定而且稳定，制约了语言的模糊性从而保证了双语间信息交流的基本可能性及稳定性。完全对应是双语间对应转换的基础。

二、不完全对应（或部分对应）（Partial Equivalence）

不完全对应的词语及句子、语段在双语转换中占绝对优势。这正是我们必须采用诸多变通手段的依据。我们在上面提到了抽样分析，其中属于完全对应的词语约占五分之二至四分之一，其余均不能实现完全对应。翻译中的词义辨析及句式变通主要集中在约占80%的非对应（包括不完全对应）转换中。

就词语而言，不完全对应一般产生于一词多义（词的多义性）及语言的模糊性，使双语由同一基本概念延伸集约而形成的语义场不能实现同构，而出现"叠区"。这个叠区就是双语的部分对应，如图9—1所示。此外，如果我们进一步考察英语 red 与汉语"红"各自的语义场，就可以发现如图9-2所示的 SL 与 TL 的语义场际交错的对应线束。形成这种对应线束的原因是语义界限的模糊性。

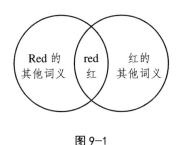

图 9-1

图 9-2 中任何一个语义场中的一个义项都具有一个语义对应线束,即一根以上的语义对应线。实际上,如果我们对双语场际的语义刘应作更详尽的考察,许多词语的语义对应线束是远远多于图 9-2 中所示的语义对应线的。

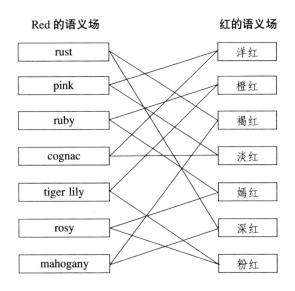

图 9-2 场际语义对应线束

除词的多义性、模糊性外,导致双语不完全对应的重要原因是句法结构对词义的制约性。不论汉语或英语,词义都不可能不受到上下文的限制,语境使词义产生可变性,这一点在英语中尤其突出。汉语讲求"以词适境"，也是这个道理。比如，sophistical（诡辩派的）这个词在 sophistic reasoning（诡辩式推理）中与汉语完全对应，但在 be marveled at his sophistic wording（惊诧于其措辞之天衣无缝）中就是不完全对应了：原来 sophistic 是个略带贬义的中性词，但"天衣无缝"则颇具褒义。上面说过最基本的也是最"小"的上下文是词语搭配，搭配的惯用法通常会将词语的完全对应变为不完全对应。比如汉语词"舍"（舍弃）与英语的 abandon 完全对应。但在未改变"舍"的本义的搭配"舍己为人"中，"舍"与"己"搭配，英语也就只能依据惯用法将完全对应的 abandon 改为不完全对应的 sacrifice，"舍己为人"的对应式成了：sacrifice one's own interests for the sake of others。可见，翻译中的对应原则还必须受制于目的语合格的句法结构形式，以及由此产生的可读性。在大多数情况下，完全对应让位于不完全对应的主要依据就是以合格的句法前提为准绳的可读性。这一点，也就是我们在前面所论述的方法论的选择性原则。

选择不完全对应代替完全对应以保证目的语的可读性时，应掌握以下规范：

（1）选择必须在完全对应的语义范畴内调整择定，不能"言不及义"，不顾完全对应词语的基本概念；

（2）选择必须顾及可读性的诸项要素，如文体的适应性、含义明晰等；

（3）只有在完全不可能找到对应式时，我们才能放弃对应转换的努力。

实际上，语际转换中的对应障碍是时时处处可能发生的。因为常规只能是一种相对状况。我们的原则当然是尽力用对应的常规手段解决矛盾。

三、无对应

无对应也就是语际转换中的冲突式。在双语转换中，解决无对应的矛盾的方法有形译、音译及其他变通手段。

形译就是按原语词形及词音，原封不动地将无对应词移植到目的语中，基本条件是双语的文字体系必须一致。如英语与法语之间的词语移植。由于文字体系迥然不同，汉英之间的形译是不可能的。音译问题在汉英双语转换中比较特殊，它实际上属于双语缺乏对应时的权宜之计，因此应该是一种变通手段，另见下述。

9.2.2 同步（Synchroning）

所谓"同步"当然是相对的，指词组以上成分的相对顺译式双语转换。同步转换的条件是：双语的语法结构和扩展形式与语义结构形成基本同构。就汉英而言，同步转换实现的可能还是不可忽视的，这是由于汉英单元核心句语法结构与语义结构形成基本同构及扩展形式相顺的情况多于相逆的情况。汉英语法成分配列式相逆的情况多见于双语修饰语（the modifer）与中心词（the head word）的配列顺序相悖。因此，就汉英双语而言，最常见的情况是同步转换（顺译）与局部非同步转换（基本顺译）的互补并用。

同步转换在同一语系的双语间的可行性是很大的。随着语言接触的发展，从长远的眼光来看，不同语系双语间实现同步转换的可能性也将逐渐加强。就信息交流效率和形式对应而言，同步转换具有明显的优势和长处。汉英互译实现同步转换的障碍最终多集中在语序上。当然，我们可以用切分等手段来辅佐同步的实现。比如，可以将英语的后置定语（介词词组、分词词组、不定式词组及定语从句等）与被修饰的成分切开，以利同步。如：

（1）不分切，不同步：

They open and shut their eyes at command.
他们可以自如地睁开和闭起眼睛。

（2）分切，实现同步，作适当增删：

They open and shut their eyes/at command.
他们睁开眼睛或闭起眼睛，完全自如。

但是（2）已经不是同步，而是分切，属于变通手段了。语言达意的目的是交流，为追求同步而损及交流效果就是本末倒置了。

9.3 代偿论：变通（通变）手段

在英语中，"变通"的意思就是"flexible/flexibility"，它与很多词意义相通，如"adjustable"（可调整的）、"adaptable"（可适应的）"elastic"（有弹性的）、"versatile"（各式各样的），汉语的"变通"也有这些积极意思，所以对翻译学很重要。

变通手段受对策研究指引，是方法论研究的重心，特别是就汉英双语转换而言。"变通"在中国古代叫"通变"，是《易经》的辩证法核心思想。中国俗话说"东方不亮西方亮"表示人应对自然变化的深刻体悟。"通变"是一种东方智慧，刘勰在《文心雕龙》中早有论证。变通手段的研究范围可以说最为广阔，因为任何可以借以实现翻译的实质内容中所包含的意义和意向转换的途径，都可以纳入方法论作为变通手段，加以研究，订出参照规范。翻译方法论的开放性和开发性主要体现在变通手段中。

目前汉英互译可用的变通手段有分切、转换、转移、还原、阐释、融合、引申、反转、替代、拆离、增补、省略及重复、重组及移植等共计13项，体现各种形式的代偿，所以也就统称代偿。毫无疑问，对这些变通手段的综合的熟巧运用要求我们不忽视对语际转换基本作用机制及技能培养的研究。

9.3.1　代偿（Redressing, Compensating）

"代偿"的核心思想在"通变"，而"通变"正是中国古代朴素的辩证法思想精华。例如《周易·系辞上》说："参伍以变，错综其数，通其变，遂成天地之文。极其数，遂成天下之象，非天下之至变，其孰能与于此。"可以说"通变"也是中国人行文处事的风格和策略，应该继承和发扬。

在汉外互译中，"代偿"是最重要、最基本的变通手段，它涉及各个层面、许多范畴，是中国翻译理论对策论的重要特色；"功能代偿"（functional compensation）和"审美代偿"（aesthetic compensation）也是中国翻译思想中的对策论核心。所谓"代偿"，就是以一种强势功能代替、补偿、弥补某种弱势功能，例如词汇化（lexicalization，如用"着""了""过"来译外语的时态，以"被""受""给"译外语的被动语态，等等），就是用词汇化除形态障碍，是一种最基本的代偿手段。"功能代偿"上达翻译思想，下通方法论，是中国翻译理论（也是当代中国翻译思想）的重要特色之一，包括解释、替代、融合等等。详见本书第10.2节的论述。在本章中，9.3.3及9.3.6也有论及。

9.3.2 分切（切分 Cutting）

分切是翻译方法论中最重要也是使用最广泛的变通手段。⑨

分切的理论依据是双语语言结构的差异。具体而言，主要是：（1）语序的强制性表现形式在不同语言中可能各不相同或不尽相同；（2）表达法的习惯性在不同语言中可能差之甚远；（3）由于文化差异、语言心理等原因需要对译文进行增补或删减从而导致结构的调整；（4）语段扩展模式各异。

分切几乎可以在原语句子的任何意群（sense group）之间下手，原则是保证译语的最佳可读性。一般说来，最常见的分切部位有：（1）较长的主语与谓语动词之间，即主题与述题之间；（2）谓语动词与较长的宾语之间；（3）较长的定语（词组、从句）与前置中心词之间；（4）状语与句子主干之间；（5）较长的并列成分之间；（6）较长的主、从成分之间；（7）同位成分之间，等等。比如，下列语段可以作如下分切：

Today / pilots flying the new Boeing 767 and 757 aircraft / navigate with the aid of new laser gyroscopes. Supermarket clerks / use lasers to ring up prices / at the checkout counter / by "reading" universal barcodes / printed on packages and canned goods.

（今天，驾驶新型波音767和757客机的驾驶员，借助新的激光舵转仪进行操作；而超级市场的售货员，则利用激光，"阅读"通用价格条码，在结账台上计价，因为价码已印在货品包装和罐头制品上了。）

分切可以化除行文的阻滞，顺应汉语句子扩展忌拖沓，以"长短相间、单复交替"为佳的特点。现代汉语句子最佳长度为七至十五字。⑩汉译英时对汉语同样也需视情况考虑分切,尤其是在现代汉语一主一谓、一主多谓及多主谓句,均可能并列一串连句段。特别是一主多谓句,一个主语可以一连挂上一串句子或修饰成分⑪;有些用逗号分开,有些不用逗号分开;这在现代汉语中已十分普遍。这时就必须实行分切。此外,汉语的同位成分(如很长的职务名称与人名)之间、语义结构复杂的联动式和兼语式谓语成分之间、无逗号的分句(如状语分句)与主句之间等等,也均需运用分切法,化长为短,化整为零,才能按"六步法"处理。

9.3.3 转换(Conversing)

转换在翻译中是用得很广泛的变通手段。在一般情况下,转换是获得语义灵活对应的必不可少的应变对策,而失去形式对应则常常是转换带来的必然结果。尽管如此,转换仍然是极为重要的词法—句法变通手段。转换是实现灵活对应的基本作用机制。

一、词性转换

词性转换既是一种译词法,又是一种句法变通手段,而后者往往是由于前者的变通而实现的。⑫任何词类都可能也可以在双语语义对应的要求下转换词性,改变原语句法结构形式。因此,词性转换大大拓宽了双语语义对应转换的通道。

(一)选择性词性转换:这时的词性转换只是一种选择手段,不是一种唯一可行的强制性手段。例如在"I did it myself to spare your trouble"一句中,trouble 是名词,我们在翻译中可以不改变它的词性:"我自己做了,免得给你添麻烦"("麻烦"也是名词)。但也可以改变它的词性为动词:"我自己做了,免得麻烦你"。这时,要不要转换词性往往取决于上下文,以最佳可读性为转换规范。

(二)强制性词性转换:这时的词性转换是一种强制手段,没有其他的选择余地。强制性词性转换的基本作用机制是目的语惯用法及句法规范不同于原语。因此,如果要获得语义对应,就必须改变原语某一词语的词性及句式。如"She is no less beautiful than her sister"一句中 beautiful 是形容词,但译成汉语不得不转换为名词,否则即无法实现语义的对应否定式:"她的美貌并不亚于她的姐姐"。这类情况很多。

此外,以上两种词性转换可能引起句中其他词类的词性发生变化。这种由于句法结构变化的连锁作用而引起的词性变化称为"伴随性词性转换"。伴随性词性转换发生在联立的词语句法关系中。

汉英互译中最常见的是名词与动词、介词与动词之间的转换。因为在汉语中动词占优势,在英语中名词(与介词)占优势,双语的词类优势使动名之间的转换具有显著的实用意义。下句主要凭借名词与动词间的词类转换才使双语的表达趋于自然:

> *Ignorance* of the law excuses no man from practising it. ⇨ 任何人也不能以不知法为借口,不受法律制裁。

二、肯定与否定的转换

肯定与否定的转换也称为正说与反说的转换。在原语中的肯定式有时需要转换为译语中的否定式,反之亦然。

正说与反说之间的转换是一种陈述方式的转换。其基本作用机制是双语在概念命名、话题表述、情态表达、强调分布时的角度、侧重面(dimension)、着眼点及特征选择或描摹方式(characterization)等等方面的差异。因此,正说与反说一般不涉及概念内涵问题。比如,汉语的"无人售书处"(反说式),着眼于对客观现状的描述,英语的同义对应语是"self-service bookstand"(正说式),着眼于主观行为过程。汉语的"揭开宇宙之谜"中的"揭开"(正说),侧重于对发展状况的肯定,英语"uncover the secret of the universe"中的 uncover(反说),侧重对原始状况的否定。另如:

A. 否定式	正说式转换	反说式转换
不祥	ominous	inauspicious
莫不	all	without exception

| 无谓之争 | futile struggle | unprincipled struggle |
| 非同寻常 | out of the ordinary | unusual |

B. 肯定式　　　正说式转换　　　反说式转换

居然	to one's surprise	unexpectedly
波折	frustration on the way	unwelcome turns of events
乱发	ragged hair	uncombed hair
冷酷的心	stony heart	remorseless heart

肯定式与否定式的转换可能导致情态色彩的改变。一般说来，正说是一种认可式的、无异议的陈述，语气是肯定的、平铺直叙的；反说是从反面进行陈述，有时可以获得较婉转、较灵活、较少"单刀直入"的认定效果，因而具有余味或弦外之音。这主要表现在肯定句与否定句的句式转换中：

(i) 可惜他不能来。
I wish he would come.
（原语余味较多，译语比较平淡）

(ii) 悔不该没听他的话啊！
Oh that I had listened to him.
（译语对应译为感叹句，力求不失余味）

(iii) He couldn't be more honest.
他够老实的了。（译语正说较质直，原语较为婉转）

(iv) He's a good riddance.
他还是不在场的好。（译语语气较婉转）

三、句式的转换

句式转换的基本作用机制是一个比较复杂的问题，因为原语与译语句子的各种变式都很多，各式句子的对应转换很难说具有某种一成不变的对应句式及作用机制。一般说来，句式转换是出于句法结构、惯用法、行文中的表达方式和语感上、情态上的要求。语用功能常是转换的基本作用机制。

句式转换广泛表现为双语转换中复合句与简单句的各种形式的转化。比如汉语"你明白我的意思吗？"是简单主谓句，译成英语"You see what I mean?"成了复合句。汉语并列复合语段译成英语成了简单句的情况也很多，如："我们冬天需要阳光，春天需要阳光，秋天需要阳光，夏天也需要阳光。"译成英语也成了简单句："We can never dispense with sunlight all the year round."句式转换还包括句子与句子成分之间的转换。

句式转换可能出于语感上的要求，有时陈述句与疑问句之间的转换可以使译语在语感上更加自然，对语境更适应，反之亦然。如下例是一连串的疑问句，在汉语译文中，可以将后几问转换为陈述句，以获得较佳可读性：

"Why didn't you dare it before?" he asked harshly, "When I hadn't a job? When I was starving? When I was just as I am now as a man, as an artist, the same Martin Eden?" (Jack London) 译句为："他气势逼人地问道：为什么你从前不敢冒这个险呢？那时我正好失业，忍饥挨饿，可同现在一样，一个堂堂正正的男子汉、艺术家，是同一个马丁•伊登！"惊叹句与疑问句之间也可以互相转换，以求得语感上的更加自然，如："You say 5000 dollars for this bubble car? It's daylight robbery!"可换成疑问句："这么一辆破车5000美元！这不是光天化日之下拦路抢劫吗？"

句式转换常牵涉到文体上的要求，不可不加以注意。上两例均属口语体，因此口语语感作用较明显。句式是语用化的意念和情态的表现形式。例如"Woman begins by resisting a man's advances and ends by blocking his retreat."（O.Wilde 的名句，意思是女人以抗拒男人的追求为开端，而以截断他的退路为结局。）原句为陈述句。根据同样的意念，有人曾经以语用化话语形式诙谐地将这句话改写为："Woman begins by shouting 'Don't! Stop!' to a man's advance and 'Don't stop!' to his retreat."（在面对男人的追求时，女人常大喊"给我站住！"在他退却时她又大喊"给我干下去！"）可见语用机制是句式转换的主要原因。

四、语态转换

语态转换在汉外互译中极为重要。这是因为，对比而言，汉语中的被动句处于显著的弱势。汉语被动句弱势的主要原因是：

（一）历时因素：汉语在历史上称被动式叙述句为"不幸语态"，表达"对主语而言是不如意或不企望的事，如受祸、受欺骗、受损害，或引起不利的后果"等等。[13]这种语境—语用功能方面的限制大大制约了被动句的使用范围，由此而产生的语感，影响极深。

（二）语用因素：汉语用以表达被动概念的手段很多，不限于一定要用"被"字句。例如"把"字句，用"把"字将受事者引出，使施事者仍处在主位。除此以外，汉语还有一些句式可以用来表示被动叙述，如"为……所……"式（如"茅屋为秋风所破"）、"是……的"（如"历史是人民创造的"）、"……的是……"（如"闻得今年盐政点的是林如海"，等于"林如海被点为盐政"）。这样就避开了语感上的特定因素。

（三）惯用法因素：原因来自约定俗成——施事格比较自然、直接，而不必拘泥于形式，如："这一章校对过了"，比"这一章被校对过了"自然得多；同理："铜壶擦好就收起来"，施事格直接、明了，不必用"被擦好""被收起来"。汉语受事格施事化倾向是汉语不重形式，而重内在逻辑的典型表现。

注意以下句子的语态转换。

（i）I must have been cheated again.

我准是又上当了。（被动转换为主动）

（ii）中国的规矩是向上级介绍下级。

A Chinese rule is that the inferior is introduced to the superior.（主动转换为被动）

五、时态转换

汉语以时态助词（着、了、过）以及时间副词或以添加词语来表示时态，总之是以词汇手段表示时体范畴。汉语思维中时间模糊度很大，似乎一切均在不言之中，汉语民族心理的时间默契感很强，一般情况下并不造成交际障碍。

（i）I was a modest, good-humoured boy; it is Oxford that has made me insufferable.（Beerbohm）

我本来是一个谦虚谨慎、人见人爱的孩子，是牛津大学将我弄得这么人见人嫌。

（译成汉语后，三个动词的时间模糊度很大。）

（ii）胜利虽已在握，但观众还在大喊加油。

Even when victory was no longer at issue the crowd kept yelling "Pour it on!"（一般过去⇨过去进行）

六、语气转换

如上所述，汉语不注重形态。语气范畴在汉语中是隐含的，但：（1）也可以以词语形式加以表述；（2）在很多情况下，英语的假设语气范畴均被转换成直陈式；（3）通常伴随时态转换，如：

（i）She might have been pretty once, but now she was stout and her hair was untidy.（R. Zacks）

她过去也许很漂亮，但现在已经发胖了，而且头发也很乱。（以词汇手段表达虚拟）

（ii）如果我是你，我是不会再容忍下去的；你对他真是再好不过了。（直陈式假设分句、直陈式主谓句）

If I were you, I would never have kept my trap any longer. You could not be better to him.（虚拟，伴随时态转换）

七、名词及代词数的转换

在泛指时汉语倾向于用复数，名词、代词皆然，而英语则常用单数。如下句："Here's to woman! Would that we could fall into her arms without falling into her hands."（英国作家 J. Bierce 的一句俏皮话），宜将单数转为复数，"这一杯敬我们的妇女们！但愿我们只是投进她们的怀抱，而不是落入她们的手中"。英语常以单数作概指、泛指,而汉语似常相反。

9.3.4 转移(Transposing)

转移一般受双语表达法机制的制约,也反映语感机制的句法优化作用。

一、否定部位转移

将否定放在句中哪一个部位上,双语在大体相同之外,还可能各有不同之处。常见的情况是否定置于动词前与否定置于形容词或名词前的转移:

(i) All grapes are not sweet.
并不是所有的葡萄都是甜的。
(ii) 我认为自己并不漂亮。
I don't think I am pretty.

当然,汉语也可以否定动词:"我并不认为自己就是一个美人",这时双语可以实现同步:
I don't set up myself for a beauty.
但一般说来,汉语倾向于否定判断词"是":

(i) The gardener's life, as a rule, is not all cakes and flowers.
一般说来,种花人的一生也并不是四季如花。
(ii) Gardens are not made by singing "Oh, how beautiful" and sitting in the shade. (R. Kipling)

这是英国作家吉卜林的名句,汉译否定判断词仍是"是":

花园并不是为了哼哼曲子而建造的优哉游哉的庇荫之地。

汉英互译中动词否定式与名词否定式之间的转移似乎是最常见的:英

语通常否定名词，汉语倾向于否定动词。如：

（i）Who loves not women, wine and song remains a fool his whole life.（M. Luther）

不爱女人、美酒和音乐的人只好一辈子当傻瓜了。

（ii）I have no hesitation to agree that I am an agnostic; I do not pretend to know what many ignorant men are sure of.

我毫不犹豫地承认我是一个不可知论者；我决不佯装我懂得许多无知者自以为懂得的东西。

二、主语转移

双语转换中常需转移主语以利行文：

（i）天才的百分之一是灵感，百分之九十九是汗水。

Genius is one percent inspiration and ninety-nine percent perspiration.

（ii）作者掌握了该学科的基本理论，这一点是没有问题的。

The author's grasp of the rudiments of the theory of the subject is unquestionable.

汉语句短，语流呈板块型扩展式。这时转移主语，择善而从，可以举纲张目，加强句子的组织性。这一点对汉译外至关重要。如：

（iii）如今，做个大丈夫也有他的难处。譬如吵嘴，你就是有理，却也只能装着无理，拱手告降。

One of the embarrassments of being a good husband today is that you are not permitted to defend yourself in a quarrel and have to go down on your knees pretending that you are not on the right side.

三、重心转移

双语转换中句首重心与句尾重心往往不需要转换。比如，当英语说

"Figures don't lie."时,重心似乎在"don't lie",译成汉语"数字是不会撒谎的",重心也是判断语"不会撒谎",因为汉语的判断句中判断词后是重心。但是,英语句子"Extremes meet, as the whiting said with its tail in its mouth."(Thomas Hood)的汉译则是"正像鳕鱼把自己的尾巴塞进嘴里时说的,这叫作'两极相通'",重心由句首转移到了句尾。

英语以"be"为联系动词的句子汉译时表语很可能要与主语作位置转移,这时也常常带来重心的微差。比如:"To do each day two things one dislikes is a percept I have followed scrupulously: everyday I have got up and I have gone to bed."(S. Maugham)"我有一条恪守不移的成规:每天做两件我最不乐意做的事:起身和上床"。另外例如:"Cooking is not like life. If you get a bad meal, you don't have to eat it."汉译的重心转移了:"生活可不像做菜:一个菜没有烧好,你可以不吃。"

9.3.5　还原(Restituting)

"还原"就是淡化原语的色彩,其中包括各种无法在目的语中找到对应体的文化信息、形象比喻、典故等等。毫无疑问,"还原"也是一种克服语言障碍的应变对策,不是一种理想的意义转移手段。在无法逾越的文化或表达法障碍前采取白描法虽则差强人意,似比"硬译"略胜一筹。"淡化"多属以下情况:

(一)比喻　形象比喻与目的语无法取得对应或平行转换,只能以白描替代。例如英国的警察巡逻车俗称 panda car,译成"熊猫车"就无法理解。汉语的"来龙去脉",只能淡化为"the whole story""from the beginning to the end"或"the clue to something"。

(二)典故　典故往往有悠久的民族文化渊源,很难为非本族语读者所知晓或理解,在上下文中又不宜拖泥带水地解释,只好"淡化",译其本意。例如"夜郎自大"(vulgar arrogance)、"沉鱼落雁之美"(surpassing beauty)、Panglossian(乐天知命者,典出伏尔泰笔下的人物 Dr. Pangloss,此人的特点是乐天知命)。典故还包括很多由文化历史事件产生的词语,如"Waterloo"(惨败),"完璧归赵"(return sth. to sb. in good condition)等等。

（三）幽默、谐谑语　幽默语意味深长，翻译时很难译出幽默味来。因为幽默情味往往源于民族习俗或心理意识倾向以及审美情趣。比如汉语的许多歇后语是十分幽默的，如"哑巴吃黄连，有苦难言"（unspoken bitterness）。美语中"only-the-facts-ma'am tone"说的是美国广播节目中有个警察在盘问女人时常说"We're only after the facts, ma'am."此语只能"白描"译为"以一种照章办事的口吻"。

（四）语言文字结构性修辞立意常常无法转换其特殊情味　下句中的幽默感产生于词语呼应（kill与victim："杀 ⇨ 被杀者"相呼应）："When a woman dresses to kill, the victim is apt to be time."（当女人梳妆打扮的时候，时间就成了她的牺牲品了。）汉语译不出"呼应"来，因而译句索然无味。汉语中有一种回文式对联或短句，顺读、倒念都是一个意思："雾锁山头山锁雾，天连水尾水连天"（Fog hangs over the mountain and the sky ends in the waters.），译成英语后情味尽失。

9.3.6　阐释或注释（Interpretating）

阐释（解释）就是在双语转换中用目的语给原语中的可译性"障碍点"作注释，以利读者理解。这是重要的功能代偿手段，阐释通常适用于以下情况：

（一）整个"障碍点"必须隐去，只加以解释，译其大意。例如："小弟献丑，真是班门弄斧了"（《儒林外史》），英译时只好将成语整个隐去，但留其意："I'm ashamed to display my incompetence before an expert like yourself."

（二）并不隐去"障碍点"，而是在文中加以保留，并以各种手段加以阐释，例如："Today, except for rare occasions, nobody still sticks to Roman striking, not even in the homeland of the Roman Empire."一句，可以译为"今天，除了极个别场合外，没有人再坚持使用'罗马式鸣钟法'（18世纪以前的一种报时法，用高低两种响铃：高音铃一响表示1点，两响表示2点，等等；低音铃一响表示5点，两响表示10点）。即便是在罗马帝国的诞生之地，也不再坚持这种旧式的报时法"。

(三) 以音译保留 "障碍点",再加以类属性解释,叫做范畴词。如拖拉机、巧克力糖、探戈舞、金鸡纳霜(cinchona)等等。汉语比较重视语言符号的 "意化",范畴词是意化符号。

(四) 与汉语重语言符号 "意化" 有关的是,汉语倾向于将暗含的语义明确地以词汇意义表达出来。如:"I have never let my schooling interfere with my education."(Mark Twain)。此处 schooling 与 education 有语义微差,这时宜明确译出:"我从来不让学校教育干扰我的自我教育"。句子的暗含义有时也宜明示,例如:"Epitaph: a belated advertisement for a line of good that has permanently discontinued."(Cobb) 可译为 "墓志铭只不过是为断档的商品而作的过时的广告罢了。" 有时阐释是为了解决冲突式转换,如下句中 "uncross one's legs" 无法译出:"She then uncrossed her legs." 只能阐释译为 "于是她把交叉搁着的腿放平"。

9.3.7 融合(或糅合 Blending)及缀合(Combining)

融合既是一种译句法,又是一种译词法,宜用于汉译英时译句,英译汉时译词。汉语语句短小,常出现叠床架屋、神聚形散的板块流,此时融合句意很有必要。如 "兵临城下,将至壕边,岂可束手待毙?"(《三国演义》) 可融合(缀合)成一整句 "Shall we fold our arms and wait to be slain when the enemy is already at the city gates?" 翻译中善于掌握句意的融合是保证目的语可读性的关键。如 "都这么你干你的,他干他的,爱来不来,爱干不干,那怎么行呢?" 这种松散语段必须融合句意,紧缩组织,可译成 "How can we get it done if you people all muddle along like this?" 句子组织上的融合、紧缩及连缀在于选择目的语中最适当的句型;所以,实际上这也是一种句型转换。英语书面语忌流散(looseness),支离(choppiness),讲求紧凑严谨(impactness)。我们应在适当顾及原作风格的同时善作调整、调节。

词义融合常属于英译汉中的译词手段,就是将若干词的意思加以融汇、综合、归纳或浓缩。汉语合成词由语素合成,有相当大的灵活性,宜于用在词义的连缀、融合上。比如以下词语均可连缀,将意义融合于一:sympathetic love(怜爱), vicious and treacherous(奸诈), stupid/

blind faithfulness（愚忠），an insufferably disobedient boy（顽童），(his) powerful and resultful action(魄力), deep-rooted but unreasonable love(痴情), 等等。词义融合也就是词义提炼问题, 即汉语中所谓"炼字"; 当然, 汉译英中也可以运用相似的炼词法。

9.3.8 引申（Extending）

引申是一种译词法, 即在双语转换中将原语的词义加以延伸。这种延伸分两类：一类是从一般或抽象（原语）到特定或具体（译语）的延伸, 另一类是从特定或具体（原语）到一般或抽象（译语）的延伸。延伸的基本作用机制通常是出于与目的语搭配或表达习惯吻合, 也可能是出于适应语境的需要。

一、第一类引申：SL 一般/抽象 ⇨ TL 特定/具体

（i）narratives（叙述）⇨ 故事
Fictitious narratives are sometimes put into the first person for greater vividness.
虚构的故事有时用第一人称, 为的是使叙述更为生动。
（ii）as you are/as you were（是什么样的）⇨ 穿什么衣
This is informal; you can come as you are or as you were.
这是非正式的会见, 你可以穿你现在穿的衣服, 也可以穿昨天穿的衣服。

二、第二类引申：SL 特定/具体 ⇨ TL 一般/抽象

（i）家常便饭 ⇨ daily occurrence
打架斗殴成了这伙人的家常便饭。
Scuffles and clashes became a matter of daily occurrence for these gangsters.

(ii) 五脏六腑 ⇨ all over

她感到浑身发怵，五脏六腑像被什么扯着似的阵阵作痛。

Her whole body got shitty while stabbing pains went all over her.

毫无疑问，引申的结果是译文的优势得以发挥。引申可以使目的语行文越过很多可译性障碍，化梗阻（grittiness）为通顺。从这一点上说，消极的变通也可以起到积极的效果。这是我们必须掌握的方法论的辩证法。

9.3.9 反转（复位 Reversing）

反转的基本作用机制是语序规范以及词句的习惯表达法，也常常牵涉到语感思维方式、思维特征和思维风格。汉语通常先叙述较大的范围（国、省、县）、较重的分量、较远的距离、较长的时间（年、月、日）等等。在时空观上大体遵循逆序法。英语在时空观上大体遵循顺序法。

当然，例外也是很多的。人类思维的参照系是一个极为复杂的交错式多层框架。

反转多用于句法上的变通。如：

(i) Misery follows war. （末端重心）

战争导致苦难。（"战争"比"苦难"严重，句首重心）

(ii) The sins of the fathers are visited upon the children.

子孙不肖，乃父母不贤。

（表达法差异：汉语此处不用被动式）

(iii) A fluent tongue is the only thing a mother doesn't like her daughter to resemble her. (R. Sheridan)

母亲不愿女儿继承的唯一一件东西就是自己的油嘴滑舌。（末端重心）

(iv) I was greatly provoked by his impudence.

（以上二句为表达法差异）

他言行鲁莽，使我非常气愤。

（v）Sympathy is welcome to the unfortunate.

不幸者容易博得同情。

汉外互译中词语之间的反转极为多见，这是由于汉语的定语修饰语取前置式，构成偏正结构。这时的反转大抵只是一个语言结构问题，不牵涉到形式意义，我们要更加关注的是涉及形式意义的反转。

9.3.10 替代（Substituting）

"替代"也可以称为"变换"，从词法上说是易词而译，即词语的概念并没有变但变换了一两个词，越过可译性"障碍点"，化梗阻为通顺。⑭从句法上说是易句而译，即变换一句译语，透过原句表层，抓住语义结构以不同的句子译同一个意义的原句。替代是非常有效的可读性优选法，也是重要的功能代偿手段。

一、易词而译
（一）转义性易词而译

（i）Nobody is as sophisticated as a boy of nineteen who is just recovering from a baby grand passion. （H. Rowland）

原句中 sophisticated 的意思是"老于世故的""非自然状态的"，此处必须易词而译；同样"baby grand passion"的意思是"大幼儿情操"，也须变换：

没有比十九岁的少男更矫揉造作的了，他刚刚脱掉黄毛稚气就自命为七尺男儿。

易词而译不同于"引申"，后者没有离开本义。易词而译常常与语境（原语及目的语）有关，牵涉到语境对语义的调节机制，因此意义多少有别。例如：

(ii) 我虽无受过大荣华富贵,比你们是强的。(《红楼梦》)

"荣华富贵"的原意指"禄位显达",但后者不符合凤姐身份,因此可按语境调整变换:

I never lived in real luxury and style, yet as a girl I was better of than you.

(二)修辞性易词而译

在很多情况下,易词而译的目的是为了避免重复。比较而言,汉语倾向于重复而英语则忌重复。因此,易词而译在汉译英中是一种必要的回避手法。例如:

(iii) 打闹里,那大王扒出房门,奔到门前摸着马,往树上折枝柳条,托地跳在马背上,把柳条便打那马,却跑不去。(《水浒传》)

In the excitement, the chieftain crawled out of the room, ran to the front gate and groped his way to an unsaddled horse. He broke a branch from a willow, leapt on the *animal's* back and flailed it with his improvised whip. The *beast* didn't move.

原句中的"马"数易其词 horse, animal, beast。这种易词在英语中是必要的。应当注意的是所易的词语必须与原词的所指一致,否则即可能造成误解。

更多的修辞性易词而译是为了与成语求切。善用成语可以使行文笔底生斓,但必须注意求切,不能"过头"。与成语求切是有效的替代译词法。如下例:

(iv) In heaven an angel is *nobody* in particular. (G. Shaw)
在天堂里,天使们也是芸芸众生。

二、易句而译

"易句而译"往往牵涉到原语的表达法可译性限度:如果按原意转换

势必造成语意晦涩。这是意义上的也是结构上的易句而译。这时往往是用"言外意义"(locutionary meaning)替代了"言内意义"(illocutionary meaning)。例如：

(i) You have given yourself the trouble to be born. (C. de Beaumarchais)
原意：你给了自己还没有出生的麻烦。
易句：你这是杞人忧天。
(ii) I'm afraid you have the advantage of me.
原意：恐怕你比我强。
易句：很抱歉，我真想不起您是哪一位了。

以上两句的原意译句都没有脱离原语表层结构的约束，我们称为表层翻译。表层翻译的特点是"斤斤于字比句次"（严复），基本上没有突破原语的表层结构框架，因此语义结构也是依样画葫芦，不可能不造成语义晦涩。获得深层翻译的基本手段是突破原语的结构框架，抓住基于言外行为（话虽那么说）的言内之意（实则意如斯），易句而译。

9.3.11　拆离 (Splitting)

"拆离"是处理词语联立关系僵滞、梗阻的有效手段。所谓"拆离"就是将原语中的"障碍点"（特定搭配，大都是副词或形容词）拆离原句的词语联立关系，另行处理，一般是放在全句之首或全句之尾。
拆离用于以下情况：
（一）如按原语语序在目的语中作同步对应转换，则"障碍点"在目的语中势必形成行文上的梗阻。如：

(i) Powerful words can drive men to madness. They may inspire them, *schizophrenically*, to acts of self-sacrifice.

问题在 schizophrenically（如同得了精神分裂症似地），必须拆出原句，另行处理：

> 激昂慷慨的词令可以使人听了发狂；也可以使人行动起来，连命都不要，就像得了精神分裂症。

(ii) Every British motorist will tell you that radar is used *most unfairly* by the police to catch drivers who are accidentally going a little faster than the speed limit. (R. Lewis)

问题在 most unfairly，必须拆至句尾：

> 每一个驾驶汽车的英国人都会告诉你，警察用雷达来抓那些只是偶尔稍微超速行驶的驾车人，<u>这种做法很不公平</u>。

（二）原语有词类转换，因此引起伴随的变通。这时最好的办法是拆出原搭配，另做处理，否则即可能形成行文梗阻，如：

He had sound feeling that idiom was the backbone of a language and he was all for the racy phrase. (S. Maugham)

问题在 sound 后的 feeling 可转换为动词。当然可以将 sound 作伴随转换，但势必引起行文上的累赘，不如拆离：

> 他认为口语是语言的支柱，因此极力主张用生动活泼的短语。<u>这种看法很有道理</u>。

（三）原语"障碍点"本身有必要作意义阐释，如作同步转换即可能形成累赘，不如拆离，如：

(i) Of course the *ambivalent* critics are right when they say that they only have been peering at him through a haze of illusion.

问题在 ambivalent 本身需要阐释，而修饰语又不宜太长，只好拆离：

当然，他的批评者说得对，他们只是透过一层幻觉的迷雾来看他。尽管批评者们说这番话时<u>心情不无矛盾</u>。

（ii）I walk back into dismantled apartment. It stinks of departure.（J. Baldwin）

问题在 dismantled 需要解释：

我回到公寓，<u>家具都已收拾一空</u>，到处弥漫着离情别绪。

（iii）He wore his full-dress uniform, with the heavily braided white cap pulled down rakishly over one cold gray eye.

问题在 cold 后面还有 gray 不好措辞，不如拆出来另以短句译之：

他穿了一套军服，镶有粗缀带的白帽漫不经心地斜压在淡灰色的眼睛上，<u>眼神冷漠</u>。

9.3.12　增补（Adding）、省略（Omitting）与重复（Repeating）

增补、省略与重复是翻译中仅次于分切的最重要的变通手段，主要用在句法调整中；具有语义补充（或省略）、修辞达意、文体着色、语言结构优化以及加强交际效果等等积极作用，是一种全功能句法变通手段，其基本作用机制也是多方面的（见第七章），最重要的是：双语的思维方式、特征及语言文字结构差异、习惯表达法差异和语感问题。翻译中一词之增删（或重复），大抵不是可有可无，究其根源，几乎莫不与基本作用机制有关。

增补、省略与重复的基本规范是：
（1）有助于意义的全面转换；
（2）有助于语言结构的适度优化，所谓"适度"指与原语的灵活对应；
（3）有助于适度提高目的语的可读性，所谓"适度"，亦如上述；

（4）有助于与接受者的交感及接受者的审美参与。

以上四项基本规范是语际转换中掌握好增补、省略与重复的最重要的原则，同时也是实际效果的检验标准。很显然，以上四项原则及标准是相辅相成，互相制约的。

增补（参照用于省略及重复）有以下几点：

（一）概念性增补　这时的增补必须严格恪守以上四项原则，善作审慎的判断：我们的方法论是描写性的，不能规定要增补些什么。在增补概念性词语时，必须密切关注目的语的"现实的语言陈述方法"（Sapir, 1922；相似的观点亦见于 Palmer, 1965）。

(i) Caricature is the tribute that mediocrity pays to genius. (O. Wilde)
<u>笨拙的</u>模仿是庸才讨好天才的赞歌。

(ii) Where all think alike, no one thinks very much. （W. Lippman）
既然人人的想法如出一辙，那么大家也都<u>懒得</u>多想。

(iii) I wanted to be a man, and a man I am. (J. Herford)
我立志做一个<u>真正</u>的男人；我现在终于成了一个<u>真正</u>的男人。

(iv) 这个小冤家难道不是你嫡血？你却和盘托出都把与大儿子了，教我母子两口异日把什么过活？（《今古奇观》）

Isn't this poor child your *own* flesh and blood? Why should you *disown him* and give everything to your elder son? What do we live on in future?

可见概念性增补词指非增添不足以充分表达或阐释原意的实意词。另如：party liner ⇨ 坚决贯彻党的路线的人；worry lines ⇨ 因焦虑而深陷的皱纹；苗头 ⇨ symptoms of a bad trend；襟怀 ⇨ *ample and simple* bosom，等等。

（二）结构性增补词　这时的增补，都与语言文字结构及形态有关，包括：

① 语法（形态）结构词、虚词；
② 在原语结构中省略的词（即完形增补词）；
③ 搭配上的接应词，结构上宜重复的词语；

（三）逻辑性增补词　这时的增补，都与行文的逻辑叙述有关，包括：

④ 意合转为形态对应时增补的成分即逻辑意念上的承接、转折或呼应词；

（四）修辞性增补词　这时的增补，意在修饰行文，包括：

⑤ 成语性修饰词（与成语求切）；

⑥ 助词语气补充词及情态补足词（吗？呢？所谓、而已、罢了、诚然，等等，表示在原语中暗含情态的词语）。

（五）背景性增补词　这时的增补，属于阐释，大抵与行文信息转换有关。前面已有很多章节谈过这一点，此处从略。

现举例如下，译句中圆圈里的数字，即以上项目（1—6）的编号：

（i）又见曹军浸山塞野，截住了去路。(《三国演义》)

However ④ he ② found the ① whole area full of the ① enemy soldiers and ④ he ② could ① not get through.

（ii）有这会子着急，天天写写念念，有多少完不了的？(《红楼梦》)

If ④ you'd ②, ① done ③ some reading and ④ writing every day, you'd ②, ① have ① finished all that's expected（概念性增补）and ④ wouldn't ① feel so frantic.

（iii）Human intelligence — it is millions of years old, but it never seems to act its age.

人类的智力④虽①然②已有几百万年的历史（"易词而译"），但④人类②似乎从不按③自己的智力②年龄办事。

（iv）I express many absurd opinions, but I am not the first man to do it. American freedom consists largely in talking nonsense. (E. Howe)

我诚然⑥发表了①不少谬论，但我并不是第一个长于此道⑤的人——美国的所谓⑥自由，就④大抵包含在胡说八道之中。

9.3.13　重构（Recasting）；改写（Rewriting）

"重构"（"改写"）是解决语序及表达层次障碍的最彻底的变通手段，也是保证目的语可读性的最佳代偿手段之一，显然最便于发挥译文的优势。重构（改写）的功能代偿着眼于补救与原语实现行文对应导致的"效果丧失"（effect loss）。行文重组要求较高的技能和技巧水平，要求译者对整个

长句或语段作严谨的分析、综合,然后统揽全局作符合译语表现法的语句、语段安排。初学者最好不要贸然下笔。例如:

> Learning is, in too many cases, but a foll to common sense, a substitute for true knowledge. Books are less often made use of as spectacles to look at nature with, than as blinds to keep out its strong light and shifting scenery from weak eyes and indolent disposition. (W. Hazlitt)
> 书本理应是人们观察自然的透镜,却常常被视力不佳和生性懒惰的人用来遮光护眼,好使他们对自然的光芒和变幻的景色视而不见。那种把学识当作常识的陪衬,以一知半解代替真知的人真是太多了。

"改写"是出于交流目的和效果的一种变通性考量,不应成为"避难就易"和"不求甚解"的借口。动辄改写是一个态度问题、作风问题,不是什么理论问题。解决"难懂"和"难译"的关键不在理论,而在诚实的努力、在毅力。西方有人鼓吹与翻译无关的"改写",我们不要盲目附和。

9.3.14 移植(Transplanting)

"移植"就是词语借用(borrowing)。移植分为两种,一种是直接移植,多发生在文字系统相同的语言之间,如英语与法语之间的词语借用,很多都是直接采用原词,有些词连同发音,不加任何改变地移植到译语中;有些已改变了发音,但从词源上说,仍然属于借用。另一种移植就是音译(transliteration),多发生在文字系统大不相同,无法直接移植的语言之间,如汉语与英语之间的词语借用。词语移植是解决无对应的冲突式转换的有效方法,但一般会出现一个理解问题,有时会导致文化隔膜。汉语的语言传统是"因形见义",文字符号承载视觉—语义信息,因此不宜不顾社会接受力简单地采用音译。这时,解决矛盾的折中办法是从"因形见义"考虑,采取音兼义译,即在音译词后加上一个类属性或描写性范畴词,如"密西西比河""高尔夫球""爵士乐""探戈舞",等等。但社会接受力是发展的,凡是语言接触多的地方(如香港,汉英双语接触很多),音译也就比较普遍,也常常不加范畴词。

9.3.15 音译（Transliterating）

"音译"是以 TL 音译 SL 义，因此是极便捷的功能代偿手段。理想的情况是音义兼顾，如 gene 之译为"基因"。完全音译的典型例子是 logic 之译为"逻辑"。单译加汉语范畴词是一种混合代偿方式，如 tractor 之译为"拖拉机"，Guam 之译为"关岛"等等。从这里也可以看到代偿策略的灵活性。

下面以图表形式将对应与代偿作一小结。

表 9-2　关于对应·西方对策论核心思想

对应	基本特征	优越性	局限性	分项
Equivalence/Correspondence	基本上是结构主义的： ⓐ Equal in amount, value and meaning ⓑ Identical in effect	ⓐ可以获得大体相当的双语对应式 ⓑ可以获得大体等同的转换效果	ⓐ双语间能获得对应的空间仍属有限 ⓑ不能涵盖代偿 ⓒ译者操控自由度很有限	ⓐ完全对应 ⓑ不完全对应 ⓒ无对应

表 9-3　关于代偿（功能代偿）：中国对策论核心思想

代偿	基本特征	优越性	局限性	分项
Redressing/Compensation	基本上是功能主义的： ⓐ *Compensation for wrong or loss* ⓑ *Means of putting right what is likely to lose* ⓒ *Reparation or anything remedial*	ⓐ范围很广，可以涵盖从对应到无对应 ⓑ可以尽最大可能化解由于双语之间的差异而引起的可译性障碍而无损于交流效果 ⓒ译者的操控自由度很大	ⓐ掌握上易出偏差，掌握不好，易于引起意义丧失（内容的失真） ⓑ可能使译者养成避难就易的习惯	ⓐ词汇化（lexicalization） ⓑ解释（interpretation） ⓒ替代 ⓓ融合 ⓔ重构（改写） ⓕ移植（借用）：以借代译 ⓖ各式音译：以音代译（义）

9.4 翻译的译文操控论

翻译中的一切方法、技巧都必然最后落实在如何操控译文这一点上：恰如江上行舟者靠的是手中一把桨。我们既要注重局部表现之贴切得体，又要悉心顾及行文整体之收放自如。

毫无疑问操控译文而能得心应手，必须具备以下条件：

（1）透彻领悟了原文的深层意蕴；（2）彻底理清了原文的行文脉络；（3）意念表述能精于虚实得体；（4）遣词设句能做到增删相宜。以上四项第（1）、第（2）着眼于对原文的理解，第（3）、第（4）着眼于对译文的运筹。这四项大体相当于斯坦纳（G. Steiner, 1975）的释义学程序论要旨：Trust（信任），Aggression（侵入），Import（吸收）与 Restitution（补偿）。

9.4.1 译文操控的基本指引

译文操控取向是一种价值取向，呈现出某种侧重、某种倾向：

（一）交流效果取向 以交流效果为操控译文的基本考量，取代传统的"sense-for-sense"（意义对意义）论。但当代西方的交流效果取向走得更远，极端的交流效果论者只顾译文"流利"，实际上已将意义边缘化了。

（二）概念模仿取向 "概念"指"意义"，"模仿"指语法"形式"，接近传统的"word-for-word"（词对词）论。西方现在仍然有不少人持此论，尤其是在法律公文及政府文书中多照此办理（如在欧盟机构及欧洲的多语流通区）。

（三）混成兼容取向 混成兼容（admixture）的取向兼顾了达意、适体、形式模仿等等翻译的多重传播功能，不失为可取的一种操控原则（功能原则），也符合中国重调和的翻译思想。需要注意的是在操控中要注意文风的基本统一性，即所谓"混成"应提升为"浑成"（浑然一体）。

（四）原创改写取向 "原创性改写"（creative rephrase, recast）是一种非常进取的做法，任何译者都不应该拒不考虑它的优长。翻译偏离了交流效果，也就谈不上它的价值。但在实际操控中一定要注意不要将原文意义边缘化，甚至在改写后完全"言不及义"（原意）。"改写"不是避难就易的防空洞和避难所。原创改写不是任意改写，妙手为之，殊非易事。

9.4.2　译文操控的关键："良性互动"

译文操控是非常重要的表现法对策论课题，很值得研究，因为在如何操控译文上常常出现走极端和一概而论的观点。语言的功能是多重的，翻译传播也一样。因此，关键问题是主客体的良性互动，包括以下具体内涵：（1）关注文本的"体"：指"量体裁衣"，文艺文体与非文艺文体有别，文艺文体中又各有特色；（2）关注文本的"境"，指"文贵适境"，即对接受因素（包括接受者、接受情景、文风时尚等）的考量。（3）关注文本的"旨"，主要指译文传播的目的性与对象。语言交流的情况很复杂，不容简单化。"操控"也不是什么"单边"行为，主客体（原作者与译者、译者与受众）的**良性互动**是成功的操控的关键。所谓"良性"，指主客体之间应该是一种"伙伴关系"（partnership），译者不能光凭一己之念"操控"一切：即仅凭一己之念——"你怎么写，我就怎么译"或"我来传播，你来读"，这样是绝对没有效果的。(4)要达致良性互动译者的语言功力也是成败的关键：剑术欠佳者是谈不上"项庄舞剑"的，这就是我国大诗人屈原所说的"和调度以自娱"（《楚辞·离骚》），意思是一定要自己善于调节行文。这一点，西方文论和当代传播学也非常重视。美国传播界有一句朗朗上口的名言："He says, she says, mind diffrences in discourse."（G. Goshgsarian, *Exploring Language*, 10th ed., Pearson, NY, 2004）（公说公的，婆说婆的，你得留点意，他（她）怎么说的），这里说的就是"良性互动"。

9.5　结语

本书作为当代翻译理论的引论，不可能详尽地描写翻译的方法，特别是翻译技巧。实际上，方法论是一个开放系统，要"穷尽其法""穷尽其巧"也是不可能的，一切有待于译者入门以后的自我探索。翻译方法论属于表现论,表现论中还有一个领域就是对策论,对策论具有较高的理论指引性,包括可译性研究、程序研究、功能代偿研究以及译文操控理论等等,本书采取了打散分述的策略,已如前述。表现论、对策论、方法论三者的关系如图9—3。

方法是完成传播目的的手段,有人说我们努力研究方法论是"只懂术",这显然是一种误解。笛卡儿说有一个崇高的目的就应有一打适用的方法和对策供选择。中国人的观点是"文(手段)以载道(道理、理论)"。宋代朱熹说"文与道两得而一以贯之,否则亦将两失之"(《朱文公文集》,卷三十)。我们要看到这个辩证关系。

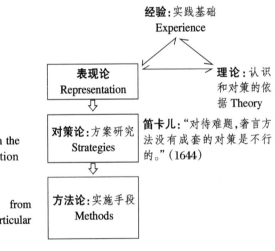

图 9—3

〔注释〕

①在西方翻译理论中,基本理论研究和应用理论研究是不分的,这样做的缺点是很容易忽视基本理论研究的系统性、全面性及理论深度,因为翻译的实践性很强,传统上又很重视应用理论探讨。此外,西方翻译理论倾向于将方法与技巧混为一谈,因而也易于忽视基本方法的系统研究及作用机制剖析。

②对策性是翻译方法论的基本原则或可行性指引。奈达在其近作中针对希伯

来语与英语之间的转换提出如下修辞手段：wholeness（整体感），aesthetic appeal（美感），impact（强度），appropriateness（适体），coherence（贯通），cohesion（接应），focus（集中），emphasis（强调），repetition（重复），compactness（凝练），connectives（连接），rhythm（节奏），shifts in expectancy（变换），similarities（类似），以及 contrasts（对比），共十四项。前八项奈达称为"修辞意义"；后六项为"修辞手段"。修辞意义实则为修辞目的或立意。引自奈达与让·瓦德（Jan de Waard）合著 *From One Language to Another*。

③汉语重质有深远的历史传统，如《淮南子·本经训》中就说："必有其质，乃为之文。"刘勰《文心雕龙·情采》中说："夫水性虚而沦漪洁，本质实而花萼振：文附质也。"中国古典文论中的"质"有双重概念：作为实体概念（名词）是指事物的本质或内容；作为属性概念是指艺术上重内容的风格、体貌。

④这里所说的个人经验，包括著名的翻译家个人的翻译"套路"。例如中国历史上的翻译名家玄奘提出的"五不翻"就与他所处的具体历史条件有关。玄奘翻译的是古梵语经书，译作也都是供僧侣朗诵的经文。严复提出"信达雅"，用先秦笔韵翻译，也是出于当时的文风时尚的需要。林纾的翻译"套路"带有极鲜明的个人色彩，是历史的产物。

⑤我们可以回顾一下中国的近代翻译史。中国新文化运动时期汉语的表达力是有限的，针对这种情况，瞿秋白曾经写道："中国言语不精密，所以要使它更加精密；中国言语不清楚，所以要使它更加清楚；中国言语不丰富，所以要使它更加丰富。我们在翻译的时候，输入新的表现法，目的就在于要使中国现代文更加精密、清楚和丰富"。经过半个多世纪的努力，我们可以说，现代汉语的表达力已经大大丰富和提高了，其原因当然是多方面的，社会发展是主因。语言接触也是促使汉语发展的重要的外部条件。

⑥参见刘宓庆著《论对应》一文，载香港中文大学《中国语文通讯》，1991年3月，第十三期。

⑦"完全对应"与"最佳对应"是两个相关的概念，后者是在作对应值等差分析时表示一级对应的理想总值。

⑧抽样语料是《联合国宪章》英、汉版本，共计约1000字（英）；《儒林外史》汉英版本，共计约1000字（汉）；《老残游记》汉英版本约1000字（汉）；《白宫岁月》英汉版本，共计约1000字（英）；《希氏内科学》英汉版本，约1000字（英）。圆括号内指原语。

⑨"分切"一般针对原语中未被标点符号分开的语句组合而言。原语句中已有的标点符号，大抵可以视为自然分切的标记。

⑩这是按视、听效果测试的结果。这个数据仅具有参考价值，因为受测试的人的文化水平及测试材料（文体）等都是可变因素，称为测试参数（testing parameters）。测试参数常常必须确定必要的 range（场界或范围）。

⑪参见王力著《中国现代语法》，商务印书馆 1985 年版，第 346—352 页。

⑫如在"窗朝南开"中的"朝"是介词，如要求将"朝"转换为动词，句子结构就必然要起变化"这扇窗朝南"。汉英转换时亦如此。如"the window facing south"中的 facing 是形容词，如转换为动词"the window faces south"，句法结构即发生变化，由词组变成了句子。

⑬见王力著《中国现代语法》，商务印书馆 1985 年版，第 88 页。

⑭中国很早就有这种写作理论，称"换骨法"，见释惠洪《冷斋夜话》卷一："不易其意而造其语，谓之'换骨法'"。

第十章 翻译的技能与技巧

10.0 概述：理论指导不可或缺

我国的俗话说"勤学苦练"，对翻译而言，"练"当然是指翻译实践，而"学"则是指学知识、学规律，也就包括学理论。翻译者要获得高水准的技能与技巧，关键在于有一种强烈的自我完善的意识，即力求以翻译理论(包括方法论)指导自己的翻译实践的自觉性，能够或力求以翻译理论的准绳（常表现为某种技能规范）自觉地指导或检验自己的译作及整个翻译过程。

从表面上看，翻译者有这种自觉性与没有这种自觉性似乎并无二致。历史上的译林高手也似乎并没有人宣称自己具有"技能意识"。但事实上，中外古今几乎没有一位杰出的翻译家不以某种技能水准、某种原则来指导自己的翻译实践，不如此，他们断乎不可能形成自己的章法或曰"套路"。许多成绩卓著、风格鲜明的翻译家其所以能斐然自成一家，固然是他们毕生锲而不舍、孜孜以求的结果，但从根本上来说，则是由于他们得其门而入，已经领悟到了翻译工作的奥秘，尽管他们中的许多人并没有将这种领悟付诸文字或以其他形式传授给他人。这就是说，他们孜孜以求，据以指导自己的翻译实践的某种技能规范或原则，即技能意识，已经"内在化"（immanentization），由必然转化成了自然；他们的所谓"套路"，已经不再是匠人式的"不分子丑寅卯，全凭手下功夫"，而是某种自觉的行为准则，所谓"已有成竹在胸"。

总之，翻译之有技能意识与没有技能意识不是没有差别，而是差别悬殊。这里有粗细、文野之分，有曲直、快慢之分，有低质、高质之分，有低效、高效之分。本章主要探讨翻译技能意识的培养，技能与技巧问题，翻译的理论教学问题等，而作为以上诸多问题的前提，我们将首先探讨一下翻译理论的指导意义，领悟了这个问题，则技能意识问题殆尽其半。

10.1 翻译理论的指导意义

翻译领域长期以来忽视理论指导的偏向在世界范围内都是一个常常引起争论的问题。这里往往牵涉到对翻译理论的评价和看法。我们在前几章中已经说过，翻译理论在传统上缺乏宏观的范畴研究，许多基本理论问题没有得出科学的界说；在微观上，对不同的翻译理论课题及其间的关系，也缺乏有深度的科学论证。传统翻译理论虽然有上千年的悠久历史，但其理论命题偏窄，译论大都是文艺或哲学大师们的"副业"，他们的精言宏论大抵不出书斋里的哲学—美学思辨。若玄奘之深入到较系统的方法论者，寥寥无几。

但是，我们不能不看到，20世纪50年代以来，现代科学有极大的进展，认知科学从20世纪80年代起发展显著，语言学进一步科学化，传播学建立了学科体系，文化历史研究开拓了可喜的视野等等，都在激励着翻译学加深和加强基础研究和整体性整合研究。翻译理论研究者在继承和发扬传统理论的同时，已广泛地扩展了研究范围、加深了研究深度。翻译理论工作者正在许多学科领域进行探索，为翻译理论的建设开拓途径和提供论据，不少行内人士都认识到了本学科基础研究的重要性、整体性整合研究的重要性，并在这个方向指引下力求推出科学的符合给定语种特征的翻译理论模式。似乎可以预言，现代翻译学可望于21世纪上半期大体成形。

就目前情况而论，翻译的基本理论虽然仍处在创建的雏形阶段，但它对翻译实践的指导意义已充分地显示了出来，并为教学的积极结果所证实。多年来，在中国与外国，我们可以听到不少这类的质疑：翻译是一种实践技能，学外语、从事翻译的人，研究翻译理论有什么用？他们不了解，实践技能要提高，必须建立技能意识，而翻译理论则是培养和发展技能意识的关键。概括说来，翻译理论具有的指导意义可以从以下几方面来分析。

一、从翻译理论的职能来分析

我们在本书的"绪论"中已经全面地阐述了翻译理论的职能，即认知职能、执行职能、校正职能与提升职能。翻译理论的这四项职能分别体现它的科学性、启蒙性、实践性与指导性。由于翻译理论体系具备从意识培养到行为实施的全程功能，因此，翻译理论学习是使翻译者建立技能意识的基本途径。很显然，翻译者通过理论学习力求通晓翻译艺术和翻译科学的客观规律，力求掌握翻译的方法论，功到之日，也就是他摆脱盲目摸索、踟蹰徘徊之时。可以说，激发技能意识是翻译者跨入翻译殿堂的第一步。在理论指导下投入自我完善的意识建立得越早，登堂入室之时就会来得越快，反之亦然。这也正是古人所谓"昏昏"与"昭昭"之间的差别。敏锐的技能意识是保证高质、高效翻译的基本因素之一。

二、从实践的需要来分析

众所周知，世界历史进入 20 世纪 60 年代以来，激发自然科学的进展提升了人类整体的认知水平。由于科学技术发展的结果，语际超文化的科学技术交流和人际活动的大大加强，促使语言接触达到前所未有的深度和广度。这一切要求语际转换具有更高的准确性与速度，具有对科技发展及人际活动更强的适应力。因此，可以断言，人类社会进步对整个翻译实践水平已提出越来越高的要求。翻译实践水平的提高，不能依靠增加"劳动强度"，只能依靠与自然科学和社会科学发展水平相适应的理论指导。

三、从教学的需要来分析

近几十年来外语教学的发展经历了曲折的道路。实践证明，外语教学的进步与语言理论特别是双语教学理论的研究是紧密相连的。可以断言，如果没有语言学研究从结构主义到功能学派的发展，双语教学是不可能达到今天的水平的。翻译教学也是这样。社会进步要求翻译实践在质量上达到更高的水平，而翻译实践水平的提高又依靠翻译教学的努力。翻译教学水平的提高，特别是着眼于提高学习者的全面翻译能力的教学对策研究。如果没有理论的指导，是绝不可能实现的。

四、从学习的规律来分析

根据现代语言学的研究，人的语言交际能力（communicative competence）包括四个方面：语言组合能力（grammatical competence），指按基本语法规范组织语句的能力；社会语言能力（sociolinguistic competence），指按社会情境调整语言，使之与社会功能相适应的能力；对答能力（discourse competence），指交谈中做出反应，表达意义的能力；应策能力（strategic competence），指在语言交际中遇到障碍时能采取对策，运用常规或变通的表达手段的能力。对翻译来说，技能训练的目的就在于培养和发展学习者在语际交流中以上四个方面的能力。可见，翻译技能训练是一项十分复杂的任务，没有理论指导是不行的。此外，现代语言学研究还表明[①]，成年人发展外语的能力（developing competence in a second language）依靠两个途径，一是"语言习得"（language acquisition），这是一个不自觉的、下意识的反复过程，被称为"自然领会"（natural learning）；另一个途径是"语言学习"（language learning），这是有意识的语言规则的学习过程。在这里，语言习得固然是第一性的，是基础，但语言学习也很重要，它们是相辅相成、互相促进的两个方面。因此，我们说翻译技能训练包括基础理论知识和基本技能训练两个方面，二者缺一不可。前者具有导向性，后者具有能动性。我们都知道，没有理论指导的实践是盲目的实践，翻译也不例外。固然，有些人没有学过翻译理论，长期摸索，也学会了翻译。但学与不学有高低之分、快慢之分。理论的导向功能可以使知识迅速转化为能力，并促进迁移，就是所谓"举一反三"。

10.2　翻译技能、技巧的获得和发展过程

翻译技能与技巧属于两个发展平面，因此它们的获得通常经历三个发展过程。

第一阶段：以基本认知为特征　人的认识一般起源于经验富集产生的认知，也就是我们常说的知识传授（教）和知识领悟（学）。我们经常强调实践的作用，所谓实践出真知，说明知识源于经验，知识富集的量变（积累）必然会达致质变（领悟）（comprehension），知识的这种启蒙催化过程也就是技能意识的萌发过程。

第二阶段：以转化为特征　翻译者在第一阶段的翻译实践中获得了必要的知识，对翻译艺术和翻译科学的规律有了一般的认识。但这时学到的知识都是外在的东西，人们对这些知识的认识一般也只是表面上的，认识有待于深化。而对翻译而言，认识深化的重要途径是通过再实践，即以学到的翻译理论知识作指导，从事有目的的"再翻译"活动，使外在的理论知识内在化，将第一阶段获得的对知识的领悟转化为对知识的掌握（acquisition），这一转化过程，也就是技能意识从萌发到发展、从基本认知到深化了的认知的过程。这个外在知识内在化过程体现了技能意识的能动机制，因此是我们培养技能意识的关键。

第三阶段：以熟巧为特征　翻译者在将第一阶段获得的对知识的领悟转化为对知识的掌握的过程中，也就是说，在将外在的知识内在化的过程中，技能意识从潜隐的自在状态，进入到能动的自为状态。这时，翻译者已能逐步做到自如地将学到的理论知识运用到实际的翻译活动中，能逐步做到自觉地用翻译的技能规范要求自己。这时，翻译者常自觉翻译得越来越得心应手，面对难词、长句不再感到束手无策而能迎刃而解。不仅如此，由于技能意识处于积极的能动状态，翻译者常能将自己的经验加以提升，以丰富自己对理论的理解，因而信心倍增。同时，信心又促使思维能力达到最佳活动状态。于是，翻译者往往感到自己笔力流畅、情思旷达，似乎开卷如见故人，读其文而洞悉其心意，交感自如，情怀与共，词语亦呼之即出。这一切标志着译者在技能意识的"驱动"下，翻译已进入熟巧阶段。这时，如果译者具有丰厚的语言功力和才力，做到力臻"化境"，也并不是难乎其难的。

10.3 技能与技巧

上文提到了巧熟问题。技巧是纯熟化、完善化了的技能。技能的纯熟化、完善化过程也就是技巧的形成过程。这个过程可以分解如下：

（一）精练、净化过程 指去用词之疏误、芜杂，除文句之诘屈、粗陋。汉语讲究炼词、炼句。唐代诗人皮日休倡导"百炼为字（词），千炼为句"。所谓"炼"，就是去芜杂、除粗陋。锤炼词、句的标准是准、精、美。比如译词，如何使用准确、精练、优美的词语，就体现译者的技巧；能译出来，则只能说是技能。译词通过准、精、美的锤炼达到技巧的过程可如图 10-1 所示：

原文词语	→ 技能水平翻译	→ 技巧水平翻译
凡　　例	运用各种译词法基本达意	通过准、精、美的锤炼
i) dumb anger	哑然的愤怒	幽愤
ii) rejected wife	被抛弃的妻子	弃妇
iii) a rekindled idea	重新燃起的念头	复萌之念
iv) wasted and withering years	在无所事事中流逝的岁月	蹉跎岁月
v) just to reap easy-to-reach profits	只需获取轻而易举的利润	坐收近水楼台之利
vi) refined simplicity	精美的朴素感	淡雅
vii) breathing evidence	咄咄逼人的证明	生动的证明

图 10-1

从上列例证我们可以推导出锤炼词语的一些具体手段：（1）词义校正，即纠正措词的偏差或谬误，如上例中的（vii）；（2）语义提炼或浓缩，即剔除赘词使用语融会成更加简练有力的形式，如上例中的（i）、（ii）、（iii）、（iv）；（3）词语修琢，适当求雅，如上例中的（i）至（iv）；（4）与成语求切，如上例中的（iv）、（v）。很显然，译者如果没有技能意识的推动，就不可能做出以上种种锤炼的努力。句法上的锤炼也是如此。因涉及的问题太多，我们这里仅就最常见的倾向略举数例加以说明：

（1）译句用词较芜杂、累赘，如：

原句："当时我刚满二十，年纪轻轻，心想多干一点跑跑颠颠的工作，倒也无妨。"（向阳）

(i) 技能水平翻译：用词使人产生累赘感、芜杂感

"At that time I was only twenty and was very young, so I thought that it didn't matter for me to be asked to fetch and carry."

(ii) 技巧水平翻译：运用句子整合、融合法使译句更加紧凑，用词精练：

"I was only twenty then; but what did that matter when I was asked to fetch and carry."

（2）译句结构较松散，层次较拖沓、杂乱，如：

原句："她向房间那边走去，慢条斯理地跨着步子，突然转回身，望着我说了一声，'天晚了，抗抗，明天再说吧'，声音轻得好像嘴唇也没有动一动。"

(i) 技能水平翻译：

"She walked to the other side of the room. Her steps were very gentle. Suddenly she looked at me turning around and said: 'It's late, Kangkang. Good-bye.' Her voice was so very low that I didn't really see her lips move."

(ii) 技巧水平翻译：

"She walked slowly to the other side of the room then turned and looked at me; barely moving her lips she said, 'Good luck tonight, Kangkang.'"

（3）译者缺乏对变通手段（如词类转换、语义增补、删略等）的灵活掌握，执着于同步对应的常规。如：

原句:"对科学而言,验证不仅在方法论上是十分必要的,而且,如果仅仅将验证视为方法论上的程序,那么,科学的结论就可能成为一种因人而异的权宜之计。"

(i) 技能水平翻译:

"For science, verification is not only methodologically necessary, but, if it is only regarded as a methodological procedure, a scientific conclusion may become an expediency, which will change because of different scientists."

(ii) 技巧水平翻译:

"Verification is not simply a methodological necessity for science. If it were a scientific conclusion might have become an expediency, which changes from scientist to scientist who chooses it."

从以上各例可以看出,技巧形成的过程实际上正是遣词造句的优化过程。词语选择和句子结构形式的选择往往是熟巧功夫的第一步,也是最基本、最关键的一步。

(二)深化、升华过程 所谓"深化",主要指对原文理解及表达上的透彻、入理;所谓"升华",主要指化行文达意中之梗滞,除思维表述上的差池。二者都涉及理解、表达(特别是语感上)的精微功夫,要求不仅工于辞章的运筹,更精于驾驭种种双语转换的技法,以利达意传情。有这一精理入微的功夫与欠缺这手功夫,大抵都能在对比之中显出高低:

"If they could not see the Winter Palace with their own eyes, they could dream about it — as if in the gloaming they saw a breathtaking masterpiece of art as they had never known before — as if there above the horizon of European civilization was towering the silhouette of Asian civilization." (V. M. Hugo)

(i) 技能水平翻译:

如果不能亲眼看见圆明园,人们就在梦中看到它。仿佛它在遥远的苍茫暮色中隐约眺见的一件前所未见的惊人杰作，宛如亚洲文明的轮廓崛起在欧洲文明的地平线上一样。

(ii) 技巧水平翻译：

纵然不能目睹圆明园的丰姿，他们也能在梦幻中身临其境：仿佛在冥冥之中见到一件使人叹为观止的艺术精品，仿佛在欧洲文明的大地上巍然展现出一幅亚洲文明的剪影。

如果说技能水平译句说明译者已具有较好的翻译技能，那么，有技巧水平的译者则高出一筹：他已掌握了一定的翻译技巧，高低之分在达意的准确度、传情的深度以及对语境的移情感受和升华体验。这里往往反映出译者对原作的整体理解的水平，而不仅是片言只语的问题。

（三）修饰、美化过程　很显然，这里所说的修饰、美化，着眼于文采。行文具有文采，笔底起澜，妙手生花，当然是一种技巧。特别是翻译要受到原文的制约，不能像写作那样，可以挥洒自如。要做到在严格的客观制约下仍不失文采，就要求译者具有强烈的技能意识。只有具有强烈的技能意识，才能调动一切主观能动性，奋力以求。一切风格翻译都是技巧运用的成果，而从技能到技巧的发展则无不以技能意识为动力。翻译中着眼于文采和风格的技巧运用，必须紧紧抓住包容于原文中的以下三个层次意义：

1. 表层意义　或形式结构意义。也就是我们常说的"字面意义"或"表面意义"。在风格翻译中我们不能忽略语言的表层意义，因为语言的表层意义通常带有许多风格标记，它们是风格的直观依据，我们在翻译中必须尽力找到它们在目的语中的"对应体"。当然并不是所有的形式结构都有风格意义。有风格意义的常常是那些有修辞立意的形式结构。例如林肯在葛底斯堡那篇著名的演讲词的末尾有一句 government of the people, by the people, for the people，这里连用了三个介词短语。译者如果没有紧紧抓住这个表层的形式结构意义，抓住了原文这个风格标记，抓住了原语的形式美，就不可能成功地译出译语的对应体"民有、民治、民享"。

2. 深层意义　也就是语义内涵。深层意义是包容在语言表层形式下的全部语义信息。翻译中探究语言的深层意义当然是至关重要的，而技巧往往表现在一旦语义信息被捕捉到以后，如何运用技能规范（方法论）赋形于对应的目的语。"民有、民治、民享"的译者准确地抓住了 of, by, for 三个介词的语义内涵，巧妙地运用了可以将介词译成汉语动词的技能规范，精到入微地将三个介词译成了"有""治""享"。

3. 情境意义　以上两层意义都是语言本身的意义。所谓"情境意义"则已经超乎了语言本身的意义，它是一种"言外之意"。情境意义的构成主要有以下三个因素：形象联想、情态感受以及对文章的总体风貌的感应。可见，语言所包含的言外之意的重要机制是作者与读者（译者）之间的交感作用。因此我们可以说，捕捉情境意义是一种高层次的审美活动，它离不开技能意识的推动，是技巧研究的课题。传统译论家也早就注意到这一点。近代翻译家林语堂曾经说过："忠实的第二义，就是译者不但须求达意，并且须以传神为目的，译文须忠实于原文之字神句气与言外之意。这更加是译家所常做不到的。'字神'是什么？就是一字之逻辑意义以外所夹带的情感上之色彩，即一字之暗示力……语言之用处实不只所以表示意象，亦所以互通感情，不但只求一意之明达，亦必求使读者有动于衷。"(《翻译论》，1932 年）译者感怀于原作的风采，有动于衷而赋之于文，则既是一个深化、升华过程，一个修饰、美化过程，也是从外到内又发之于外的飞跃。

（四）纯熟、疏畅过程　从技能到技巧的发展，包括从低质、低效到高质、高效的过程，这里涉及一个质量与速度的同步提高问题。从发展全程来看，质量与速度在初级阶段不仅不能同步，而且往往成反比。初学翻译者在刚刚掌握一定的翻译技能时，似乎要翻译得好，只能翻译得很慢，即所谓"慢功出细活"。但是，当译者的技能纯熟化以后，技能发展成为技巧，文思敏捷、疏畅，笔力游刃自如，质量与速度即逐渐呈同步增长的趋势。从表面上看，高质、高效是大量实践的结果，其实，起推动作用的是技能意识。如果没有强烈的技能意识，就正于经验的启迪，取法于理论的规范，锲而不舍，若严复之"旬月踟蹰"，那么，即便是从事大量的实践，也难免不成为徒劳。

经过多年的摸索和实际考察，我们现在提出以下技能和技巧指标，供参考：②

表 10-1

	技能指标	技巧指标
理解方面	①达意传情无差错，但在深层意念（含蓄义、意义与意向的整合）剖析上有欠缺。	①不仅能达意传情，而且在深层意念的剖析上相当准确。
表达方面（包括表意、审美和逻辑性）	②整体行文通顺，可读性属中等。 ③基本上能反映原文文本的文体特征。 ④基本上能掌握增删。 ⑤基本上能运用隐喻和非隐喻等修辞手段。 ⑥无严重的逻辑谬误。	②整体行文欣畅，可读性属上乘。 ③能反映原文文本的文体特征和风格特征。 ④善于掌握收放、增删。 ⑤善于运用隐喻和非隐喻及其他修辞手段。 ⑥无语言逻辑谬误。
功能方面	⑦尚能根据译语文化特点，做出相应调整。 ⑧基本上达到了译文的预期功能：在译文操控上大体符合文体功能要求。	⑦能识辨出原文文本的缺陷，并能在译文中做出妥善调整。 ⑧能按文体功能要求充分操控译文，发挥了译文的预期功能。

10.4 翻译教学的功能观

多年来我们的翻译教学也一直在强调实践，翻译教学中强调实践当然是对的。将"翻译"定为一门实践课，就外语专业本科生（不包括研究生）来说，也是合宜的。但是，在任何情况下，实践都不能脱离理论指导，强调翻译课的实践性，不能忽视其理论性，特别是基础理论的教学。就目前情况来看，翻译专业本科生教学中的经验论相当普遍。有些教师也注重课堂教学的指导性，但他们的指导似乎过于侧重个人经验，课堂讲解常常流于以例证来诠释教师个人的经验和体会，因此指导意义非常有限。翻译专业本科生的教学必须是"实践—理论"并重的名副其实的双驾马车，是不折不扣的"fifty-fifty"实践课不及格或理论课不及格都不能毕业。

诚然,翻译教学的目的在于培养学生的翻译实践能力。就一般外语本科来说,没有必要全面系统地讲授中国和外国的翻译理论;对高年级外语本科生也没有必要要求他们去专门钻研翻译理论。但是,正如我们在上面所说的,翻译实践能力的提高离不开翻译理论的指导性。我们只有将翻译实践置于基本理论的指导之下,实践能力的提高才有科学的依据和保证。而翻译理论指导性之最基本的环节在于培养学生对技能、技巧的自觉要求。可见,归根结底,翻译教学的根本目的是培养学生如何提高技能的自觉性。实际上,翻译理论课题千头万绪,本科生课时也很有限,教学中不可能做到面面俱到。教师的根本任务,是通过基本理论教学,对学生进行理论启蒙,诱导和激发学生从不自觉到比较自觉地用翻译的基本技能规范和原则来指导自己的实践活动。换言之,对四年制本科大学教学而言,教师的任务并不在于条理周到地对学生讲课、剖析翻译理论;教师的任务在于启发、引导学生自己去学习、领会必要的翻译理论课题。教师职能的核心是用理论联系实际的范例,诱导学生建立基本理论观念,充分发挥理论的指导性,减少实践的盲目性、因循性,提倡科学性、功效性,循序渐进,最终达到提高学生实际翻译能力的目的。以上说的也就是翻译教学的功能观。

〔注释〕

①这方面的著述很多,这里主要依据克拉森的理论。参见 Stephen D. Krashen, *Principles and Practice in Second Language Acquisition*, Pergamon Press, 1982, p.4; pp.10–32。

②这个表是根据本书作者在中国大陆、香港、台湾三地执教,特别是多年阅改三地硕士研究生的作业和论文所积累的材料制定的,制订期间经多次修订,以求最大限度地符合实际。

第十一章 翻译风格论

11.0 概述：原创性与局限性

风格的翻译属于审美命题。翻译的风格论不同于一般的审美风格论，不同之处是由翻译的特征和翻译的原理决定的。正是由于翻译理论界对翻译的实质和基本原理缺乏科学的范畴研究和系统的理论分析，因此长期以来，翻译界对翻译风格的理论研究未加以重视，更缺乏充分的科学论证。[①]

从中国文艺美学传统上看，一般文艺风格论主要研究作家或作品的思想内容、语言文采与时代特征三者的统一性，形式的多样性（体裁）以及文采（情采）的表现规律和总体的艺术感染力诸要素。[②] 现代文艺文体学则主要关注语言的变体，并认为风格产生于对常规（norms）的变异。[③] 现代语言文体学认为风格学可以有三个层次的研究领域：基础层次是对语体的研究，即语言各等级（levels of speech）如正式体、非正式体的结构特征；也包括按社会交际功能而分类的文艺体、政论体、公文体、科技文体等。在现代文体学中，这种按文体社会功能分类对语言进行结构分析的文体学，叫作"功能文体学"（Functional Stylistics）。文体研究的第二个层次（中间层次）是对体裁的研究。语言各等级都有体裁问题，即因体裁之不同而产生的语言上的变异，研究的中心以文学样式（genre 或体裁，指诗歌、戏剧、小说等等）的语言变异为主。最高层次的风格研究关注的是作家及不同流派的语言变异及总体风貌。这也是传统的文艺风格学阐发最多的领域。但传统的风格分析在我国和西方常常带有直观的模糊思辨的色彩。

很显然,一般风格论的研究课题和领域并不完全或直接适用于翻译的风格论。

翻译风格论关注的中心是原语风格意义的表现,以及在对原语的风格意义分析的基础上获得译文风格对原语风格的"适应性"(adaptability);也就是说,我们研究的不仅是原语的风格表现手段,而且还包括如何使译文在与原语的对应中力求在风格表现上做到"恰如其分"(appropriateness),按德国译论家本杰明(W. Benjamin, 1892–1940)的说法,就是使原著"再生"(afterlife)、使原著风格在译语文化中获得"生命的延续"——实际上应该说是一种新生。可见风格翻译具有一定的原创性(originality)。但无论如何,在初始状态,译文风格还是不能不具有对原著风格即所谓"原型"(prototype)的相对的依附性,这种相对依附性使我们得出如下推论,并据此明确风格翻译的目的和任务:

(一)语际转换中风格意义转换之最基本的也是首要的任务是发掘原语的全部风格意义,即:为使译文风格适应于原文风格,做到风格表现上的对应,译者必须首先能体察原语的风格意义,能识别原语的风格标记。如果译者根本不能体察和识别原文的风格意义和标记,就谈不上如何用译文表现原文风格。因此,对原语风格的认识和鉴别就成了翻译风格之首要的、第一位的任务。也可以说,在语际转换中不作一般的文体分析,也就谈不上翻译的风格论。因此,我们首先要探讨风格意义的可知性。

(二)语际的风格意义的转换,即翻译中风格的表现手段问题。风格意义的可知性(recognizability)从原则上、基本上保证了风格的可译性(translatability)。但翻译中风格究竟应当如何表现风格是"可译的",但究竟可译到何种限度即所谓操控问题,又是翻译风格论中的关键课题。

(三)除此以外,本章还将讨论翻译风格论中一些较特殊的问题,即所谓"翻译体"。

11.1　风格意义的可知性：风格的认识论依据

下面我们所做的论证，一是语言结构上的基本分析（11.1.1；11.1.2）；二是交流功能上的基本分析（11.1.3；11.2）。结构分析的主要手段是文体标记化；功能分析的主要依据则是交流效果。必须说明，在本书中，上述两种形式的分析都只是提示性的（suggestive）。

风格通常被看作是一种模糊性很强的行文气质或素质。在现代文学注重语言结构分析的主流形成以前，在传统的文体学和文艺理论中，风格的论述通常借助于所谓"印象性术语"，譬如"典雅""壮丽"④等等，重点是用词分析。印象性术语可以说明一定的风格特征，但从语言学的角度分析，则缺乏科学的界说，因而内涵游移不定。印象性术语在对文章的总体风貌作美学描写时是适用的，有助于读者对行文气质的领悟。我们将在风格的非形式标志模糊集合中加以论述。但风格意义的分析不能忽视对语言形式的结构分析，而印象性术语对原语的形式结构分析则是很不够的。风格意义的可知性、译者对原文风格的认识和鉴别，只有建立在结构分析的基础上，才可能接近于准确、接近于对应。换句话说，译者只有对原文进行结构分析并与非形式标志模糊集合的审美活动相结合，文章的风格才能显现，从而使风格意义成为可知。

11.1.1　对文体的结构分析

风格既然不是什么"虚无缥缈"的素质，那就应当可以见之于"形"，表现为风格的符号体系。风格的符号体系就是在原文的语言形式上可被我们认识的风格标记（stylistic markers）。因此掌握风格标记，使我们能认识原文风格，就成为在译文中表现风格意义的最基本的一步。风格标记分为"形式标记"与"非形式标记"两类。

11.1.2　风格的符号体系：着眼于音、形变异的形式标记 (Formal Markers)

形式标记无疑是我们借以识别风格的最重要的手段，因为任何风格设计都通常首先考虑如何将它赋形于语言，而语言是一种符号体系，因此风格必不可免地被"语言符号化"了。风格的符号化形式标记体系是由以下六个类属性标记组成的：

一、音系标记 (Phonological Markers)

人类的语言首先诉诸听觉，因此语言文字系统的音系特征就成了语体最基本的特征。音系标记可以构成语言独特的风格美。譬如汉语的音系特征是：（1）元音优势。汉语没有辅音，可以成"字"；没有元音，不能成"字"。这就使汉语音素组合具有完美的音乐感、实质感；（2）声调系统。由于汉语的"字"都必须有元音构成基本音素，具有充实的音量，因此，汉语的"字"都有声调，构成了汉语特有的声调系统，以称为"调位"即平、上、去、入四声的模式组成⑤；（3）平仄分类。汉语声调系统又有平仄的分类，平仄分类使汉语极富抑扬感；（4）汉语属于单音节文字（monosyllabic），非常便于组成不同音节的词或词组，词与词搭配时中间也不必使用连接音素，这就使汉语的语音流纯净清晰，优美悦耳。以上所述汉语的语音特征充分表现在杰出的汉语文学作品中，显示出汉语音素的独特的风格美。例如魏晋南北朝时的著名文学家庾信的《哀江南赋序》中的一段描述：

> 日暮途远，人间何世。将军一去，大树飘零，壮士不还，寒风萧瑟。荆璧睨柱，受连城而见欺；载书横阶，捧盘珠而不定。钟仪君子，入就南冠之囚，季孙行人，来就西河之馆。

这段描写虽然不像先秦的韵文骈句那样讲究音韵，但平仄声调却非常严谨。这中间，除第一句末尾的"远"字外，其余句尾，均按"平仄仄平"

或"仄平平仄"的声调配列。毫无疑问,汉语变化无穷但又有章法程式可依的音系组合变异,构成了汉语特有的风格标记。

二、语域标记 (Register Markers)

语域(或使用域)指词语的使用范围,在某一特定的使用范围中流通的词语常常具有共同的特色。如按语体分,可有口语、书面语;按地域分,可有方言、标准语;按专业分,可有种种技术用语(其中又有各科科技用语)、非技术用语等等;按性别分,可有女性用语、男性用语。词语的特定语域,是对常规语域的变异,行文由此而显现出与核心语汇(the common core of the vocabulary)的色彩差异。例如,不少作家擅长使用女性用语来渲染文章或其中角色的女性风格。在常规语域中 great 这一概念,在女性语域中可有 adorable, charming, gorgeous, lovely, divine 等词[⑥]。科技文献使用大量科技术语,从而显示出鲜明的科技风格。军事、金融、体育、法律等等专业领域都有各自的语域,以标示出与核心语汇常规的变异。翻译必须紧紧抓住语域问题,其意义是显而易见的,因为风格意义在最基础的层次上正是体现在词语的使用中。

三、风格的句法标记表现为各种有特色的句法形式

我们试观察 Raymond Chandler 在其所著的小说 *The Lady in the Lake* 中安排的句法风格标记:

> An elegant handwriting, like the elegant hand that wrote it. I pushed it to one side and had another drink, I began to feel a little less savage. I pushed things around the desk. My hands felt thick and hot and awkward. I ran a finger across the corner of the desk and looked at the streak made by the wiping off of the dust. I looked at the dust on my finger and wiped that off. I looked at my watch. I looked at the wall. I looked at nothing.
>
> I put the liquor bottle away and went over the washbowl to rinse the glass out. When I had done that I washed my hands and bathed my face in cold water and looked at it.

从以上片断中可以看出，作者反复使用了两个句式：（1）"I"加上 verb phrase；（2）"I"加上 verb phrase 加上"and"及 verb phrase。作者重复使用以上两种句式，客观效果产生了单调感，正是这种单调感对渲染文中角色两种"无目的的情绪"起了重要作用。这似乎正是 Chandler 这段文字的风格意义。

英语中有特色的句法形式很多，反复使用于某一上下文中即形成风格的句法标记，如并列（coordination）、复合（subordination）、平行（parallel）、对仗（antithesis）、省略（omission）、重复（repetition），等等。上述取自 Chandler 的引文用的是并列和重复。福克纳（W. Faulkner, 1897–1962）经常用的句法风格手段则是"复合"和环扣式盘结扩展。从广义上说，在行文中以反复使用某种句法结构求得某种语言特征的风格手段，都表现为风格的句法标记，如破折句、疑问句、祈使句、绝对式结构以及不合语法句、俚俗句及歧义句的超常使用。

四、词语标记（Lexical Markers）

词语标记显示作者的用词倾向。用词倾向不同于语域，后者具有不同程度的社会性，而前者主要指个人的用词倾向（idiolect）。例如，或用词平易或用词端雅以及惯于使用某些形容词或副词、常用分词等。下段引文取自 John Graves 的 *Goodbye to a River*：

> Trotlines from shore to shore got you more fish and bigger ones, but they're also more labor. After I'd finished with the line I worked along the beach, *spincasting* bootlessly for bass. Four Canada geese came diagonally over the river, low, *calling*, and in a moment I heard a clamor at the head of the island, *shielded* from me by the island's *duned* fringe and by willows, I climbed up through them to look. At least 200 more honkers took off *screaming* from the sand bar at the upper end of the bare plain. The passenger ran *barking* after them. *Calling* him back, I squatted beside a drift pile, and in the rose half light of dust watched through the field glass as they came *wheeling* in again, timid but *liking* the place as l liked it, and

settled by tens and twenties at the bar and in the shallows above it where the two channels split.

在上段引文中作者一共用了9个各式分词，许多地方由于用了分词而改变了句式。当然，用词倾向与作品样式与题材也很有关系，文学作品显然要比政论更多地使用形容词或副词。政府公文或法律文件则常使用抽象的"大词"或古旧词如 constitutionality, liability 及 whereby, hitherto, whencesoever, 等等。从这一层意思上说，用词倾向与使用域又是相通的。

五、章法标记（Textual Markers）

"章法"指章句组织程式，又指思维、概念的表现法。分析章法标记是风格分析的关键环节。许多作家或作品的风格主要表现在章法或表现法上。

具体而言，章法主要表现在以下几个方面，表 11–1 左边表示常规，右边表示变异。

表 11—1

Norm（常规）	Deviation（变异）
1）句子的长短问题（the length of sentence）	• 长句或短句的反复出现以及使用所谓超长句及超短句 • 长短句的反复交替使用
2）句、段之间的连接（coherence）及节奏感（rhythm）	• 连接成分的省略倾向，形成断续（staccato）或行文上的空缺或跳脱（gap）
3）信息接应（cohesion）	• 接应信息内隐或缺如；呼应错乱、颠倒及信息重叠
4）叙事的时间顺序（temporal sequence in narration）	• 倒叙（flashback 或 cutback）或顺、逆掺和形成潜意识（续表）

5) 叙事的空间顺序（spatial sequence in narration）	• 无顺序或局部无顺序，以形成潜意识
6) 直接表述与间接表述（direct and indirect speech）及其他句式	• 直接引语的超常使用或者相反；圆周句、倒装句等之使用（主要指频度）
7) 明晰与隐晦（explicitness and implicitness）	• 潜意识或意识流叙述，内心独白（interior monologue）等等
8) 其他特色	• 显著的用词倾向：词句平易、清新，或相反等等

下面试以实例加以说明。引文摘自海明威的 *The Killers*（1927）：

They did not say anything. George reached down for a towel and wiped the counter.

"I wonder what he did?" Nick said.

"Double-crossed somebody. That's what they kill them for."

"I'm going to get out of this town," Nick said.

"Yes," said George, "That's a good thing to do."

"I can't stand to think about him waiting in the room and knowing he's going to get it. It's too damned awful."

"Well," said George, "you better not think about it."

这是小说的结尾，具有典型的海明威风格。最明显的风格标记是大量使用直接引语，句子简短，用词简单。上段包含许多内隐的接应信息。比如在"That's what they kill them for."与"I'm going to get out of this town."之间，包含 I can't stand to see the killing。小说中人物 Nick 不忍见死不救，又无计可施，只好一走了之。但这个接应信息在内隐之后，后文又复出。即："I can't stand to think about him waiting in the room and knowing he's going to get it. It's too damned awful."频繁地使用内隐信息，

可使行文简练含蕴，正是海明威的特点。内隐信息的复现，使行文若明若暗，也是海明威的特色。最后一句更具有明显的海明威风格，它前后都有内隐信息，因此使人感到很有余味。下文又是另一作家的文风：

> Five minutes, ten minutes, can always be found. I had my typewriter in my office desk. All I needed to do was pull up the leaf to which it was fastened and I was ready to go. I worked at top speed. If a patient came in at the door while I was in the middle of a sentence, a bang would to the machine — I was a physician. When the patient left up, I would come back to the machine. My head devcloped a technique: something growing inside me demanded reaping. It had to be attended to. Finally, after eleven at night, when the last patient had been put to bed, I could always find time to bang out ten or twelve pages. In fact, I couldn't rest until l had freed my mind from the obsessions which had been tormenting me all day. Cleansed of that torment, having scribbled, I could rest.

上段引文取自 W. C. 威廉姆斯（William Carlos Williams, 1883–1963）的 *Autobiography*。作者的风格标记也很明显：短句反复出现，句子之间的连接紧凑，不存在内隐信息，文句平易，意思明晰，节奏很强，反映一种高速度的生活节拍，是比较典型的分析性风格（analytic style）。⑦ 如果我们将这段引文与福克纳的文体作一对比，即可见两种风格色调是何等迥然不同了：

> It looked and towered in his dreams *before* he even saw the unaxed woods *where* it left its crooked print, shaggy, huge, red-eyed, not malevolent but just big — too big for the dogs *which* tried to bay it, for the horses *which* tried to ride it down, for the men and the bullets they fired into it, too big for the very country *which* was its constricting scope. (*The Bear*)

福克纳在这一句中共用了近 70 个字，其中包含 6 个从句，层层环扣，节奏徐缓悠长，使人产生举步维艰的感觉。这是一种典型的综合性描述体，其章法标记是很显然的。

下段引文出自詹姆士·乔伊斯的名著，文中显示时、空顺序的错乱：

… a quarter after what an unearthly hour I suppose they're just getting up in China now combing out their pigtails for the day well soon have the nuns ringing the angelus they've nobody coming in the spoil their sleep except an odd priest or two for his night office the alarm clock next door at cock stout clattering the brains out of itself let me see if I can doze off 1 2 3 4 5 what kind of flowers are those they invented like the stars the wall paper in Lombard street was much nicer the apron he gave me was like that (*Ulysses*)

上述行文没有标点，是一种潜意识记录，其明显特征是思维与时空顺序的交织和错乱，因而脱出了一般的语法和表现法常规。

表现法是一个系统，问题非常复杂，常常涉及语言传统和民族心理。上面说的只是几个主要方面。

六、修辞标记 (Markers of Figures of Speech)

修辞是一种不可忽视的风格手段。总的说来，各种修辞格都是属于表现法变异，不属于语法范畴。因此语法不讨论修辞问题。英汉双语对应修辞格（括号中是汉语的对应名称）包括：simile（明喻），metaphor（暗喻），analogy（类比），personification（拟人），hyperbole（夸张），allusion（暗引），understatement（含蓄陈述或含蓄渲染），euphemism（委婉），metonymy（转喻或借代、借喻），synecdoche（提喻或举隅），antonomasia（换称或代称），pun（双关语），syllepsis（异叙或一语双叙），zeugma（拈连或轭式搭配），irony（反语），chiasmus（回文），innuendo（暗讽），sarcasm（讥讽），parallelism（对偶、排比），paradox（似非而是的隽语），parody（仿拟），oxymoron（对衬或矛盾修饰），antithesis（contrast

对照或反衬），epigram（警句），climax（渐进或层递），anti-climax or bathos（突降），apostrophe（顿呼），transferred epithet（移就或转类形容词），catchword repetition（联珠），alliteration（首韵），onomatopoeia（拟声）及 aposiopesis（断叙或跳脱），计 30 余项。所有修辞格的功能都是为了加强语言效果，因此可以作为一种风格手段来加以适当运用。许多作家的独特风格正是在于他们擅长运用修辞格，例如英国剧作家萧伯纳以长于讥讽著称：

> Magnus: Frankly I have been accustomed to regard your president as a statesman whose mouth was the most efficient part of his head. He cannot have thought of it himself. Who suggested it to him? (*The Apple Cart*)

用"嘴巴是他脑袋上最有效的部分"（变异）来代替一般的形容词如"哗众取宠的""夸夸其谈的"（常规），显然更加生动有力。修辞格式繁多，效用各异。当然，修辞格属于艺术手段，贵在恰到好处。

以上六类标记，组成了风格的符号体系中的第一类风格符号，掌握这一类符号，就能使我们得以从语言形式上认识原作所承载的风格意义。这是风格分析的直观的一步，也是最基础的一步。

11.1.3　风格的符号体系：着眼于审美效果的非形式标记（Non-Formal Markers）

但是，要全面、准确地认识原作的风格单凭直观的形式符号是不够的。风格虽然不是什么"虚无缥缈"的素质，但确实有所谓神韵、风骨、气势、情调等等"非形式因素"，我们称之为风格的非形式符号。这些符号虽然是"非形式的"，却承载着重要的风格意义。因此，也属于风格的符号系统。在翻译中，我们不但要掌握风格的形式标记，抓住直观的东西，而且更要细心掌握风格的非形式标记，不忽视种种非直观的、属于意象的或心理的和情态的因素。在美学上称为"非定量模糊集合"。

非形式标记的主要特征和功能是审美效果，具体而言有以下特征：

(一) 整体性　非形式标记风格符号系统不是借助于形式标记本身（见以上六类形式标记），而是借助于审美客体的总的语言结构体式及特点（textual patterns and features）、语境、作品的交际功能立意（立意于描摹景物、立意于催动感情、立意于论述事理等），构筑起审美客体的"非稳态结构"（unstable structure），来唤起审美主体（接受者，即读者）审美意识中的映象（image）、体验（experience）和感知（perception）等心理因素，以适应审美客体的非稳态结构框架，形成模糊性审美活动。这时，审美主体对审美客体的风格常常产生一种朦朦胧胧、似非而是的审美意象。一般说来，接受者是通过想象功能将映象、体验和感觉加以整体性改造和整合，从而形成风格的审美意象。因此，所谓非形式标记风格符号系统的整体性，也就是对审美客体模糊性的综合认识，使审美主体在综合认识中体验到"模糊集合"的审美意象。

(二) 开放性　审美客体的风格美非稳态结构具有明显的开放性，这是因为风格的非形式符号并不诉诸直觉体验，不具有物质性、物理性，而是从根本上依靠想象力和创造力。哈姆雷特的语言具有什么素质，自古以来解释各异，众说纷纭。我们对《离骚》风格的阐释也是见仁见智，永远不会完结。开放性的根源在于它的非稳态结构。中国古典诗词和山水画的意境美，具有显著的开放性，讲求"语近情遥""含蓄无垠，思考微缈"（袁枚，1761—1798）。例如"烟笼寒沙""山色空蒙"这类诗句的风格美，属于典型的开放性非稳态结构。

(三) 兼容性　非形式标记风格符号系统所形成的非稳态结构不仅具有开放性，而且还具有广泛的兼容性或变异性。风格符号的这种特性主要表现为：由于它具有开放性，使审美主体对风格的审美体验包容十分复杂，甚至具有相反的意识。伟大艺术作品的风格常常是刚柔、明暗、抑扬、起伏的结合。风格符号承载的信息从来就不是单一的。譬如下面我们将要提到的潜隐手法就常常是在潜隐中有明示：没有"若明"，也就无所谓"若暗"。

(四) 独特性　非形式标记风格符号系统的最后一个也是最主要的一个特征就是独特性，没有独特性就不存在具有美学价值的风格。风格符号系统其所以必须是独特的，正是因为这个系统所构筑的结构是非稳态的，这是一个不可能重复的无界限框架。

非形式标记风格符号系统具体表现在以下几个方面并使之具有风格意义：

（一）表现法，即作家对题材的选择及处理方式和处理技法。譬如，现代英美文学发展了一种"象征性潜隐叙事法"（symbolic undertones），在当代小说中非常流行。⑧ 作者抛弃了古典现实主义那种细致入微的情节或性格描述，而以富于言外之意的象征性动作或情景代替直接叙述，从而给读者留下了更多思考与联想的自由度。英国现代作家 Iris Murdoch（1919–1999）曾经将这种风格称为"对现实的升华"（transcendence of reality），意思就是要从物外去捕捉作家的哲学思想。下例取自美国现代作家 Issac B. Singer（1904–1991）的小说 *The Briefcase*:

> Near the curb of the crowded sidewalk, pigeons were tossing around a bread crust that someone had dropped or thrown them. They couldn't cope with it or let it be. These creatures filled me with both compassion for them and rage against their Creator. Where did they spend the nights in this severe weather? They must be cold and hungry. They might die this very night.

以上整个句组组成一个表层语段（写的是"此岸世界"），其深层语段是象征意义下作者所寄寓于物外的"言外之意"（想的是"彼岸世界"），用的就是象征性潜隐手法，但在象征之中又有示意，形成明暗交叉。其实艺术创作中的这种潜隐手法在中国源远流长，至唐宋诗词已臻于完善。"意境""神韵"是中国古典美学的重要范畴。唐代诗人司空图（837—908）说"不著一字，尽得风流""可以言冥，难以言状"就是对潜隐手法的很好的诠释。

（二）作品的内在素质包括思想和感情两个方面，也就是作品的格调，情思的高低决定作品格调的高低。许多古代的文论家都强调过作品的思想、感情对风格的决定性作用。刘勰提出了"文质论"⑨，"文"是文采，"质"是文章的思想内容，也就是"本体"。"文以附质"，质是第一性的。刘勰还在"情采论"中提出了文质相通的理论，倡导"为情而造文"的正确主张；认为"为情造文"与"为文造情"乃是作品格调高低的分水岭。

抓住作品的思想感情来认识作品的格调是十分重要的风格分析工作，也是高层次的风格审美活动。翻译中不应忽视这一步。

（三）作家的精神气质是最高层次的风格分析工作。文如其人，作品的语言形式、思想内容以及情态风貌，无不受作家本人的精神气质的支配，[⑩]这就是布封所谓的"风格即人"（The style is the man）。这是翻译中最容易忽视的审美分析层次。常见的情况是：翻译者拿到一个原作，就着手全力推敲语言上种种问题，亟亟于辞章之运筹，并就此止步，自始至终不顾作品的思想内容、情态风貌，更不了解作家的精神气质。很显然，这是不可能进入风格的审美分析的。

（四）除了表现法、作品的内在素质及作家的精神气质以外，作品的非形式标记风格符号系统还表现在本体外的非稳态结构中，这就是接受美学所强调的接受者（也就是审美主体）因素。作品本体外的非稳态结构内涵（包括对意境、神韵、情致等等的审美感应），取决于接受者的审美个性，因而形成了接受美学理论所谓的"未定性"（uncertainty）。风格是作品"未定性"的主要内涵，"即期待接受者参与发掘的作品风格的美学价值"。从这一点上说，风格的"未定性"又与本体论中的"开放性"息息相通。[⑪] 风格本体外期待接受者参与的"视野融合"，又往往取决于接受者本人的素质、心理及价值观倾向、时代影响等等。比如，不论在英国或中国，不同时代的不同社会、政治背景的读者对 D. H. 劳伦斯（David Herbert Lawrence, 1885–1930）风格的美学价值的评价就有着悬殊的倾向，这种悬殊性必然会体现在翻译中。

综上所述，我们试作如下小结和推论：

（一）风格是可以认识的，认识风格的手段是掌握风格标记体系，对原作语言进行结构和体势分析；其中，形式标记属于直观性基础分析，非形式标记属于非直观的、观念及情态的分析。风格分析的全过程可分三个层次或步骤进行（如图 11–1 所示）。

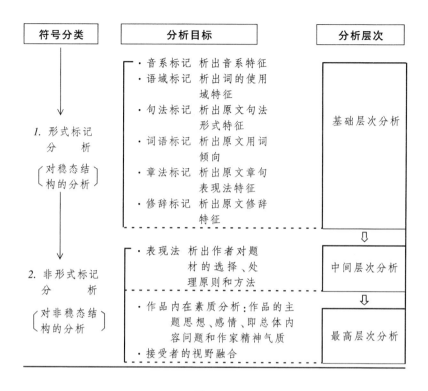

图 11—1

由此可见，风格分析工作是一个整体，其中包括各个环节及不同层次的综合。风格最终体现在作品的总体风貌中，因此，对风格的各个方面的分析工作是密不可分的。在具体的风格分析中，我们的思考、推论和判断常常是互相交织着的。

（二）频度（frequency）对风格具有特殊的意义。在很多情况下，特别是对形式标记而言，对常规的变异只有在适度的反复出现（recurrence）时，才获得风格的意义，偶然的变异不能形成一种倾向性，因而往往不能构成风格特征。与此同时，交替性（alternation）对风格也具有极重要的意义，例如长短句的交替使用，直接陈述与间接陈述的交替使用，等等。交替也是反复的一种形式。

（三）语言具有表感功能（emotive function），也就是使读者产生感情反应的功能，在接受美学中称为"接受效应"。语言中立意于创造风格特征的变异,可以加强语言的表感功能,这是风格感应力的所在。例如,文中反复使用并列句可以使人读之产生单调和递进感;反复使用复合句可以使人产生缠绵感、盘结感和凝重感;反复使用平行句可以使人产生庄严感和矜持感;反复使用对称式可以使人产生跳跃感;反复使用省略式则可使读者产生跌宕感;交替使用长短句则可使人产生节奏感和多变感。潜隐叙事法的接受效应是迷离、含蓄和淡泊。修辞手段的感应效果就更明显了。因此,风格作家几乎没有不精于运句和修辞的。

(四)风格的相对性和层次性。在大多数情况下,语言都具有一定的风格"着色度"(stylistic colouring)。由于缺乏以上所述的这样或那样的风格特性,未表现出这样或那样的风格标记,因而未产生相应的风格效应。因此,我们说,很多语言材料是没有什么风格的。这里,我们所说的风格是指作家的个人风格而言,即本章"概述"中提到的"最高层次的风格"。同样,在大多数情况下,对一般的原文材料而言,它们虽然没有表现出作家的个人风格,但是,只要它们担负着某种社会交际功能,属于某种语体,或具有某种体裁样式,它们就必须具有一定的文体风格,即"概述"中提供的基础层次和中间层次的风格,这是广义的风格。因此翻译者对风格的关注,应当是广泛的、多层次的、而不应是狭隘的、单层面的。

11.2 风格的可译性

就语际转换而言,对原语的风格分析工作至关重要,它是理解阶段的基本任务之一。忽视对原语风格的分析,就谈不上对原作全部意义的把握。[12] 因此,原文的风格也属于意义的范畴,忽视风格意义和风格价值,要做到忠于原语是不可能的;同时也就违反了语际转换的实质。只有从这个高度来认识风格问题,才有可能对翻译中的风格表现法加以认真的科学探讨和考察。

为此,我们应当肯定,风格是可译的,可译性的根据是:

(一)大多数风格标记是可以转换的,其中包括形式标记和非形式标记。例如,语域标记、词语标记以及为数不少的句法标记、章法标记及绝大部分修辞标记[13]在双语转换中都可以做到比较理想的契合。非形式标记中的表现法汉英是大体契合的。象征性潜隐叙事法也是现代汉语常用的叙事手段。

（二）人类的语言具有表感功能。因此，由表感功能产生的风格感应力也是大同小异的，这是风格可译性的很重要的依据。譬如，讽刺作品几乎是无国界的。无论是以平易、淡雅、清新为特征的分析性风格，抑或以丰繁、绚丽、隐约为特征的综合性风格，都是操不同语言的读者所能感应的。当然，风格感应力在不同的语言读者群中所引起的感应效果可能有程度或强度上的差异，不可能有等效反应。这一点，我们已在前几章中论述过了。

（三）风格的翻译与译者的语言转换技能和才情功力有极大的关系。我们不能将原作风格意义在译作中的丧失（loss）或"减色"（decolouring）不加分析地归咎于风格的可译性限度，更不能得出结论说风格是"不可译的"。文学作品风格的翻译是高层次的审美活动，一般翻译工作者由于缺乏较深的素养，对风格缺乏辨别、鉴赏能力，缺乏有目的的训练与研究，因而在翻译实践中难免不丧失风格意义或使风格"减色"。

（四）风格的可译性将随着风格的多方面翻译实践和对风格的科学论证工作的发展而得到保证。风格的翻译在以往的翻译理论研究中重视不够，这一方面是由于对风格的研究受到历史条件的限制。现代文体学和风格论的发展是近二三十年来现代符号学、美学和应用语言学的发展结果。传统的风格论大抵以古典文艺美学为武器对风格进行历时和共时的宏观研究。现代风格学以现代科学尤其是语言学为理论基础，随着现代科学和语言学的发展而不断开拓自己的研究领域，因而有着广泛的发展前景。翻译风格论亦然。在现代科学和语言学指导下，我们对翻译的风格研究必然会逐步做到科学化、系统化，翻译风格论一定会建立起比较完整的理论体系。因此，风格的可译性将会进一步得到保证。

11.2.1　风格的翻译手段：翻译中的风格表现法

在我们认识了原语的风格以后，译者的主要任务即进入如何表现原作的风格问题。如上所述，风格翻译的关键，在于与原作风格的适应性。为此，我们可以采用以下风格符号的换码模式。

一、对应式风格转换（Corresponding）

即一般所谓模仿（imitation）。模仿在风格的翻译中具有最广泛、最切实可行的意义（虽然有时并不是最有效）：最广泛，是因为对大多数作品来说，以模仿来传译原文的风格是完全可能办到的；最切实可行，是因为对大多数译者来说，尽力模仿原作风格并不是很难办到的。

以对应式换码来传译风格的关键是紧紧抓住风格的形式标记体系。直言之，对应式换码是风格标记体系的对应转换。如果这一对应转换是恰到好处的，那么，以模仿来传译原文风格的努力，就从结构上保证了译文风格对原文风格的适应性。

试以 11.1.2 节三中的例子为证。

该例显著的风格标记是在句式方面，作者反复使用 SV 及 SV and V 句式，我们在传译其风格时，必须紧紧抓住这个风格符号，作对应转换：

> 优美的字迹，就像写字的那只优美的手。我把它搁在一旁，又喝了一杯酒。我感到平静一点了，摆弄着写字台上的东西。我的双手感到有点发麻、发热、发僵。我用一个手指在写字台的一角划了一道，望着划去灰尘的那一道斜线。我看了看手指，抹去了手指尖上的灰尘。我看了看表，望着墙，望着茫然的空间。
>
> 我将酒瓶放到了另一个地方，在洗碗槽里洗了一下酒杯。后来，我又洗了洗双手，把脸浸在冷水里，我注视着那盆里的水……

译文力图模仿原语的句式，连续使用核心句 SV/SVO 式。所不同的是，必须根据汉语习惯适当省略人称代词"我"以及连词 and，形成了许多组由单句直接组合成的并列句（共八个组）。这一句式的多次反复与原作风格是相适应的。我们在上面（9.4.1）中提到过译文操控的四种取向。上例可以说是比较典型的混成兼容取向。

对应式换码最适合于基础层次的风格转换，即功能语体的转换。在大多数情况下，我们可以按原语的正式等级转换目的语的相应的正式等级，也可以按社会交际功能的分类将原语的公文文体、科技文体、文艺文体等等相应地转换成目的语的对应文体。这是因为，正式等级的语体特征与功能文体的风格特征在大多情况下均表现在基础层次即六大类属的形式标记，在风格结构上属于稳态结构；其中最显著的风格符号是语域标记及词语标记。大多数个人风格并不鲜明的文艺作品涉及表现法，这时的风格分析已到达中间层次，在风格结构上大抵属于从稳态结构向非稳态结构的过渡，所以我们也称之为"过渡性风格结构"。过渡性风格结构也可以采用对应式换码以实现双语的风格转换。

此外，在最高层次的风格转换中，对应式换码也并不是一种不可一试的手段。不少具有高度个性化和气质化的文艺作品是可以通过恰到好处的模仿来转换风格的。莎士比亚戏剧的汉译本就不乏风格模仿的精心之作。《堂·吉诃德》的汉译本也接近原作的风格。这些译作的成功之处就在于译者不仅把握了原作的形式标记，更是悉心把握了原作的非形式标记，把握了非形式标记风格符号系统的特征和功能，实行了恰当的对应式转换。

二、重构式风格转换（Recasting）

重构式风格转换的实质是风格意义的再创造。一般说来，重构式转换属于最高层次的风格转换。

风格意义再创造的依据通常是：

（一）目的语缺乏与原语相对应的风格符号系统，首先是形式标记中的音系标记、结构性变异的词语标记以及若干修辞标记。

（二）原作与目的语的时空差。由于时序变迁，原作的风格早已演变蜕化，这时如果按对应式转换将目的语以模仿原语风格复制，就很难为当代的读者所接受。

（三）从交际功能与效用出发，必须对原语风格加以改造。任何有意义的语际转换活动都具有社会性。因此，风格设计应该考虑到交际目的，确定风格的功能观。

（四）语言—文化差异所导致的表达法、习惯用法差异以及更深层的思维方式、思维特征和思维风格差异。思维支配着表达法，而悠久的民族文化历史传统、哲学观和民族心理及意识过程又经常作用于思维方式、思维特征及思维风格,后三者与语言风格的关系则是不言而喻的。

中外翻译史上都不乏重构风格的成功译作。中国翻译史上最值得称道的是风格翻译家玄奘。玄奘的译文融合了汉梵双语的特色,既运用了对应转换的原则,又从交际功能(传经)与效用(布道)出发,摆脱了原语的基本风格,在运用六朝以来"偶正奇变"的文体的同时,又参酌梵文的环扣式句法体式,交融会合,推出了自己独到的"精严凝重"的风格,"意思独断,出语成章,词人随写,即可披玩"(《续高僧传》)。[14] 玄奘的译经风格,"本原义而为今文""不采古文家之绳墨格调""画然辟一新国土"(梁启超《饮冰室文集专集》第 14 册),[15] 用我们今天的话说就是实现了"重构式风格转换"。

三、淡化式风格转换 (Decolouring or Generalizing)

淡化式风格转换是一种权宜性对策。"淡化"的实质是在确保概念意义的前提下不得已放弃(或部分放弃)风格意义。译者其所以不得不诉诸"淡化"的依据,与重建式相同,但更重要的原因是难以逾越的语言—文化障碍,其中包括:(1)原语文本具有浓郁的民族语言色彩;(2)原语文本含有很多历史典故、典籍典故,或属于民间传奇或传说;(3)原语文本中有典型的、在目的语中难以理解的民族性体语或行为方式;(4)原语文本中的方言词语及表达法(特别是语序)惯用法;(5)原语语言文字结构等。

风格淡化的具体表现往往是以"虚"代"实"。以汉译英为例,汉语在表现法上历来是比较重实的,因此在风格翻译中应注意防止从"实"到"实"的对应式转换。英国翻译家 Arthur Waley(1888–1966)在翻译《西游记》中对汉语"实"的处理,可供我们借鉴。下段原著中带着重点的词都比较实,但在英译中均已虚化:

"怎么得一个有法力的,去东土寻一个善信,教他苦历千山,询经万水,到我处求取真经,永传东土,劝化众生,却乃是个山大的福缘,海深的善庆。"(第八回)

"I wish I knew of a holy one who would go to the eastern land and find a believer who could be sent over hill and dale, all the way from China to this place. I would give him the scriptures to take back to China, and he would explain them to the people and change their hearts. That would be an untold blessing." (*Monkey*, Chap VIII)

从上例可以看出淡化（虚化）并不意味着风格顿失。从功能的积极意义上说，技巧水平（见第十四章）的淡化本身也是一种艺术手段，不失为风格翻译。因为风格的最终目的也就是语言的交际功能的强化。这就是所谓"交流效果取向"，淡而化之是为了适应目的语交流，淡化的风格翻译比勉强的对应式风格转换（往往是取概念模仿取向）往往略胜一筹，以下例为证：

> 京都涮羊肉之所以名冠全球，誉满中外，是因为它集前人制作之经验，博采众家之长，又创造了自家的风格，具有选料精、加工细、佐料全、火力旺等特色。
>
> 英译（i）The reason why Peking's instant-boiled mutton is crowned with Number One in China as well as in the world is that it pools its predecessors' experience and adopts their merits in creating its own style. It is characterized by fine selecting of mutton, careful processing, all sorts of condiments and intense heating.
>
> 英译（ii）The fame of instant-boiled mutton in the Capital stems from a very skillful pooling of the experience gained over the past centuries in a particular way of eating mutton and creating a special style of its own characterized by the exquisiteness in mutton selecting and slicing, condiments assorting and heat controlling.

英译（i）式取概念模仿式操控译文，可以勉强称之为对应式转换（硬译），例如译语复制汉语的表现法（如叠床架屋句式"名冠全球，誉满中外""集前人制作经验，博采众家之长"），结果，可读性必然很差。英译（ii）式尽力淡化了原语的表达法风格，可读性略胜一筹，译者采取了改写取向。可见"淡化"不失为一种保证语言交际功能和强化效果的积极的艺术手段，我们应时时恪守这种功能观。

11.3 风格翻译的原则及可译性限度

综上所述,我们可以推导出以下风格翻译的基本原则:

(一)适应性原则 风格翻译的第一要义当然是与原语风格相适应,也就是我们在前面说过的基本对应,即目的语风格应与原语相适应,尽力做到"增一分则太强、减一分则太弱"。为此,译者必须悉心分析出原语的形式标记与非形式标记,注意在双语对比研究中确定对应的适应度,尽力找出合适的双语对应"价值"。

(二)接受者原则 风格翻译必须注意原语与译语的时空差,考虑接受者因素,其中包括:(1)交际效果,即译文的社会效用;(2)交际功能,即译文的传播目的;(3)接受者的社会背景及素质;(4)接受者所处的时代和社会的文风时尚。接受者原则的实质是翻译风格的调节机制,要求译者面对时空差,有的放矢地调节风格的实施手段。

(三)层次性原则 从接受者因素出发,我们还可以确立风格翻译的层次性原则作为"参照性规范"。汉外互译中三个层次的风格翻译见表11-2:

表 11-2

风格翻译的层次	目标和特征
基础层次的风格翻译	• 能分辨出语域和词语、句法、章法及修辞的风格标记 • 能分辨正式的等级 • 能分辨出各类功能语体
中间层次的风格翻译	• 能分辨出表现法(优式)
最高层次的风格翻译	• 能充分体现作品的意境、神韵等模糊性审美范畴 • 能充分体现作家风格、流派风格 • 正确地选择了原创改写取向

可见风格翻译应该是整个语际转换活动的组成部分,是翻译规范中的

基本规范之一，不应当忽略。将风格翻译看成"可望而不可即"的旧观念必须改变。我们应当用新观念、新规范指导我们的实践。

（四）综合性原则　我们不应将风格看成一个无层次的单色体。风格是一个多层次的、具有复调性（polyphony）和明暗度的综合体。[16]因此，对某一原语作品在语际转换中的风格处理手段也不应当是单一的。实践证明，许多比较成功的译作在对原作的风格翻译中常常是各种手段并用，即既有对应式又有重建式、淡化式风格转换，只有这样，才能"左右逢源"，曲径同归。我们在本书的一开始就说过，翻译学中的一切规范都具有描写性，它的"指令"也都只具有参照性。只有这样的翻译观，才符合翻译既是科学又是艺术的实际。综合性原则也就是选择性原则，只有精于选择，才能精于翻译艺术。

（五）可译性限度原则　不同语言就是不同的符号系统，而符号系统最基本的属性就是它的任意性。不同语言符号系统之间不存在约定性，即：不论在符号的语义范畴、语用范畴抑或语符关系范畴，不同语言符号之间都不存在约定性，只存在不同程度的偶合性（contingency）。[17]因此，语际转换中风格翻译的能动机制，只可能在偶合性的范畴之内充分发挥作用。语际转换在以上三个符号系统的关系范畴中，语义关系范畴的偶合性最大，语用关系范畴居其次，语符关系范畴的偶合性最小，而风格在语言系统的各个层次中具有最强的渗透性和扩张性，它几乎是无处不在的。因此，从符号学的观点来看，风格符号的转换，只具有相对性。

我们还可以用接受美学的观点来看风格翻译的相对性。由于接受者具有不同的社会背景、心理素质和智能差，不能想象不同的接受者对风格的"未定性"的把握及对"视野融合"的参与都是等同的。如果我们将译者也看作审美客体的接受者，那么，他对作品的风格翻译就必然基于他本人的参与深度和广度。其结果是很显然的：第一，接受者对原语参与的深度和广度不可能精确地等同于原作者；第二，不同的接受者参与的深度和广度是不可能相互等同的。

最后，从风格的本体论来看，语际转换中的风格转换也有很大的局限性。我们已在本章关于重构式和淡化式转换中论述了用重建或淡化手段处理原语风格的思维—语言—文化障碍，请参阅前述。

11.4 关于所谓"翻译体":外域文化和语言风格的可容性机制

"翻译体"(translationese)带有贬义。贬义中的翻译体是机械主义翻译观和方法论的产物。这种所谓翻译体的显著特点是不顾双语的差异,将翻译看作语言表层的机械对应式转换,具体表现为:(1)不顾交流中的意义选择;(2)不顾目的语的语用规范(特别是语序规范)和惯用法(特别是词语搭配);(3)不顾目的语语体要求,生搬硬套原语在语言文字结构形式及修辞手法上的设计与安排;(4)不顾目的语的文化形态、民族心理、接受者心理,生搬硬套或不求甚解地引进外域文化因素;(5)不顾社会功能及交流效果,一味硬套原语语言文字体式。下面是一段典型的"翻译体"译文。[18] 请与原文作一比较,即可看到机械主义的翻译观对翻译实践的危害之深:

> It would take a whole book to describe the state of that kitchen. During the week the literary gentleman "did" for himself. That is to say, he emptied the tea-leaves now and again into a jam jar set aside for that purpose, and if he ran out of clean forks he wiped over one or two on the roller towel. Otherwise, as he explained to his friends, his "system" was quite simple, and he couldn't understand why people made all this fuss about house-keeping. (K. Mansfield)
>
> 没有一本整本的书,也描写不了那厨房的情形。每星期除了星期日那文学家"总算"是自己收拾的。他把用过的茶叶尽朝尽晚地倒在一个梅酱瓶里,那是放着专为倒茶叶用的,要是用完了干净的叉子,就在拉得动的擦手布上篦了一个两个暂时使用。除此之外,他对他的朋友说,他的"系统"是很简单的,他总不懂人家管家就有那么多的麻烦。

我们比较一下同一个徐志摩写的优美的散文,就可以明显看到上引译文完全受制于徐氏的翻译观：行为受制于观念。应当注意的是，在我们反对用冲突式语言观、机械主义翻译观和方法论炮制的"翻译体"时，必须十分谨慎地对待由于语言接触和外域文化的渗透所推动的语言发展，这种发展往往与民族社会政治生活、经济形态以及人际关系的向前推进而产生的思维和观念的新发展密切相关。因此，是一种积极的现象，它是语言在发展演进中的适度的"异化"过程。正是这种从基本上符合民族文化发展诉求的**适度异化**，促进了语言的自我完善。汉语从"文言"发展为"白话"，就是一个"适度异化"的演变进程。白话文从"五四"时代的雏形状态发展为当代汉语，也是这样一个基于语言的人文和生态环境的发展而"适度异化"的演变进程。中国语言学家王力在谈到这一进程时说："对于欧化的语法，用不着赞成，也用不着反对。欧化是大势所趋，不是人力所能阻隔的；但是西洋语法中和中国语法相离太远的地方也不是中国所能勉强迁就的。"[19]因此，异化的关键在适度，即符合外域文化和语言表达法可容性（tolerance）。

11.4.1 翻译中的外域文化可容性基本规范

翻译的目的就是文化交流。文化的渗透是相互的，是由人类社会发展和文化发展推动的。因此，任何一个民族文化拒绝外域文化的渗透实际上是不可能的。这也是大势所趋。翻译中的外域文化可容性基本规范是：

（1）原语所反映的观念形态（思想意识、伦理道德、价值观念等）与目的语民族文化传统及现状和发展诉求相符、相近或可以相互补充，加深理解；而不是相反、相悖，因而对目的语民族文化及积极的观念形态起瓦解或破坏作用；

（2）原语所反映的物质经济生活方式、社会习俗及一般行为方式与目的语民族文化传统及现状和发展诉求相符、相近或可以相互补充，加深理解；而不是相悖或格格不入，因而对目的语民族文化的积极方面起瓦解或破坏作用；

（3）原语所反映的法规、规章、规范与目的语民族文化中的各种规章制度基本相符、相近或可以相互补充，加深理解，而不是相悖或格格不入。

显然，文化可容性基本规范体现翻译的总体性价值观或基本价值观，可以视为我们的基本指导原则。

11.4.2　翻译中的外语表达法可容性基本规范

随着人类社会的进步，语言接触向深度和广度的发展与人际活动的深度和广度呈同步或基本上同步的发展趋势。汉语、日语与英语的历史都说明了这一点。仅以汉语为例，近代和现代历史的发展使汉语在词汇、语法上都受到外语的影响，半个世纪以来起了很大的变化。这些变化是：

（一）新词语大量增加　其中包括新构词法的产生及语义的发展，最明显的是双音节化趋势及科技词语的大量产生、外来语的大批涌入汉语词汇。

（二）语言结构成分的变化　例如：(1) 主语的增加（包括泛指主语），如"人们"；(2) 代词的增加，如从"他"又衍生出"她""她们""它""它们"；(3) 系词的增加，如判断词"是"的广泛使用，等等。

（三）句法结构的变化　如语法结构词的发展，最显著的是时态助词及副词（"着""了""过""将"）、语态助词（"被""受""给"）、引导补语的结构助词（"得"）、能愿动词（"能""可能""会"）及语气助词（"了""呢""吗"）等的广泛使用。

（四）句子长度的显著变化　在现代汉语中，结构严谨的长句可达百字。句子平均长度也因双音化、前置修饰语加长等原因而比古汉语增加了很多。

（五）表达方式的变化　如语序和句式变化，汉语一般将条件分句前置，但现代汉语中也可以用后置从属分句（如"我们决定动身，如果不下雨的话""文章写得不错，虽然长了一点"）。句子联结成分的增加，丰富或改变了汉语传统表达法，如"当……时""在……下""就……说""不仅……而且……"都是新生的句子联结成分。此外，由于语法结构词的普遍使用，一些利用新句式的表达手段也扩大了范围，如"被"字句以前只能用于"不幸语态"，现代汉语中"被"字句不仅加多了，而且也不限于"不幸语态"。[20] 如"被录取""被任命"等等。

总之，现代汉语的发展史已充分证明语言的"适度异化"是一个积极的历史现象和语言现实,是大势所趋,我们应当研究这种趋势,适应这种趋势,善用这种趋势。

"外语表达法可容性"指目的语对原语表达法的接受程度或界限。在可容性内的翻译体一般是可以被读者接受的,如果运用得巧妙得体,甚至是会受到读者欢迎的。这样的翻译体,显然有助于目的语的良性发展,这就是可容性的积极机制。外语表达手段的可容性基本规范是符合社会的约定性,具体可如下述:

(一)符合目的语概念命名及构词法规范,能被目的语吸收的新名词术语。这类词语的基本条件是符合目的语为概念命名的传统及基本规律。譬如汉语的命名原则是必须"因形见义",因此词语音译有意选择了意义可以见诸于形的词,如将 Mastercard 译为"万事达",将 Pepsi-cola 译为"百事可乐",等等。"基因"(gene)属于音义巧合,难能可贵。

(二)源于外语但符合目的语句子成分配列语序及变式规范,或虽不符合并仍能适应特定的文体需要。如:"春来了,悄悄地、慢慢地"(VA 式,汉语的规范是 AV 式),虽不符合汉语语序规范,但可用于诗体中。

(三)源于外语但符合目的语的省略及增补习惯。汉语的语法功能是隐含的,因此重功能词的省略。比如重代词及连接成分的省略或宁可重复概念而避免多用代词;重意合而避免多用"的""和""如果……的话""如此……以至于……",等。

(四)源于外语但符合目的语惯用法及语感,特别是词语搭配习惯、语法范畴表达习惯、叙事逻辑习惯、用词习惯(如比喻法);或虽不符合上述习惯但仍能适应特定文体的需要。

(五)符合目的语句子长度常规。比如汉语的句子注重"长短相间、单复交替",句子以不超过 25 至 30 个字为宜;或虽然句子较长,但结构层次分明,逻辑清晰,联结成分使用(或省略)得当,语感上无拖沓、盘错感。

(六)源于外语,不符合上述五项基本规范,但能实现较强的社会交际功能,富于表达力或生动性的外语用法。比如用"透明度"表示开放性民主决策过程、用"操盘手"表示操控全局的人等等,能"因形见义",又比较生动、富于新鲜感。

总之,"异化"必须受到目的语语言生成及转换机制的调节及检验。

这其中，起决定作用的是：目的语语言共核（包括词法、句法、音位系统）规范、习惯用法、语感并最终表现为社会的约定俗成。

11.5 结语

从以上二节论述我们可以得出以下推论：

（一）语际语言观和翻译观中的机械主义观点和方法论是导致"翻译体"的根源。我们必须自始至终认识"翻译的实质是意义的对应转换"这条首要的基本规范。

（二）语际转换中，外域文化和语言风格的翻译都有一个可容性问题，超过可容性限度即导致目的语所难以接受的"翻译体"；但在可容性限度内，翻译应充分发挥自己的主观能动性，抑制客观制约性，充分利用可容性的积极机制。

（三）语际转换是两种文化的语言载体的"换码"，不是文化本身的"对换"。译者面对的是渗透到语言每个层次和方面的外域文化。因此，要求语际转换完全消除本来就是属于外域人文事物的"异国情调"是既不可能，也没有什么必要的，甚至是违反语言事实和社会生活发展现实的。文化都具有民族性、独特性。语际转换只是语言符号系统的换码，不能将文化信息内涵也完全"换"掉，否则就是违背翻译实质的基本规范。

（四）社会和语言都在发展，二者都具有稳定性，也都具有可变性。翻译应多注意研究可变性这一面。语言"异化"现象是社会发展的必然结果。面对不断发展的社会和语言，翻译工作者必须时时调整自己的语际转换对策，培养自己的技能意识，以适应客观情势发展的需要。

〔注释〕

①在西方翻译理论中，作为原则正式提出翻译风格问题的是泰特勒（A.F.

Tytler, 1747–1813)。泰氏在 *Principles of Translation* 中提出了"翻译的三原则",其中之一是:"That the style and manner of writing should be of the same character with that of the original."(译文的风格和表达方式应与原文具有相同的特性)。与泰特勒同时的坎贝尔(Campbell, 1719–1796)也曾提过类似的原则。后世各家的风格论都比较原则,其中语文学派和文艺学派通常提出的命题是"spirit"与"truth"("精神"与"真实"),受西赛罗的"气势论"的影响很深,大都立论对文章的神韵、丰姿的探索。语言学派的论述一般集中在形式转换问题上,其基本立论是风格寓于形式机制中。奈达的风格论体现在其功能派观点,认为原文风格的再现体现语言能动性的再现。风格的转换服从于译者的预期目的。

②参见刘勰《文心雕龙》之《体性》及《风骨》等篇。

③倡导此说的是现代文体学的先驱之一 Charles Bally(参见 Graham Hough 著 *Style and Stylistics*, New York: Humanities Press, 1927, p.27),后为许多文体学家及语言学家所接受。

④中国古典文艺风格论通常以《文心雕龙》的作者刘勰之说为本。刘勰论文章风格依据的是古典文艺美学理论,将文章风格归纳为八种不同的类型:"一曰典雅,二曰远奥,三曰精约,四曰显附,五曰繁缛,六曰壮丽,七曰新奇,八曰轻靡。"(《文心雕龙·体性》)

⑤汉语的"平、上、去、入"之定名始于齐、梁时的周颙和沈约。在此以前,汉语的声调是按"宫商角徵羽"定音,这是汉语声调之源本。四声声调系统是参照印度古"声调论"的三声,配入"入"声而定的(《四声三问》),所谓汉声调沿于外域纯属无稽之谈。

⑥参见 R. Lakoff 著 *Language in Society: Language and Woman's Place*,1973。

⑦这是传统文体学的一种大体的风格分类法:"分析性风格"的特征是明晰、欣畅、简约;与之相对立的风格称为"综合性风格"(synthetic style),其特征则是丰繁、绚丽、端雅。

⑧也有人将这种"象征性叙述"称为"表层语段"(surface text),将作者隐含的意义称为"深层语段"(deep text)。

⑨见《文心雕龙·情采》篇。

⑩另见第十四章对乔伊斯的分析。

⑪参见 Hans Rebert Jauss 等著 *Toward an Aesthetics of Reception* 中译本,辽宁

人民出版社1987年版,第4页。

⑫参见4.0.4节注。

⑬本章第11.1.2节六中所列的修辞格中除涉及音韵结构者(如头韵法、准押韵法等)及若干双关语、回文修辞外,均可通过增词、引申、转换、转喻等手段翻译出来,以尽力保留风格意义。

⑭转引自马祖毅著《中国翻译简史》,中国对外翻译出版公司1984年版,第58页及第77页。

⑮同上,第58页及第77页。

⑯现代符号学认为"语言艺术来自整体的符号结构"。风格属于多层次符号结构整体,其中有语言层次、语义层次、再现客体层次及图式化外观层次。见威勒克著《文学原理》中译本,第147页。

⑰形成这种差异的原因各派语言学家均有所解释。譬如德国语言学家洪堡特认为这是因为语言中存在着主观性,"主观性不可避免地跟所有对客观事物的感知交织在一起"。洪堡特的立论受到英国哲学家洛克等人的影响。譬如洛克认为:"词并不与客观世界的对象直接相联结,而是与人们关于对象的观念相联结。这种观念,不同的民族可能不同,同一语言共同体内不同的集团甚至个人之间都可能有差异。"(转引自《语文导报》,1987年第11期,徐志民著《洪堡特语言理论说略》)

⑱引自林以亮著《翻译的理论与实践》,载《翻译论集》,刘靖之主编,香港三联书店1981年版,第97页。译者徐志摩是一代诗坛骄子,又在英国留学,若非"观点"(翻译思想)使然,竟何以至此!

⑲引自王力著《中国现代语法》,商务印书馆1985年版,第334页。

⑳参见王力著《中国现代语法》,第353—354页。

第十二章　翻译美学概论

12.0　翻译学的美学渊源

　　从历史上看，在现代语言学进入翻译理论领域之前，西方的翻译理论与美学之间的联系是相当密切的。公元前的西塞罗以辩才论翻译之应工于辞章之美（Niall Rudd, 1998）与贺拉斯（Q. H. F. Horace, BC65–BC8）以《诗艺》（Arts Poetica）论翻译有异曲同工之妙。杰罗姆（St. Jerome）和德莱登（John Dryden, 1684）等人则认为译文贵在自然，美的译文应力求质朴，犹如市井之言。泰特勒（1790）提出了著名的"翻译三原则"，并在结论中将他的译文审美要旨阐释为：成功的译作应能体现原作的丰采，洞察原作的全部推理，最终表现出原文之美。① 19 世纪的译论家阿诺德（Matthew Arnold, 1822–1888）主张译诗应力戒矫饰，讲求欣畅的气韵，以保持史诗的质朴风华。20 世纪上半叶的译论家比较突出的是法国的维勒瑞（Paul Valery, 1871–1945），他的翻译观基本上是美学的，主张翻译要以保持原著的神采为本，翻译的技艺在很大的程度上取决于译者对文学作品"真值"（truth values）的**审美感知**。20 世纪三四十年代以前西方翻译理论大多以欧洲语文学（philology）为理据，翻译评论几乎都是文学大师们书斋中的语文学—美学评议。在索绪尔和布隆菲尔德（L. Bloomfield, 1887–1949）的结构主义语言学、布拉格学派（1920s—1940s）和伦敦学派（1930s—1940s）的功能主义语言学诞生和发展以前，译论家大都满足于对译文风格进行某种直感的、宏观的美学鉴赏和品评。他们不能对翻译做出科学的结构分析，却往往能够以文学大师的敏感性和洞察力对译文的审美"真值"加以剖析，从而做出相当精辟的审美概括。20世纪60年代以乔姆斯基为代表的转换生成语法盛极一时，以语言学派为主的西方翻译理论界在许多领域中都取得了令人瞩目的突破，表现出开拓创新精神，屡有新说。②相形之下，对美学的关注则大不如前。

翻译理论与哲学—美学结缘弥久，也是我国翻译理论的基本特征。译学与美学之缘，积久而著，二者之间这份情缘因汉学的美学积淀与汉语的审美特质（感性特质）互证共荣，永远不会"缘尽情疏"，唯端赖我们精心培育和阐发。我国翻译史上的译论，大抵都是对译文的美学探索或评述，而且主要集中在内容与形式这个美学命题上。

我国的文学创作与评论之与美学阐发互证，渊源已久。文质之辩始于《论语》的解说"文质彬彬"；语言的真善美论也始于《论语》所标举的著名论题"辞达而已矣"（《卫灵公》）。至汉代，语言美学研究已蔚然成风。刘勰的《文心雕龙》一书共包括50篇文章，其中绝大部分属于古典文艺美学的论述。③刘勰解剖了从中国上古诗歌到齐梁文学作品中的具体例证，评议了我国古代各式文艺体裁的美学价值，提出了文艺批评的审美标准。刘勰生活于文风绮靡的齐梁时代，因而针砭时弊，标举"感物吟志，莫非自然"（《明诗》）这样一条基本的文艺美学主张，认为客观事物本身蕴含着自然美，作家抒怀述志，都不应背离自然美。对他以前的每一朝代的文学风格，刘勰所做的也是精密周到的美学描写与概括，为后世所取法。例如，他在《通变》篇中说："黄唐（指唐尧时代）淳而质（淳厚而质朴），虞夏质而辨（质朴而明晰），商周丽而雅（精美而典雅），楚汉侈而艳（夸张而靡艳），魏晋浅而绮（浅薄而绮靡），宋初讹而新（讹滥而新奇）……"④在他看来，文风以"丽而雅"最可取。刘勰之后的萧统（501—531）、钟嵘（468?—518?）、陈子昂（661—702）以及欧阳修（1007—1072）、王安石（1021—1086）、苏东坡（1037—1101）等文学大师所做的文学批评或论述也都离不开辞章美学，特别是文学作品中诗歌和散文的内容与形式美的关系问题。

在古典文艺美学的影响下，我国传统翻译理论也始终没有越出美学的范畴，恰与西方传统翻译理论不谋而合。纵观我国上千年之翻译论史，评论家执议纷纭，但大抵没有超出直译与意译之争，也就是美学上的内容与形式（或曰"内容真"与"形式美"）的关系问题。

在我国古代的佛经翻译中，很早就有人借老子之言提出所谓"美言不信，信言不美"的哲学—美学命题。⑤翻译究竟应该恪守原文内容之实，依其义不用饰；还是应该注重译文与原文形式上的对应，舍其义而用饰？文与质、美与信之间究竟又是什么关系，始终是我国古典译论的基本议题。佛经翻译自始至终存在着"质派"与"文派"之争。质派主张"义理明晰，文字允正，辨而不华，质而不野"（《高僧传》），要求以质直求真，以朴拙作为译文的美学标准。文派则认为翻译应当"辞旨文雅"，行文要"清丽欣畅"，以径达义旨为原则。这是我国译论直译、意译之争的开端。文派的主张经晋代的释道安与鸠摩罗什的阐发力行，扬弃了质派在字比句次上也要求矜慎不二的做法，推出了既"案本而传"又力求"径达"的一代意译新风，开意译为我国翻译史上主流之始。

我国译经鼎盛期的代表人物是玄奘。玄奘学力精深，通彻梵汉。他提出的翻译原则是"求真喻俗"，即内容上忠于原文，语言形式上通俗易懂。为此，他还提出了"五不翻"的具体主张，并在翻译实践中运用了补充法、省略法、转换法、分合法等等技巧，以发挥汉语译文的优势。但玄奘的译论主张仍然集中在如何保证内容真与形式美的问题上。玄奘的历史功绩在译而不在论。

嗣后的1300年，由于译经盛举的相对衰落，译论亦趋平寂。19世纪末，西方新思潮和技术逐渐传播到中国，译事又随之渐兴。1894年，马建忠提出了"善译"的主张。他说：翻译者应当"析其字句之繁简、书其文体之变态及其理精深奥析之所由然"，在透彻研究原文内容的基础上，"摹写其神情，仿佛其语气"，"心悟神解，振笔而书"，务使译文之"阅读者所得之益与观原文无异"，是谓"善译"。⑥"心悟神解"是中国哲学—美学命题。"神解"也就是中国美学史上的"神会"。唐宋美学家说文思、理解"妙悟于神会"，说明一种通透境界；刘勰也称作"神理"。"善"作为美学命题出自"尽善尽美"（《论语·八佾》），意思是美的必备素质是"善"，"至善"与"至美"是一个统一体。马建忠的上面那段议论，是针对他认为"鄙夷"可笑的一种翻译倾向而发的⑦，那就是"通洋文者不达汉文，通汉文者以不达洋文",译文"驳杂迁讹",武断鄙俗不足为取。马建忠的这番议论,可以归结为以下的主张:翻译应该首先深入理解原文,掌握原文的义理、情态和风貌,然后以通顺畅达的文字表达出来。翻译应力戒武断、迁讹。这实际上也就是信与达的问题:武断则不信,迁讹则不达;行文必须讲求自然美,反对伪饰。

两年后,即1896年,严复提出了"信达雅""译事三难"论。严复在《天演论·译例言》中将他的主张作了阐述,提出了"三难"主旨,言简思精,开宗明义对"信"作了诠释。随后,严复对"信"与"达"的辩证关系进行了阐述,即"将全文神理,融会于心,下笔抒词,自善互备"。第三段谈的是"雅",这是严复理论的主要特征。他认为翻译应该用典雅的文字才能达意,而在意义与表达有矛盾时,则不得不"抑义就词",以求"尔雅"。⑧

由此可见,马建忠的"善译"论与严复的"译事三难"论都在中国译论史上的传统命题的范围之内,在"信言"与"美言"或"内容真"与"形式美"的辩证关系的范畴之内,也是在我国古典哲学——美学的传统的研究领域之内。

严复以后的翻译理论,都没有脱出中国传统美学的范围。"三难"之说,积久而著。从美学上说,其理论力量就在于它比较准确地概括了翻译的语言审美标准和社会文化价值观,对翻译的艺术特征作了言简意赅的美学概括。

傅雷在20世纪50年代提出了"重神似而不重形似"的主张,将中国传统的艺术命题移花接木于翻译理论,将译论推向新的发展阶段。"神形"问题是中国艺术理论史上一个具有经典意义的重大命题,也是中国美学史上一个独特的美学范畴。傅雷以自己深厚的艺术素养和翻译功力推出新说,将翻译理论与美学理论结合了起来,是对严复的"三难"之说的重要补充。这一时期,中国还有许多杰出的文学家和美学家对译论给予了极大的关注,其中有徐志摩、胡适、茅盾、鲁迅、林语堂、周树人、朱光潜和钱锺书。钱锺书根据许慎在《说文解字》中的一节训诂,以林纾的翻译为实例诠释了"译""诱""媒""讹""化"一脉连通的意义,推导出文学翻译的最高标准是"化",翻译的最高任务是进入"化境"的结论。用"化"

字来为语际转换作美学描述和概括既符合中国的传统，又表述得精妙确切。荀子在《正名》篇中对"化"字作如下解释："状变而实无别而为异者，谓之化。"用今天的话说，就是：语言形式改变而思想内容并无二致的双语转换。所不同者，"化"字兼取"入化"之意，于其科学含义之外又指艺术上的升华，用来为犹如"投胎转世"、造诣超凡的翻译作美学概括，可谓衡鉴精微。进入"化境"的翻译，诚然是难乎其难的，但从古典美学的观照中析出这样一个理论标准，对实践的意义却十分深远。

至此，我们可以对传统翻译美学作一概述：

第一，无论从西方抑或从中国的翻译理论传统来看，翻译理论与哲学—文艺美学一直是**互证互释**、**密不可分**的。翻译理论从文艺美学中吸取的不仅是理论思想和原则，还借鉴了哲学—文艺美学的立论方法。

第二，传统翻译美学探讨的问题集中在以下三个方面。（1）翻译的原则主张即翻译思想中的**译文取向**问题，在西方翻译史上是"直译"与"意译"，在中国历史上则是"质"与"文""信言"与"美言"之争。从美学上说，这是一个**内容与形式**问题：翻译要重在切近原文内容，摆脱形式约束，还是要恪守原文的语言结构形式？或者，翻译是要追求与原文形式的对应，还是要做到与原作内容实质上的对应？（2）**高境界的意译**问题，即美学上的意境与传神问题。（3）文学翻译的行文**风格论**。以上三项，都是中国美学史上的审美范畴，也是中国传统翻译美学的命题。

第三，传统翻译美学在立论和论证上都采用了传统文论和文艺美学的方法，**重直感描写**，不强调形式论证和结构分析；**重经验阐发**，不强调对客观语言规范的研究。传统翻译美学与传统的文论一样，倾向于使用印象性术语，如"直质""婉丽""清雅"等等，讲求意会，不尚言传，即所谓"**重悟性体认**"。印象性术语的优点是具有直观概括力，能给人以意会的广阔余地。对翻译思想的讨论、论证而言，这是正常的；缺点是缺乏科学的严密性，内涵流变，缺乏明确的科学界说，难以厘定规范，确定美学范畴。突出的例子是中国翻译史上严复提出的"雅"。究竟何谓"雅"？严复有他的解释，后世攻之者、辩之者也都各有其有别于严复本人的解释。结果是，见仁见智，莫衷一是。由于缺乏科学的界说和规范，就难免掺杂唯心主义的杂质。

因此，我们的结论是翻译美学必须发展。我们要在总结传统翻译美学理论的基础上，发展现代翻译美学理论，提出新的理论命题，使之逐步发展成为科学体系。

12.1 现代翻译美学基本理论构想

美学视角中的翻译研究对中国译论的体系化发展具有特殊的意义。这既是对传统的传承，也是出于对现实的文化战略考量。汉语极富感性，要发展有汉语参与的翻译理论就必须构建理论体系中不可或缺的组成部分——翻译美学。

12.1.1 翻译美学的范畴和任务

翻译美学理论的任务，就是运用现代美学的基本原理，分析、阐释和解决语际转换中的美学问题，包括对翻译中的审美客体、审美主体、语言审美和翻译审美客体以及翻译接受等方面的研究，对翻译中审美心理活动（如意象、情感等）一般规律的研究，对翻译中审美再现手段及翻译美学价值观的探讨，等等。本书不拟对翻译美学范畴内的以上诸多问题及其相互关系作详尽周密的阐发论述，只拟概略阐述翻译美学在涉及以上一些核心问题时的基本知识和理论构想。

12.1.2 翻译的审美客体（Aesthetic Object，在本书中简称 AO）

不言而喻，翻译的审美客体就是原文文本（常常涉及原作者）。原文是不是美的？就涉及一个审美信息的扫描、识别和审美判断（aesthetic judgment）问题。判断原文的审美价值的依据是原文的审美构成（aesthetic composition）。所谓原文的审美构成，指构成原文特色的种种美学成分或审美要素（aesthetic elements/constituents）。原文审美要素按其性质可以分为两类。

（一）原文结构形式上的审美信息，就是原语形式结构（包括文字、音韵）上的审美信息，在美学上称为物质存在的形态美，它通常是"直观可感的"，一般可诉诸人的视觉和听觉。一篇优美的散文使人在一读之下首先感受到的是它的用词遣句优美动人，它必然要表现在作家的词句的形式设计和选择上，表现在行文的声调、音韵、节奏上。我们都读过欧阳修的《醉翁亭记》和苏轼的《前赤壁赋》，它们的辞章音韵之美（musicality）可以使我们记诵终生。这些就是原文的所谓"美的物质存在的形态"。以英国作家乔伊斯的 *The Dead*（《死者》）中最后一段文字为例：

> A few light taps upon the pane made him turn to the window. It had begun to snow again. He watched sleepily the flakes, silver and dark, falling obliquely against the lamplight. The time had come for him to set on his journey westward. Yes, the newspapers were right: snow was general all over Ireland. It was falling on every part of the dark central plain, on the treeless hills, falling softly upon the Bog of Allen and, farther westward, softly falling into the dark mutinous Shannon waves. It was falling, too, upon every part of the lonely churchyard on the hill where Michael Furey lay buried. It lay thickly drifted on the crooked crosses and headstones, on the spears of the little gate, on the barren thorns. His soul swooned slowly as he heard the snow falling faintly through the universe and faintly falling, like the descent of their last end, upon all the living and the dead.

这段文字的语言形式美和音乐美都比较明显。作者通篇用的都是平淡的所谓"低调词"（low-key words），如 light taps, watched sleepily, treeless hills, falling softly, lonely, barren, falling faintly 等等，在视觉上给接受者一种沉郁感。由于低调词的反复运用，使接受者的沉郁发展为"延续性失落心理"。这正是作者本人的审美体验，发之于外，使读者获得审美感知。特别是作者反复使用 falling 和 it was falling, 加强了低调文句的节奏感和沉重感，尤其是交替使用 falling softly 与 softly falling, falling faintly 与 faintly falling, 更使语言符号的形式要素与符号意义交融，产生抑扬起伏的音乐效果与情意纠结的语义效果。最后一句作者连续使用 s 音（his soul swooned slowly as）使语流徐缓悠长，很有音乐美。乔伊斯是讲究语言形式美的作家，从上述短短的　段描写中即可见一斑。

　　但是翻译的形式美范畴有其本身特有的法则，也就是翻译形式美规范。因为翻译不同于一般的艺术创作，它必须受到原语形式的约束，不能不顾原语追求多样统一、平衡、对称、参差、节奏、和谐等等一般的形式美法则。翻译的形式规范应当是：

　　（1）翻译形式美的依附性（dependence），即必须依附于原语的形式，不能任意破格以求，只能作适当的审美功能代偿，想办法在译语中做些弥补。我们不能不顾原文的形式约束，创造出原语中并不存在的形式美来。

　　（2）翻译形式美的相对性（relativity），即原语形式美可反映在译语中的相对性。我们已在第六章中讨论过原文结构形式上的可译性限度。双语转换中，译者对原语形式美的感应表现手段主要依靠迁移；语际间对形式美的迁移有很大的局限性，有很多形式美要素是不能或很难"迁移"的，例如双关语、谐音谐谑语、回文等。

　　（3）翻译形式美的统一性（unity），这里的统一性有多层意义：其一，翻译的形式美应统一于原语的形式美，即与原语形式美对应或代偿；其二，翻译的形式美应统一于原语的内容，比如内容上严肃的原语的形式美设计不能"迁移"于译语一般用于喜剧性题材的行文中，对形式的审美价值常常有一个民族性问题；其三，翻译的形式美应统一于译语的整体审美价值中，局部的、外在的形式美应与整体的、内在的审美意识协调、适应；其四，翻译的形式美应与接受者因素协调、适应。

　　（二）与形式信息对应的原文审美构成是非形式信息。语言的非形式信息与语言形式通常没有直接的关系，它一般是非直观的；由于它并不直接表现在词语、句子、句组的分布及结构形态上，因此，它通常又是不可计数的，我们称之为"非定量因素"。语言形式上的审美构成常常是可以计数的，比如一个语段中有多少排比句，有多少首韵词，有多少修辞格等等，大抵都是可以计数从而得出一个定量。语言的非表象审美信息则不然。我们不可能对一篇文章的气质如意象（image）、意境（imagery）、神韵（spirit）、气势（power）、情态（emotion or mood）、韵味（aura）、风貌（flavor）等等审美构成得出任何定量，更谈不上精确的计量了。但是这些要素对一篇文章的审美价值来说却是至关紧要的。虽然这些要素并没有赋形于具体的词、句或句组的语言形式上，它们是非物质形态的、非直观的，但它们在总体上却又是可感的。《死者》的最后一段给读者留下的是一种被漫天大雪衬托下的似愁非愁、若静若动的意境。主人公的思绪，似乎是一束在茫然的淡泊中飘浮着的游丝，从生到死，死后萌生，似静似动，静中思动。读者有所感，但又很难捉摸住由主人公的那种淡泊哀愁牵动着的微妙的情思。正是在这种微妙的捉摸中，读者得到了某种审美享受。

从这里我们可以进一步认识到语言非物质形态的、非直观的审美信息的特性：它是不可以计数的，因而是**非定量的**；它是不稳定的、难于捉摸的，因而是**模糊的**；它是不可分割的，不是非此即彼的，因而是某种**集成体**。总之，语言的这种审美构成，在美学上称为"非定量模糊集合"（Non-Quantitative Fuzziness）。

非定量模糊集合的核心是模糊性。20世纪60年代以来，现代语言学开始关注语言的模糊性问题，认为语言的精确性与清晰性只是一个相对概念，这一点恰恰与美学原理中关于审美构成与审美意识和美感的模糊性（朦胧性）不谋而合。我们将在下面对此加以阐述。

12.1.3 翻译的审美主体 (Aesthetic Subject，在本书中简称 AS)

翻译的审美主体就是译者。译作怎样才能做到美？这里固然与原文即审美客体的审美构成有关，同时也与译者即审美主体的审美条件、审美潜能有关，只有二者处于统一的、互相作用的审美关系中，翻译作为审美再现过程才能具有审美效果，译文才能做到美。

可见，审美主体的审美条件这个能动因素是极其重要的。因为如果没有这个能动因素，审美过程不能被激活、启动，审美也就不能成为现实。审美主体的审美条件是：文化素养；审美意识；审美经验。

（一）审美主体的文化素养是最基础的条件，因为它对审美意识具有启蒙作用。原始人无所谓审美意识。人对美的认识是人类文明发展的结果。翻译者的文化素养越高，他对原文的美的审视判断力和再现力就越强，反之亦然。可见文化素养常常对文化价值观起决定作用，对审美态度起决定作用。很明显，如果译者不懂詹姆士·乔伊斯的原文，就根本谈不上领略作者的辞章之美。不仅如此，由于乔伊斯是爱尔兰人，又高踞于欧洲先进文明与爱尔兰质朴文化的落差之上，他的作品就很难不反映作家内心的矛盾。不了解这一点，就不能理解乔伊斯在《死者》中所说的"死"与"生"的内涵和作家的创作契机。而作为翻译，不作透彻的理解，要作艺术的再现是不可能的。文化素养与净化人的观念、培养高尚情操也有密切的关系。

文化研究对翻译的意识已开始引起了人们的密切关注。本书已在前面几章中多次探讨过文化问题。我们这里要强调的是，文化素养是翻译审美实践活动最基础的条件，如果没有充分的文化科学知识，就是在色泽斑斓的美文面前，译者也难免不成为色盲。这里说的都是审美态度方面的问题。

（二）审美主体必须具备的第二个条件是审美意识。所谓审美意识，一是指对美的感知，对美的一种敏感性；二是指对美的理解，对美的认知性。人的感知或敏感性通常始于直觉。但是，如果一位译者的文化素养很高，他始于直觉的审美感知或敏感性就会向理念发展，感知或敏感性将得到深化。这时，我们就可以说审美主体已经具有较高的审美水平，他能够在翻译的审美实践活动中发挥审美主体的审美功能，使审美意识处于最佳能动状态。可见人的审美意识具有高度的集成性：它既有感性，又有知性；既有感性直觉，又有理性直觉；既有情，又有志；既有情感的东西，又有观念的东西，等等。

翻译主体的审美功能必须具有以下双重的能动性：

1. 稳定性，即对审美客体物质存在形态的有机构成，具有稳定的审判力，能比较自如地运用纵向及横向的迁移，对不同作品或同一作品做出贯彻始终的、相对恒定的美学评价；能够根据自己的审美感知，做出恰如其分的审美描写（译成目的语）。我们强调稳定性是因为，原文语言形式上的美从客体上说总是定量的，这是一层意思。另一层意思是，审美主体对语言形式的审美构成应该依据自己相对恒定的审美标准，不能随机流变，莫衷一是。这里又涉及审美态度问题。一般说来，在翻译中保证审美功能的稳定性是不难做到的，因为语言形式的运用从根本上说都是语言现实，优美的辞章是客观存在。只要译者具有一定的审美水平，能识"庐山"真面目，"庐山"总是跑不了的。

2. 可变性，也就是非恒定性，即对审美客体非物质存在形态的模糊集合，具有随机应变的审判力。这是因为，原文的模糊性审美构成是非定量的、流变的，可以容许仁者见仁、智者见智。庐山的松、竹、云、水是一种稳定的物质存在，在某一特定的观赏时刻是一个"常数"，但人们对庐山的松、竹、云、水的感受却各自不同，永远不可能重复，它是一个"变数"。在翻译中，语言形式的运用变化在特定的篇章中也是一个常数，但作者的神思、文章的寓意、读者的感受却都是变数。因此，译者必须使自己的审美功能具有充分的可变性，以把握审美客体的模糊性审美构成。熟悉詹姆士·乔伊斯等善于运用"意识流"表现法的作家的翻译者在这方面也许是很有体会的。中国古典诗词的译者也必须具备慧眼慧心，竭尽全力屏息捕捉字里行间的弦外之音，不如此，则断难表达诗意于万一。这时，翻译者对模糊集合的审美意识具有决定性的意义。

（三）审美主体的第三个条件是审美经验（或美感经验），通常指通过反复的审美活动产生的审美感知和认识。熟能生巧，丰富的审美经验可以调整或深化审美态度和判断，使审美主体的审美功能相得益彰，艺术鉴赏家与外行的主要区别就在审美经验，而不在专业知识。同样，一个没有审美经验的翻译者，即使具备较高的语文水平和文化素养，面对一篇优美的原文，在动笔翻译时也不可能产生强烈的审美意识，去最有效地运用自己的审美功能。审美经验产生于有指导的实践，得之于通晓并掌握审美体验的一般规律。可见，如何进行审美体验，是一个使主体的审美意识落到实处，使主体的审美功能得以充分发挥并有效地进行审美再现的关键问题。

12.1.4 翻译中语言审美与翻译审美操作的一般规律

翻译中的审美操作一般遵循以下的规律：审美态度（目的性、意向、观念）⇨ 对审美客体的审美构成的认识 ⇨ 对审美认识的转化 ⇨ 对转化结果的加工 ⇨ 对加工结果的再现。

一、审美活动始于审美态度

审美态度(审美动机、情趣、情志)驱使我们进入审美体验和审美审视,目的是获得对审美客体的审美构成的认识,这是审美操作的第一步。上文已经提到,对美的认识(或识别)离不开主体的审美素养。我们还提到,审美客体的审美构成是双重的:一是美的表象要素,指原文语言形式上的美;二是非表象因素,即文章气质方面的审美构成。认识客体的这种美,往往经过从直观到理念的思维过程,**先有所感才有所识**,包括:

(一)语言审美中的非模糊集合

要把握语言的非模糊集合,译者必须充分发挥自己的阅读分析能力,凭借对原语语言(包括词汇、语法、文体与修辞等)的素养和广泛的文化知识对原文的语言结构美进行审美信息扫描式的分析、推理与判断,从而尽可能没有遗漏地析出原语各个语言结构层级(语音层、书写文字层、词汇层、词组层、句子层、句段层、篇章层)的审美构成及分布特征。与表象要素对应的是原文的非表象要素,这是高层次的,也是深度的审美体验活动。要认识原文这种模糊性的审美构成,译者必须充分运用自己的感受领悟能力,捕捉原作者常常是意在言外却又是无处不在的神思、气度。这是审美体验中最精微、最艰巨也是最令人神往的任务。

值得探讨的是,语言的模糊性审美构成究竟包括哪些构成要素?我们是否可以将语言这种审美客体进一步做出具体剖析,以便对语言的模糊性审美构成要素获得更具体的认识?

(二)语言审美中的模糊集合如上所述,是一种"集成体",具有以下特征:

1. 就用词倾向而言,模糊词语多是模糊性审美构成的基本要素。所谓"模糊性词语"就是那些语义定界模糊、概念内涵比较虚泛的词语。例如李清照的名句"人比黄花瘦"中的"瘦"就是一个模糊性很强的词。人瘦还可以"言传","花"又何以言其"瘦"?可见这个词的概念内涵非常虚泛。莎士比亚的"To be or not to be"中用 to be 和 not to be 代替 to live 和 not to live,语义"虚化"了,也就是审美化了。可见"虚化"的词语极富"朦胧美"。

2. 用词的联立关系(即词的集约、搭配式)是开放型、非规范型(或次规范型 subnormal)。比如上例,"瘦"一般与"人"及动物搭配使用,与

"花"搭配使用,即属于开放型或非规范型。开放型搭配的特点是,首先,这种搭配给人留下联想的自由度很大,可以使人"左思右想",不受规范的约束。其次,这种搭配在人的思维中可以导致"多向演进"(Multi-Direction Movement),即"仁者见仁,智者见智",众议纷纭,从而使概念内涵愈加丰富,中外历史上的名篇和千古绝句都有这种特点。

3. 在叙事论理中,"模糊集合"在逻辑上的"缺环"(missing links)很多,使人在构成逻辑意念系统时颇费周章,从而加强了词语的启发性,促使思维向"完形"境界演进。"缺环"必然导致叙事事项间的联系松动、错位或断裂,从而给人以激励,使之联想翩翩。

4. 由于以上三点使语言所提供的信息呈现出一种定界模糊的总的"意会形态",即一种使人很难捉摸的非定式、非定形、非定量、非定向状态。可见审美中的模糊集合实际上是一种气质性的美,其特征是所指不明或不定产生的游移感、隐约感和飘逸感。

认识原作处在朦胧之中的模糊性审美构成要素也就是气质性的美,应该从以下三个方面出发。

(1) 从原作的主体性素质(包括作家精致及具体行文)、谋篇命意主题出发

刘勰在《文心雕龙》的《附会》篇("附会"的意思就是"命意谋篇")中说,写文章"必以情志为神明"。所谓"情志"就是我们现在所说的"命意主题","神明"就是"神采气质"。人的情志,他的精神风貌是无所不在的,这也正是他最本质的东西。文章也是一样的。作家赋予文章什么样的主题思想,文章就会具有什么样的风姿、气度,那也是无所不在的。詹姆士·乔伊斯是爱尔兰人,他内心深处隐藏着故土之情,但他又身为大不列颠的精神贵族,鄙夷爱尔兰文化则是他们的精神传统。《死者》很可能反映了乔伊斯的这种矛盾的隐衷,才使全文弥漫着、透溢着一种寒涩味和冷峻感。译者必须凭借自己的慧眼慧心,竭尽全力地屏息捕捉处于迷离扑朔中的种种色、感、味,抓住原文的神志,否则,绝难进入原作意境,做到神似。

(2) 从原作的整个篇章着眼

文章的风格犹如人的风韵,并不表现在局部的特征上,必须统观全局,

不忽视局部同时又不为局部现象或特征障目。这时,对翻译者来说,最重要的是必须具有一种综合能力,能集中各种印象,感受于一体,析出全文的主要特征,切不可囿于一词一句,"识昧圆通"(刘勰:《文心雕龙》,意思是缺乏通体、透彻的了解,对文章风格的认识必然是暧昧不明的)。认识文章的神韵之美,犹如观赏一幅油画。如果只抓住细部,看来看去,只是或凸或凹、或暗或明,是根本看不出美之所在、美之所由的。只有放开眼界,统观全局,使明暗各显其度,凸凹各呈其真,格调或隐或现,整个画面的美,才有可能从模糊进到清晰,清晰度还只能因人而异。我们这里所说的,就是艺术观赏中的所谓"超脱"。"超脱"者,指超脱局部、超脱细部、超脱形式、超脱表象。只有超脱,甩掉实实在在的真,才能抓住朦朦胧胧的美,进入高层次的审美体验。而超脱的关键,它的第一步,就是综合,就是"疏离原物"(distancing,与审美客体保持一定距离)、统揽全局。

(3)从比较着手

世界的未知性,许多是从比较(或对比)中得知的。崇高只有在丑恶的衬托下,才显得美。文章的格调常常在比较中显现出来,风格也是这样。同样是善于运用意识流手法的作家,乔伊斯与奥茨(Joyce Carol Oates, 1938–)就有很大的区别,不比较往往很难说清,一经比较,就一目了然了。就是同一作家的作品,只要译者悉心比较,也能分辨出文章气韵上的微差。

除了词语的模糊性问题以外,翻译审美的重要任务是语言的意象化和意境化。

"意象"(image, imagery)一般具有不可取代的动感效果和直感效果:它是作者用"情"托出来的一个艺术化了的"象",简言之,"意象"就是作者融会了情思的某种艺术形象。意象的情景化、境象化因而产生出一种似乎渺不可及、妙不可言的艺术气质就叫作"意境"。意象、意境运斤是中国艺术的独特的创作手法,因此翻译审美绝对不可以忽略。这是庞德(E. Pound, 1885–1972,美国诗人,知名的中国古典诗歌翻译家)翻译时在兹念兹的基本考量。

翻译的意象审美、意境审美也需要"疏离原物"(这时的"原物"主要指原文词句),就是所谓"离形":发于形而又脱于形、执着于情而又不执拗于情,才能把握、体味意象和意境的艺术底蕴。唐代白居易在《暮江吟》

中写过两句诗:"一道残阳铺水中,半江瑟瑟半江红",十四个字托出了一幅奇妙无比的景画。"残阳"指最后一抹夕阳,"瑟瑟"是一种澄碧色的宝石,夕阳下放出暗绿色的闪光,这是江面背阴的一半,江面由残阳映射的一半又是绚丽的橙红色。此景、此境、此情、此意之恬淡可人已无以复加。

以上所述端赖主体以感性为主导的感性理性互动运筹:在心中展开那"半江瑟瑟半江红",必有情思到笔端。

二、主客体互动以促进对审美认识的转化是审美体验的第二步

翻译者从审美客体中获得了种种审美认识以后,便在自己的脑海中对这些"美的信息"进行审慎的、反复的移情感受(empathy)。这个复杂的主客体互动过程我们可以称之为"转化"。对翻译而言,转化表现为审美主体的克服时空差与智能差。

时空差指原作的创作时代、原作者的生活地域、民族文化、心理素质等等时空因素与译者之间的差距。在翻译中,译者克服这些差距的过程,也就是对原作中"美的信息"的移情感受(迁移)过程。双语转换是时空差很大的一种高级语言活动。譬如,《离骚》是公元前300多年中国诗人屈原写的一首抒情长诗。一位当代英国的译者在他翻译《离骚》时,必须跨越2300多年和地理上相隔两大洲的时空差,通晓当时屈原所面临的社会政治矛盾以及在更广阔的领域中了解中华民族文化、心理素质和传统的审美价值观,审慎地、反复地进行艰苦的移情感受,才能体验或领悟《离骚》那种幽远高洁的意境和波澜壮阔的气势之美。《易经》上有"同声相应,同气相求"之说,其中包含了美学的哲理。移情感受的基本条件是"同声""同气";不"同声"、不"同气",就不能"相应""相求"。译者只有努力缩短时空差,力求与原作者"同声""同气",才能实现审美主体与审美客体的"相应""相求",为审美的加工再现创造条件。

译者与原作者之间的经验差异也是常见的,虽然不能绝对地说译者低于原作者。古往今来的译林高手是很多的。我们这里所说的经验是一个广义的相对概念。由于翻译总是存在着时空差,因此,原作者一般都处于相对的经验优势。他在原作中所注入的思想内容、所安排的语言技巧、所设计的审美构成以及由这一切所体现的民族文化与心理素质,可能形成一层

层审美体验的壁垒，妨碍审美主体发挥自己的审美功能。

但是，人类总是依靠自己的智能变不知为可知。因此，只要译者孜孜于译事（即严复所谓"旬月踟蹰"），严谨地对待任何一件翻译作品，克服经验上、智能上、知识上的差异，完成主客体互动过程，形成基本的审美判断是不成问题的。译坛高手古往有之，将来也肯定不乏其人。

移情感受在翻译的审美体验中是非常重要的一步。不经过这一步，则客体的审美构成即便被认识了还是不能转化为主体的审美体验。移情感受的主要障碍是所谓"功利自我"，即种种偏见、定见甚至陋见，只有跨过障碍，认识才会推进。但认识了庐山的真面目并不等于有所感于情怀。对翻译来说，认识了原文的美还必须通过译者在缩小时空差的过程中，加以设身处地的感受。只有深刻感受到了的东西，才有可能对之进行加工再现。意大利美学家克罗齐（B. Croce, 1866–1952）说"这是美学的全部奥秘"。

三、对转化结果的审美加工是审美体验的第三步

由于转化常常不可能一蹴而就，因此第二、三步通常交织进行，使基本的审美判断从模态定型化，翻译者在前两步的审美活动中所获得的感受可能是形形色色、驳杂纷繁的，不应也不可能将它们全部加以再现，而必须对之进行去粗取精、去伪存真、由此及彼、由表及里的加工，包括选择、组织和改造。译者对原文的移情感受的选择、组织和改造应在两个方面反复地、交织地进行：一是具象的审美信息方面，主要应充分运用自己的语言功力；二是模糊性审美信息方面，主要依靠译者的才力。当然，这两个方面、两种能力是相互作用的。

四、译者对移情感受的加工的结果就是再现

具体而言，再现就是译者将自己经过识别、转化、加工的审美体验从初始时期的模态定型化为比较稳定的形态，并赋之于目的语，即译文。下面我们将以上审美程序描写归纳为五个逐一迭进但界线并不分明的步骤或过程：

第一步 审美主体投入审美对象 SLT，直接感受客体的全部基本特性和审美特性。

第二步 主体激活（invoke or activate）心智潜能（理解）和感性潜能（包括情感），摆脱"功利自我（指偏见）"的干扰，在形与义上与客体交融互动。

第三步 深化基本的审美判断；主体在客体激励下实现障碍化除，自我超越，形成美感模态。

第四步 在主、客体互动中积极发展主体潜能、发现客体潜质，进入审美满足的整体性高境界（包括心智和情感）；使美感从模态定型化。

第五步 主体自觉对自我与客体（SLT）有了新的认知，并从美感获得中得到满足，因而具有强烈的审美表现意愿：情感亢奋伴随认知提升表现为 TLT 的完成。

以上五个界线并不分明的步骤，也就是翻译审美的大体程式，可以图例如下：

第一步、第二步	第三步	第三步、第四步	第五步
审美态度 Aes. At.	审美客体 Aes. Obj. +Subj.	审美经验的富集 Aes. Subj.	终端 TLT Aes. Rep.
·高度的集成性：(Integration) 对审美客体的集成审视（观照）： ① 感性层（感性的运筹）—— 感觉、知觉 ┤析出情感、意象、意境 ② 理性层（知性的参与）—— 概念、判断、推理 ┤析出意义、意向	主、客体互动的运动开始运作：互动中的启动者永远是主体，互动反复进行以构建美感模态	① Perceptivity 审美感受过程：焦点是客体的审美特征 ② Formation 基本的审美判断从模态定型化，即美感的逐渐成形 ③ Representation 寻求最佳的表现式、陈述式：经验从富集到完形	"表现"及"形式"(Adorou, 1972)：译文审美表现

图 12-1 翻译审美程式（程序化）示意图

对原文的审美再现涉及许多值得深入探讨的问题，我们不拟在这里详加讨论，只能概略地举其大端。在翻译中审美再现的常用手段是：

（一）**模拟（模仿）** 一般说来，模拟是一种基础性但绝不是不重要的审美再现手段，即按照原文的语言形式美和文章气质复制译文。不失神采的形式模拟是可以收到预期的审美效果的。但模拟具有明显的局限性，特别是双语在民族文化和心理素质上存在着显著的差异时，刻意的模仿常使效果适得其反。代表某一语言基本形态或韵律特征的美学表象要素通常是难以或无法模仿的。例如汉语古典诗词常以入声韵渲染悲凉、悲切或悲壮的意境（如宋代诗人柳永的词《雨霖铃》）⑨，就属于审美再现上的难题。英语的首韵法也是如此。

（二）**对应** 对应比模仿进了一步，它避免了因承袭原型可能带来的生涩感以及因此而失去审美效果的危险性。对应的显著优点是顾及并跳越了民族文化、心理素质和语言特征等方面的障碍，发扬了译文的优势，保证了可读性。对应能否成为保证原文审美效果的手段，关键在于译者应充分发挥审美主体的审美功能，特别是要善于捕捉原文模糊性审美构成。译者还必须对目的语具有较强的审美意识，能在目的语中找到与原文的美相对应的表达方式。将李清照的"寻寻觅觅，冷冷清清，凄凄惨惨戚戚"译成"so dim, so dark, so dense, so dull, so damp, so dank, so dead"（林语堂），就是一种英语对应式审美再现（用复迭"so"与首韵"d"）。这时如果用复制式的模拟，效果肯定很差。

（三）**代偿** 代偿是一种**旨在谋求对应功效的重建**，可见代偿式重建是一种高层次的"得意忘象"式审美再现手段。代偿式重建的前提是审美主体必须充分发挥自己的审美功能，有充分的审美体验，基本上消除了时空差和智能差，完全进入了"化境"，因而能对原文的美重新加以塑造。代偿式重建审美再现的典型例子在中国有严复译的《天演论·导言》的第一段。读者只要将原文与严复的这段翻译悉心对比，就会深深感受到译者的先秦笔韵，实堪与赫胥黎的原文媲美。后者最后一句是："One year after another, with an average population, the floating Balance of the unceasing struggle for existence among the indigenous plants, maintained itself." 严复译为"年年岁岁，偏有留遗"，文辞精美，语义圆通，令人叹服！应该说明的是，既然是代偿式重建而不是模仿，拘泥于与原语的字比句次的对照是没有意义的，因为代偿的目的正是摆脱原语形式的制约，得意而忘象，集中于关注整体功效之不相伯仲。

以上谈的是审美操作的一般规律，下面还需谈一个语际审美转换中的一个最基本问题：翻译中的**意义审美及审美调节**。

12.2 翻译的意义审美与审美调节问题

从以上的分析可以看到，在任何情况下语际审美转换都必然也必须落实到意义，因此意义的审美就成了一个不能忽视的基本一环，也是关键的一环。

12.2.1 意义的概念呈现（Conceptual Presentation）与审美呈现（Aesthetic Presentation）

语言中有很多词语的概念本身并没有承载任何审美信息，如"老年""红色""情感""先前""面容""中断"等等，这样的词语成千上万；而另一些词语的概念本身则显然带有某种审美信息，如"清风""坚强""彩虹"等等。然而，不论词义本身是否带有审美信息，一旦进入使用，词语的概念意义都成了或构建**审美形象**（意象、意境、景象）或参与**审美描述**（描绘、描写、陈述）的基本手段，总之是**审美化**了，从而具有了审美意义。如在前面提到的本身不带任何审美信息的几个词语，一旦进入"红颜未老恩先断"（白居易《后宫词》）一句诗中，原本不承载审美信息的词都参与了意象的构建，使整句含蕴一种痛惜的凄美：诗人在这里所做的就是将他选择的词语的**概念意义**提升到**审美意义**，将**概念呈现**推进到**审美呈现**。因此，在语际审美转换中，译者所要做的是：**第一**，准确把握原语所使用的每一个词的**概念意义**，把握它们的**概念内涵**；**第二**，将译语的**概念意义**提升为**审美意义**，将**概念呈现**推进到**审美呈现**，也就是怎样利用语境使概念意义审美化的问题。英国知名的中国典籍翻译家翟理思（Herbert Giles, 1845–1935）将白居易那句诗译为："Although his love has gone her beauty lingers yet"。试拆句细细分析，就可以看到译者所做的**概念提升**和**呈现推进**有几点是很到位的:"红颜" ⇨ beauty,"未老" ⇨ lingers,"恩" ⇨ love,"先断" ⇨ has gone;另外,由于英语句法结构的要求,译者将整句的意义焦点倒转了 在原句中"红颜未老"是焦点,着意点出"花未谢",而在译句中"恩爱未断"成了焦点,落在"情未了"上了,不能不说意思也相当深刻!

概念提升和呈现推进的成功,端赖译者"澄神以思"。另如:

* daybreak ⇨ 破晓
* the green azures ⇨ 碧空
* long long afterwards in this universe ⇨ 物转星移到几时
* 自我陶醉 ⇨ keep (indulge) in day-dreaming
* 惺惺惜惺惺 ⇨ the smart likes the smart
* 此情可待成追忆 ⇨ let love endure along with sweet memories

可见语言审美要求情思"放得开",不要执着于概念意义、概念呈现,贵在神会意得。我国宋代有位才人田锡(亦作"田惜")有句妙语:"物象不能桎梏于我性,文采不能拘限于天真,然后绝笔而观,澄神以思,不知文有我欤?我有文欤?"(田锡《贻宋小著书》,着重点是本书作者加的)也就是所谓"情思落处,笔下生澜"了!

12.2.2 翻译中的审美调节(Aesthetic Modulation, 简称为 AM)

有三个因素可使语言意义的审美表现**流动性**(Fluidity)很大:**境**(**语境**)、**体**(**文体**)、**情**(**情感**)。意义审美表现的流动性大其实是语言的一大优点,问题在于翻译应该怎样去把握这种流动性?怎样去操控这种流动性。这里就涉及翻译中的审美调节问题。从上节的分析也可以看到,将译语优化的关键一环是审美调节,指旨在使文辞更加贴近语境、文体要求和情感表达的"微调"(Refining)。以下我们就按"**境、体、情**"这三个因素来谈翻译如何利用审美调节来操控意义审美表现的流动性。实际上,这也就是翻译意义审美表现的调节依据和标准。

一、求美以适境 (Refinement in keeping with the context)

文贵适体，词贵适境。求美不在文饰绮丽。以牺牲自然适境来寻求文辞华美，可以说是"枉费心机"。下面的一段原语出自英国作家王尔德（Oscar Wilde，1854–1900）的一篇著名散文。早些年，王尔德这句对美国的"国骂"在英国几乎妇孺皆知：

> One is impressed in America, but not favourably impressed, by the inordinate size of everything. The country seems to try to bully one into a belief in its power by its impressive bigness. (*Impression of America*)

下面是一式汉译：

> "美国之大令人印象**却非良深**，每一事物都是**大而失体**，它似乎是想以其**失体之大**来**霸凌**世人**认同**它的**权力**。"

译文中问题很多。其实除了"……之大……却非良深"这种关联搭配实在拗口以外，其他有问题的词都不是本身的问题，而是"放错了地方"（misplaced; out of place）。今试作较大审美调节改译如下：

> 美国的一切大则大矣，但给人的印象欠佳。它似乎是想以其形体硕大而逼迫世人相信那才是它的力量所在。

二、求美以适体 (Refinement in keeping with the style)

写文章求美自不待言，但千万不能不顾文体、不顾体裁、不顾文章品位体式（常常表现为正式体或非正式体）。唐代诗人陈子昂的《登幽州台歌》最后一句慨叹说："独怆然而泪下。"这里"泪下"就宜作审美调整。陈子昂身处初唐（公元 618—713）晚期及盛唐（公元 713—766）初期，整体社会精神处在上扬期，加以他是个心气颇高的男子。他登上幽州台放眼望去，顿觉时世悠悠，人事浩渺；不禁悲天悯己，感从中来乃至泪水充盈，夺眶而出是很可能的,但绝对不至于像西方译者理解的"all tears"(哭成了泪人儿,或眼泪唰唰地流)。许渊冲解释为"I shed sad tears"(伤心地哭起来),看来也不至于此,还可以调整为"My eyes blurred with sad tears",说到底他的"怆然"更多的是失意的怅惘。翻译中我们常常看到不适体的译词。上面谈到语言因境、因体、因情而异的表现法流动性,就"体"而言,流动性表现得很经常的是所谓**正式体**(包括端雅体)和**非正式体**(包括随常体)。下例显示表现式随体而变的流动性:

	正式体	非正式体
* 色即是空	the all-embracing Emptiness	Everything visible is empty
* 艳惊四座	(her) astonishing beauty	(her) breathtaking beauty
* 吓呆了	be transfixed	be unable to move with shock
* with blank incomprehension 大感不解		压根儿不明白
* by various stratagems 施以不同策略		用尽一切招数
* a gaggle of tourists 一群喧闹的旅游者		一帮叽叽喳喳的游客

显然,意义的这种表现法流动性非常有利于译者调整语言审美表现品级。这里涉及翻译接受的效果问题,也是译者技巧纯熟的表现,"雅俗"问题翻译不能不加以研究。(详见本书第十三章)

三、求美以缘情 (Refinement in keeping with the emotion)

审美调节不能忽略原语中的情感表现、情感蕴含。为准确做出审美调节,这时译者需要**充分移情**(empathy),即"移彼(原语中)之情为己之情"(参见朱光潜论移情,《西方美学史》,第334页)。实现移情需要想象,美国当代美学家 G. Currie 说:

> As alternative conception argues that empathy is outward-looking, *we are to imagine ourselves in the situation of the target agent,* seeking the world, in imagination, as if was for that agent. If we can do this in a vivid and seamless way, we can then come to respond to that world as the *target*

would have responded to it.

(Interpretation Art, *Oxford Handbook of Aesthetics*, 2003: 302)

Currie 的意思是要求译者**设身处地地想象**，这确实是成功的恰如其分移情的关键。例如前引王尔德的原句，作为其时标举唯美主义的"当红作家"，王尔德在美国时对美国流露出鄙夷之情，可以理解；但不宜表现得过分，因为他究竟是爱尔兰人，是很多爱尔兰裔美国人的同胞，因此译文表现宜作适当的审美调节。

12.2.3 审美调节是个开放系统

意义审美调节的手段很多，实际上它是一个开放系统，一如可译性，它是不可穷尽的。在现阶段，常用的审美调节手段见下图：

SL 概念呈现	⇨	审美调节手段	⇨	TL 审美呈现
一般特点： 平淡、平易，没有修饰，甚至"毛糙"		a）炼字：词语凝练 b）隐喻化、形象化 c）与成语求切 d）拆析、缀合 e）隐含化 融汇法 f）文体变换 g）其他（包括创新）		一般特点： 达到或至少接近"准、精、美"

图 12-2

如前所述，这里的关键问题是，译者必须树立一个观念：意义是动态的，意义的审美表现具有很大的流动性，译者所做的只不过是顺应它的流动性择善从优而已，但正是这个奇妙的流动性使译者有可能在词句间游刃有余，从而使译文放出奇光异彩！

12.3 翻译的审美标准问题

我们将以对翻译的审美标准的简要讨论作为本章的结语，因为翻译上的诸多美学问题常常最终涉及审美标准问题。

翻译上的审美标准的核心问题是必须树立辩证观、整体观。具体说来是：

（一）必须确立**翻译审美标准的相对性**　翻译是语际转换，不能脱离具体的双语差异。因此，印欧语系之间的转换规律不能等同于印欧语系与汉藏语系之间的转换规律。由于转换规律只具有相对的适应性，因此审美标准就必须具有与之相应的相对性。比如同一语系之间的双语交换可以容许有较多的模拟式形式美，不同语系之间的双语转换则应努力探求对应式或重建式的形式美。翻译是时空差很大的艺术。

（二）必须确立**翻译审美标准的时代性**　这是翻译艺术时空差的另一个重要方面。每一个特定的时代都有自己特定的审美标准。严复之所以孜孜于先秦韵文的"尔雅"之美，是他所处的时代决定的，也是他的一种文化战略考量。时代发展了，审美标准也必然随之发展。文风有一个时尚问题，我们今天的翻译一般应适应当代清新、欣畅的文风，具有时代感。这是总的原则。

（三）必须确立**翻译审美标准的社会性**　美感具有鲜明的个性，人的个性千差万别。因此审美体验不可能人人咸出一辙。但不能将审美感受的个性绝对化，排斥社会性。原因是：语际转换是一种社会交际活动，翻译审美效果应以社会价值观为调节杠杆。在这一点上，接受美学理论的一条最主要的基本原则"视野融合"是值得我们借鉴的：只有让广大读者的"期待视野"与我们的译文相融合，才能谈得上译文的美学水准。因此，我们说"下里巴人"之美不必逊于"阳春白雪"。偏见与偏爱常常会妨碍译者作为审美主体的功能得到发挥。

（四）必须确立**翻译审美标准的相对依附性**　翻译不是创作，不能不顾原文，一味臆造。翻译者必须以自己的审美认识为依据，进行审慎的、反复的审美体验，选择与原文审美构成相适应的审美再现手段。离开了这一切去追求译文的美，如果不是哗众取宠，至少也是一种虚妄无益的徒劳。朴实的原文应还它以朴实之美。

最后应该强调指出，本章只是从操作的层面探讨了翻译美学，还有许多美学理论课题有待我们系统、深入地加以探索、阐发。我们之所以非常关注翻译的美学观、努力发展翻译的美学理论，也是基于一种文化战略考量。21世纪我们的历史任务是民族文化复兴。构建体现中国价值的翻译学无疑是中华文化复兴的重要部分，而翻译与美学结缘正是中国翻译学价值的特征。

〔注释〕

①详见 Tytler 著 *Essay on the Principles of Translation*, Richard Clay & Sons, London, pp. 204–205。

②关于西方翻译理论的优点及局限性参见刘宓庆著《西方翻译理论概评》，载《中国翻译》，1989年第1期。

③其中包括《辩骚》等文体论共21篇，《神思》等创作论共17篇，《体性》等文艺美学批评共7篇。

④引文中括号内的解释是本书作者加的。

⑤见三国时支谦著《法句经序》："……'其传经者，当今易晓，勿厌义，是则为善'。座中咸曰：'老氏称美言不信，信言不美'……今传胡义，实宜径达……"转引自马祖毅著《中国翻译简史》，中国对外翻译出版公司1984年版，第二版。

⑥引自马建忠著《拟设翻译书院议》，载罗新璋编《翻译论集》，商务印书馆1984年版，第126页。

⑦梁启超曾经就此评论说："中国旧译之病，尽于是矣。虽其中体例严谨、文笔雅驯者，未始无之。而驳杂繁芜，讹谬俚俗，十居六七。"引自《饮冰室文集类编上》，《论译书》。

⑧严复强调"雅"，也与中国古典文艺美学的传统观点不谋而合，譬如，刘勰就认为文风以商周的"丽而雅"最为可取，见《文心雕龙·通变篇》。当然，严复提出的"雅"有"古雅"之意，"古雅"是清代王国维（1877—1927）提出来的"古雅之致存于艺术"，是形式美的课题，强调形式的功能，严复取其意是可能的。

⑨汉语属于声调语言，声调有调位，不同的调位具有不同的表意性区别特征。唐元和《韵谱》中说："平声哀而安，上声厉而高，去声清而远，入声直而促"；《十七史商榷》（王鸣盛）解释入声说：入声需"闭气言之"。直而促的闭气之音，可以寄寓"断肠之情"。

第十三章　翻译的接受理论

13.0　概述:"失去了读者就失去了一切"

中国有句成语:"孤芳自赏",似乎是在温和地批评那种把"自我"当作中心的审美取向。无独有偶,法国的作曲家圣桑(Camille Saint Saens, 1835–1921)也说过类似的话:"失去听众的自我讴歌,也许算不上音乐"——今天欧洲的文学界已将这句话点化成了一句职业箴言:"失去了读者就失去了一切"。实际上,这也正是接受美学①的主旨性主张。

很显然,这句话也完全适应于翻译。

"接受理论"(Reception theory)是欧洲接受美学发展的一套关于接受的价值取向理论。接受论者认为文学作品是一种"社会文化符号",其职责是在作家与社会之间、作家与历史之间进行沟通、传导,因此文学和文本研究不应当仅仅以作家为中心,文学的艺术性应该参照社会的审美价值取向,也就是接受者(为行文方便,以下接受者和读者两词交替使用,意义相同,但多用读者)的取向。正因如此,我们可以说读者实际上参与了艺术价值观的构建,而艺术的社会职责也必须保障读者之参与价值构建和提升(value establishment and enhancement)。

毫无疑问,接受美学的这些基本观点对翻译学而言具有明显的借鉴意义。翻译学可以借助接受美学,建立自己的接受理论,向科学的翻译学迈进一步。

13.1　读者的"话事权"(the Receptor's Say)

有人可能要问：为什么说"失去了读者就失去了一切"呢？读者群体无姓无名，可以说行迹无踪，他们真有这么大的"话事权"吗？为什么呢？翻译是由译者来完成的，有道是成败取决于译者，为什么要由读者来"话事"呢？下面我们就来分析这个问题。

13.1.1　读者的超功利性

一般而言，每一个具体的翻译读者当然会有他（她）自己的阅读目的，比如为搜集资讯、为求职升学、为提升学养，还有很多的翻译读者则纯粹是为了扩展阅历、陶冶性情、丰富人生体验。这一些目的，在哲学含义上都不认为具有"功利"（utility）性质。哲学上的功利和功利主义（utilitarianism）指牟取物质利益的手段。因此，我们才可以说"读者是超功利的"。读者的超功利性还离不开一个整体概念。"读者"作为广大的社会群体是根本与功利绝缘的，世界上找不到追逐物质利益的广大社会读者群体，翻译接受也是一样。在美学上，与功利绝缘就是"真善美"的"善"，因而必然兼具"真"与"美"的条件。我们可以从翻译史的突出例证来看这个问题。19世纪末，严复的《天演论》译作一出，华夏为之一震，读者一代复一代，得益的是译作传播的社会进化论思想，与功利毫不沾边。当年作为读者的鲁迅，曾经这样记述了他当时的**"非功利接受"**心态：

> 看新书的风气便流行起来，我也知道中国有一部书叫《天演论》。星期日跑到城南去买了来。白纸石印的一厚本，价五百文正。翻开一看，是写得很好的字，开首便道："……"哦！原来世界上竟还有一个赫胥黎坐在书房里那么想，而且想得那么新鲜？一口气读下去，"物竞""天择"也出来了，苏格拉底、柏拉图也出来了，斯多噶也出来了。……（《朝花夕拾·琐记》）

可以说严复翻译的九部西方名著,参与挽救了一个沉沦的中国、缔造了一个觉醒的中国。"非功利接受"最突出的例证还有《圣经》翻译。古老的《圣经》原是用很小的语种古希伯来(Hebrew)文写的一本断断续续的"小书"(Biblia),通过翻译今天成了遍及全球、数以十亿计的人的精神道德读物,不能不说是"非功利接受"的一大奇迹。这也说明非功利性所具有的深不可测的巨大潜力。中国的《论语》《孙子兵法》也都赖"非功利接受"成了世界人民的精神食粮,经常被引用作行为准则。

13.1.2 读者是文本"不确定性的确定者":疑义相与析

接受者的话事权还来自其独特身份——无名氏。

古往今来的读者都被赋予了一种"固有天职"(intrinsic task):在中国古代,这份天职被称为"看官",所谓"纵是帝王千金句,看官眼下不留情",也就是说读者可以凭借"无名氏"的特殊身份分辨黑白,明断是非。大家无名无姓,所以也无情面可言,因而也就最接近真理。这是就接受者而言。

还应该就文本而言。我们知道,文本(尤其是古典文献和文学)无不存在很多的"不确定性"(uncertainty),中国传统文论称之为"疑义",其中包括意义的、文体的、结构的、事实(史实)的种种不确定性。这种种"不确定性"也有接受论者称之为"期待读者填充的空白"(W. Iser, 1976)。当然,有些"不确定性"其实并不是什么"不确定"的"空白",而是某些读者自己头脑里的、理解上的"疑义"。读者接受理论认为读者实际上正是"文本不确定性的**确定者**",或者叫作"空白**填补者**"(blank fillers, gap fillers),因此也是文本理解(常常是深层理解)的推动者,所谓"疑义相与析,疑窦合共开"。以《庄子》为例。《庄子》在先秦时期业已成书,但对它的作者庄周,人们却知之甚少,只知道他是一个很深刻、很超脱的哲人,庄周自己说,"以天下为沉浊,不可与庄语"(世界上这种沉迷不悟之徒,根本就不可理喻)(《庄子·天下》)。庄周的文章深邃高雅,清逸幽远,隐喻性极强,后人看来"疑窦"实在很多,一般集中于三大难点：什么叫"大而无用"(《逍遥游》)，尤其是其中的"大"与"无"作何理解？什么叫"人故无情"(《德充符》)？怎么理解"鱼之乐"(《秋水》)？其中一个"大"字、一个"无"字，还有"子非鱼"的深意，更使后人争论不休。参与论争的大师有司马迁、郭象、王安石、苏轼、韩愈、周敦颐、朱熹等等，专门给《庄子》作注疏、集解、阐译的则更多，在郭象以前就有几十家，知名者有崔譔、向秀、司马彪、孟氏、葛洪等等。正是这一大批《庄子》的读者，构成了"疑义相与析"的大军，构成了《庄子》文本的"不确定性的确定者群体"，从而极大地丰富了道家学说的内涵。《庄子》中的很多精美词语，例如"秋水""蝶化""知鱼""庖丁解牛""游刃有余""大鹏展翅""相濡以沫""子非我，安知我不知鱼之乐"，等等，在很大程度上都是靠这支"疑义相与析"的大军薪火相传到今天。可以毫不夸张地说，没有这支"读者"大军，就没有中国"经、史、子、集"中的一大半杰作！

13.1.3　艺术模仿：对接受的转化和提升

人类文化史中有很多杰出的作品常常是模仿的产儿，而其作者的艺术模仿则常常源于对接受的转化和提升 (transformation and promotion based on reception, R. Ingarden, *Experience, Artworks and Values*. 1968)。这就是说，艺术家是先作为原型接受者才能成为对原型的模仿者，试问没有充分的、执着的"**原型接受**"(Reception of Prototype)，即对原型持久、反复的**审美审视、结构剖析、机理理解、功能评析**，艺术家怎么可能进入对原型上的模仿过程，对原型进行转化和提升呢？那不是等于缘木求鱼吗？可以说正是由于他（她）先作为忠实的读者，被原型所激发、所激励、所感悟才产生对模仿进行转化和提升的激情、联想、想象，才有可能创造出"出于蓝而胜于蓝"的"模仿的产儿"。《富春山居图》的作者元代画家黄公望对富春山的一草一木、一丘一壑、一石一崖观察了十八个年头，也就是说，他先当了十八个年头潜心的鉴赏者或忠实的"接受者"，才有可能运用他那"湿笔横点"将一百八十里江山在披麻皴上一气呵成。可以这样说，连世界上最狂野的艺术创作（如果称得上是艺术创作的话），都有一个**原型**

接受的过程： 那可能正是激励他的"狂野之源"。英国维多利亚时代最富负名的作家和理论家罗斯金（John Ruskin, 1819–1900）说过一段话，告诫人们在做模仿者之前先做好接受者，他说：(引语中的省略和斜体是本书作者加的）

> It is not only possible, but a frequent condition of human action. To do right and be right — yet so as *to mislead other people if they rashly imitate the thing done.* For there are many rights which are not absolutely, but relatively right — right only for that person to do under those circumstances, ...
>
> Thus it stands between Titian and Tintoret, Titian is always absolutely Right. You may imitate him with entire security that you are doing the best thing that can possibly be done for the purpose in hand. Tintoret is always relatively Right — relatively to his own aims ... But *you must quite understand Tintoret before you can be sure what his aim wa*s, and why he was then right in doing what would not be right always. If, however, *you take the pains thus to understand him, he becomes entirely instructive an exemplary, ... and you can only study him rightly* with that reverence for him. (Appendix 1, *Ten Lectures on Art,* 2008: 464–465)

罗斯金是说，你必须深入研究模仿对象、理解模仿对象，才可能有正确的艺术表现，否则你这种模仿即无异于误导（mislead）世人。艺术离不开模仿，但成功的模仿取决于正确的原型接受。道理很明白，你如果根本不理解提香，不先老老实实做个提香（Titian,1490–1576，文艺复兴时期的意大利画家），不老老实实地做个提香的接受者，你又怎么能成功地模仿提香呢？对翻译而言，这个道理也是千真万确的：**必须杜绝"错误接受"**（incorrect reception），因为你的错误接受必然会导致你的错误转换，这时，不论原文被你转换、提升得多么巧妙，也无异于对世人的误导。

13.1.4 读者参与了翻译的价值取向

以上三节的论证说明了一个重要问题：读者实际上参与了翻译的价值构建和价值取向，并将自己的价值观和价值取向体现及融合在翻译审美价值观和取向中。

如前所述，从历史上看，翻译的生产方式经历了三个阶段的演进，第一个阶段是书斋式（Study Mode）；第二个阶段是作坊式（Workshop Mode）；第三个阶段是产业式（Industrial Mode）。其中第一与第二个阶段时间最长，这时作者—译者—读者之间的互动链基本上是不存在或很弱的，他们之间的价值体系也基本上互不沾边。进入20世纪50年代以后，随着信息时代的到来，翻译需求猛增，翻译的生产方式被推进到产业化阶段，市场经济效益深刻地影响到翻译的"作者—译者—读者"之间的互动链，三者的价值观和价值取向也明显向读者倾斜。无论在中国或西方，书斋的"孤芳自赏"与作坊的"小圈子趣味"已统统被读者大军巨大的市场需求所淹没。毫无疑问，在当代，"读者"实际上是翻译价值构建和审美取向定夺的强有力的参与者，他们参与构建了主流价值，也参与构建了非主流价值，形成了当代社会多元的审美取向。下文还有阐发。

在下一节中，我们还将对当代读者进行结构分析。

13.2 翻译接受的价值标准

"翻译接受"与"读者接受"其实是一类含义，读者接受是就一般文本而言，翻译接受则是就翻译文本而言，当然后者更为复杂。在讲翻译接受以前，我们还必须分析一下接受者的群体性问题。这样可以使我们进一步看到接受取向对审美价值取向和翻译审美接受的重大意义。

13.2.1 接受群体（读者群体）的高度复合性

"读者"是一个超时空概念，读者的历时坐标可以无限延伸，读者的横向坐标也可以无限扩展。在任何时代或地方，"读者"其实都不是铁板一块。现代读者群体的规模更加庞大，其成分、层次和结构形态更为复杂。下面试做一个大体的解剖。

"读者群体"（Readers Group，简称 RP）是一个整体概念，一个**复合体**（Compound）。从组织成分来看，读者群体由社会阶层上、政治态度上、经济地位上、文化程度上、宗教信仰上及民族种性上千差万别的无数个群体组成。究竟有多少个群体呢？事实上很难做出统计。虽然如此，我们还是可以对社会读者群体这个庞大的复合体按若干类别做出结构剖析，列出如下的分布状况：

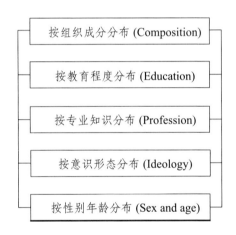

图 13-1　读者群体（RP）的复合成分分析*

*表中左右括号及各层横线相连表示关系相通、相叠。

读者群体的复合性不仅仅表现在**复合成分多样**上，还表现在成分之间的**多重交叠**上（extensively overlapped）。一般说来，除性别年龄档外，每一分档中的高端读者，都是最具代表性、最活跃的读者，他们的审美倾向和诉求特别是对翻译的"期待"[②]，对其他成员常常具有引导性，我们应当特别注意。据此，我们要看到以下几点：

一、复杂性、代表性和指标性

由于读者群体是一种多重交叠的复合的结构，非常复杂，因此译者要悉心分析读者反馈（"接受者反馈"，Recipient Feedback，简称 RF）究竟有没有代表性、指标性，即在多大的程度上说明（什么）问题。西方很多出版社都有针对性很强的社会调查。代表性、指标性很强的 RF（一般有数据可供译者参考），应该是**翻译接受的风向标**，是必须认真考虑的。

二、动态性、可变性和竞争性

由于读者群体具有复杂的复合性，因此读者接受内部可能"矛盾重重"，被认为主流的 RF 和被认为是"偏见"的 RF 常常伴随时序之变，"翻了个儿"。清末及民国初期对严复的译风"先秦笔韵"二十年内之"褒贬易位"就说明这个问题。"偏见"不一定没有风向标作用。乔伊斯的《尤利西斯》（1921）在欧美曾经被封杀，到 1933 年才开始在美国"开禁"。20 世纪中期以后文艺界用弗洛伊德心理学派的"三我论"（本我、自我、超我）论证了潜意识的存在和表象，才让《尤利西斯》重见天日，"意识流"成了现代艺术竞相效法的审美表现手段。汉代刘勰说，"时运交移，质文代变，古今情理"（《文心雕龙·时序》），文风的审美理想和取向随时序之变而变化。这是发展的情理中之事。

三、多元性、兼容性和共荣性

因此，看到"读者接受"在同一个时期内存在的多元性及兼容性，对译者和翻译事业的管理者而言都是极其重要的，因为在"多元""兼容"中必有发展变化，我们必须精于观察，就是所谓"察时以观其变"（唐代杨炯《王勃集序》），此其一。其二是翻译接受群体非常复杂，我们既要看到主流、把握重点，也同样要重视非主流、重视非重点。理由就是上面所说的读者接受具有动态性、流变性；同时多元社会也必须容纳不同的翻译审美取向，给它们开辟充分的良性竞争空间，译者就可以在其中**择善从优**，即无论是对主流文化读者或非主流文化读者，翻译奉献的都应该是真、善、美的作品。

总之，社会越进步，越走向多元化，读者群体的复合性越突出，它在以上三个方面的表现就越复杂，简单化的"二元对立分析"或所谓"阶级分析"和功利分析都是解决不了任何问题的。其实，译者与翻译接受之间的隔膜、隔阂、矛盾等等都是常见的现象，最有效的弥合、调节方式就是现代诠释学所倡导的**对话**③。下面（本章 13.3 节）还要谈到。

13.2.2　读者接受的基本价值诉求

"读者接受"不是一个笼统、空泛的（喜欢不喜欢）或简单的（好与不好）概念，"翻译接受"也一样。但翻译接受涉及从原语到译语的多层面传送和转换，因此，可以说翻译接受的价值标准有一定的特殊性，有些地方甚至比一般读者接受更为严格，原因是翻译读者的审美期待具有一定的特殊性，这种期待往往表现为如下的价值诉求：

一、价值诉求之一：高度重视意义的概念转换和审美转换

语际交流离不开意义转换。意义有很多种（见本书第四章），而读者一般最关注的是**概念意义**（包括语境意义）和**审美意义**（包括概念意义和语境意义以外的其他各种意义）。翻译接受对意义的准确转换及其审美表现的诉求很高（见本书第九章）。可以想见，读者对概念意义失真和审美意义失真的翻译一定是会加以贬斥的。问题是"**概念意义失真**"（意义**没有翻对**，有失于概念转换）与"**审美意义失真**"（意义**没有翻好**，有失于审美转换）究竟如何识别和界定？我们看看例子就清楚了，下面包含四组意义——两组正确，两组失真：（斜体表示失真）

	概念意义失真 ⇨	概念意义正确	审美意义失真 ⇨	审美意义正确
① 月杪	*the crescent moon*	*the end of the month	（无审美意义）	（无审美意义）
② 古道热肠	*stick to old values*	*honest and upright	（成语审美意义未译出）	
③ 磨合	——	*incorporate	*fit in with each other*	（形象审美立意未译出）
④ 床笫风流	*romance*	——	——	*adulterous affairs*

⑤洛阳纸贵	—— *cause the price of paper rise in Luoyang	*become a precious edition	（典故审美意义未译出）
⑥念念有词 *like reading sth		（成语，利用叠词）	* mumble to oneself

语言中有些词语本身是并没有什么审美意义的（如例①），这里的失真是由于望文生义。但很多词语是有不同形式的审美立意的，如②、③是利用比喻，④是利用婉转修辞，⑤是利用典故，⑥是利用叠词。不论有没有修辞审美立意，翻译都应当认真对待。以上例证均取自外国译者的汉语英译，其中有些例子不尽人意处在不理解中国文化，而且是可译性限度使然。从整体上看，中国人的阅读传统历来重视意义，"言不及义"或"以辞害意"都是中国读者难以接受的。

作为翻译，在意义传送和转换上有四个字要牢记：**明察秋毫**。

二、价值诉求之二：翻译的语言审美的标准

语言美是翻译接受的重要标准，与中国传统上很重视语言审美表现非常有关系。明代文论家谢榛举例说明了语言的审美之功：

> 韦苏州曰："窗里人将老，门前树已秋。"白乐天曰："树初黄叶日，人欲白头时。"司空曙曰："雨中黄叶树，灯下白头人。"三诗同一机杼，司空为优：善状目前之景，无限凄感，见乎言表。（《四溟诗话》卷一）

谢榛的意思是说，大师们都有真情，就看哪个语言表现得最美了，他认为司空曙那两句最为精美。就翻译而言，原语的景、理、情、境对我们都有限制，就看语言表现得是否最恰当了。以下三点需要牢记：

（一）用词恰当

翻译用词善在贴近原语又切合译语，要顾两头，就叫作恰当，也就是儒家所说的"辞达而已"。翻译中只重华丽的选词是一个很坏的倾向，译者一定要戒绝。当代汉语用词时有矫饰之弊，动辄将写得不错的诗文赞为"盛世华章""惊天绝唱""千古同赞"，在英语看来其实都只是"good writing"，这时译者记住"辞达而已"就很紧要了。

（二）行文欣畅

"欣畅"其实就是 fluence，通顺可读，俗话说"没有疙疙瘩瘩（grittiness）的地方"，英语叫作 flowing 或者 fluid，相当于汉语说行云流水。当代译文中的欣畅之敌是文白夹杂、文理不通、语句拖沓、用词乖张、连词误用、虚词缺如、语义晦涩、文气虚浮、强词悖理、诡辩夺人、语多矫饰，最后是洋气逼人（指文句过度欧化）。道家说"道法自然"，完全适用于翻译，用汉语的自然语句表达，则美尽在其中。

（三）创新有度

译文创新当然是可贵的，但是创新要恪守两个原则（就是"法度"），一是没有违背原语的意思，二是符合汉语的规范。译文的情、意脱胎于外语，带有一点外语味（有人称为"适度异化"）也是情有可原的，但这外语味应该有个限度，也就是必须止于"适度"。从近年翻译出版物看，"超限度外语味"（也就是"翻译腔"）典型表现有：

(1) 超长句，即句子长度达 40 字以上，而且结构纠结、条理不清；

(2) 多重定语句（即俗称"的的不休"句）及长定语包孕句（包孕式前置定语长达 20 字以上），而且修饰关系纠结不清；

(3) 长后置状语分句，即后置的以"如果""即便""除非"等等引导的状语分句，使听者产生前后脱节感；

(4) 人称代词指代不清，"他、她、它、他们、她们、它们"交叉频繁使用；

(5) 非规范的被动式，如"被加以限制""被分析为""被参与考核""被遗传"等；

(6) 按外语意思生造的词语，如"不亚于的生态友好物种""渴望要做做不到的事情""新月怀抱中的旧月"，等等；

(7) 频繁使用"这个""那个"生硬翻译外语中的冠词。

以上七种倾向都不属于汉语行文的创新，更不属于什么"翻译原创文体"。

三、价值诉求之三：高度重视翻译的文化阐释功能和构建功能

在翻译接受中文化接受是一项重要的任务。译文是翻译接受的独一无二的媒体，因此译文服务于翻译接受的功能是多维的，其中重要的功能之一是文化传送和阐释功能④。关于翻译文化接受译者必须恪守两条原则、一项对策。

这两条原则是：

（一）译出时对目的语文化应力求做到**入乡随俗**

"入乡随俗"始见于《庄子·山木》："入其俗，从其令"，"俗"指民风民俗，"令"指典章制度，是我国经典对跨文化交流思想和对策的重大贡献，与欧洲早期的"征服政策"恰恰相反。"入乡随俗"也是翻译接受的价值标准的具体表述。为此译者应当悉心研究目的语的社会文化，绝非"通外语"即可。王国维说："疆界所存，非徒在语言文字而已。"（《近代中日文学交流史稿》，1905）翻译肩负跨语言文化阐释的使命，要知己知彼，才能履行这项使命，自是显然。

（二）译入时对目的语文化则应着眼于**多元兼容**

将外域文化引进到我国时，应着眼于有利于本国多元文化的构建和共荣。我国古译佛经多只重原语，佶屈聱牙，难以流传。到鸠摩罗什（344—413，我国新疆库车人）一反先行，他翻译的佛经着眼于梵汉互通，僧叡在《大品经序》中盛赞罗什的兼容对策，说他"手执胡本（梵语经文），口宣秦言。两释异音，交辩文旨"，非常重视多元兼容，经罗什翻译的经书至今仍有 39 部 313 卷传世，足以证明多元兼容在文化延续中的生命力。

这一项对策是：

在翻译中重视**文化对应**，尤其要重视**文化代偿**。原因是人类文化有大同，也有殊异，求对应而不得的情况很多，唯一的办法就是"代偿"（compensation, 意义比"替代"substitution 宽泛）。例如汉语的"秋老虎"英美文化中根本无此说，但有 Indian summer 与汉语含义相通，就可以用来代偿。王国维曾经这样解释代偿说："他国语之与此语相当者，其意义不必若是之严，……而欲求其（大意）贯串、统一，势不能不用意义更广泛之语。"（《书辜氏汤生英译〈中庸〉后》，1907）对应立意于**相对匹配**，代

偿立意于**有放有收**，若论动态性、适应性，后者显然优于前者。代偿具有解释、阐释、解析的意思，对于跨语言的文化沟通，是更具有应变功能的手段，已如前述。

13.3　翻译接受与开放性对话：艺术和语义解码的钥匙

"对话"（dialogue）是诠释学的重要概念，指开放的、平等的观念沟通和真理追问，以达至理解、消除隔阂、防止误解、建立互信（H. Gadamer, 1971）。我们这里用以指作者、译者与翻译接受之间的"对话"。为什么对话对于文化阐释而言是非常必要的呢？首先要看到文化艺术（包括原著及其翻译）是人类的精神产品，这种产品的文本内涵、形式结构、言外意蕴、时代意义等等，都不是一望而知的。这类例子不胜枚举，晚唐李商隐的《无题》诗、屈原的长诗《天问》、乔伊斯的《芬尼根守灵夜》（James Joyce, *Finnegans Wake*）乃至《红楼梦》《哈姆雷特》等都有很多语义上和艺术上需要深入解读的问题。对于一般读者而言，他（她）可以带着满脑子的问题"躲进小楼成一统"，但翻译不行，他是不能带着满脑子问题下笔的！他必须展开对真理的苦苦追问。海德格尔（M. Heidegger, 1889–1976）说过一段话，揭示了对真理追问的难处：（引文内斜体是本书作者加的）

> The essence of art is poetry. *The essence of poetry, in turn, is the founding of truth.* We understand founding here in a triple sense: founding as bestowing, founding as grounding and founding as beginning. *Founding, however, is actual only in preserving.* Thus to each mode of founding there corresponds a mode of preserving. We can do no more than to present this structure of the essence of art a few strokes, a*nd even this only to the extent that the earlier characterization of the essence of the work offers an initial hint.* (Martin Heidegger: *Basic Writings,* ed. by D. F. Krell, 1993: 199–200)

海德格尔的意思是说艺术的本质是构建真实,而被"三种方式"构建的真实却都是"隐藏着的"(*in preserving*),我们要去发现它还殊不容易,往往只得凭借一鳞半爪的暗示。这时,译者为了证实他在译作中所揭示、所解释的真实(*truth*)是否恰如原作者"隐藏"的一切,最佳办法就只有开展种种形式的"对话"了:包括与原著作者、与作者的其他作品、与有关作者的一切文献,这中间,最重要的莫过于与译作的读者、读者群体开展"对话"——实际上,这种"对话"形式非常广泛,显然不止于面对面的交谈,它的目的正是对语义真实的各种参证和追求,对艺术真实的各种参证和追求!

13.4 结语

翻译的读者接受(翻译接受)是当代翻译学的一个比较新的研究课题。应该说,读者问题也正是翻译学历来重视不够的问题。传统的翻译思想和研究有一个不容忽视、亟待改进的偏向:常常将翻译活动看作单向的、纯主体性语言转换行为,没有密切关注它的对象性和行为效果,这样翻译就难免不表现出闭门造车的"主观性""盲目性",直到今天"盲目翻译"的现象并没有绝迹。这显然是不符合翻译活动的根本目的和客观规律性的。有鉴于此,本章重点阐述和论证了读者接受在翻译活动中的重要功能,力图揭示翻译活动所应该具有的**双向的**、**主客体互动**的科学性质。毫无疑问,对读者功能的科学描写也是整个翻译学理论走向科学化的必要的一步。

应该看到,随着社会文化的进步、随着社会多元文化规模和活力的提升,读者接受(翻译接受)问题应该越来越受到重视,原因是翻译接受的审美和价值诉求将变得越来越复杂。目前,主流文化与非主流文化、传统文化传播与非传统文化传播发展都很快,而且后者似乎远较五年、十年前更富活力。可以肯定,伴随电子传播科学和技术手段日新月异的提升、普及和发展,读者接受(翻译接受)问题的理论研究将变得越来越重要。

〔注释〕

①接受美学（Reception Aesthetics）是 20 世纪 60 年代发源于德国的现代美学流派，其先驱人物是德国的尧斯（Hans Robert Jauss, 1921–1997）和伊泽尔（Wolfgang Iser, 1926–2007）等人。其基本主张是强调在文学研究中应该重视接受者的关键作用，重视读者在文学社会功能发挥中的效果和使命，关注"文本—读者之间的相互作用"，并以上述几个方面为主线研究文学史和文学的发展。

②"期待视野"（Erwartungs Horizont，或"期待视界"）是接受理论家提出来的重要概念，指读者在阅读文学作品时，由其本人先前的文学审美经验构成的"前结构"即思维和审美定势构建其审美取向和价值判断。据此，文学作品应当"响应"读者这种期待，尽力使作品"客观化"，以期做到与读者的"视野融合"（Horizont Verschmelzung）。

③"对话"源自诠释学（Hermeneutics 译为"诠释学"或"阐释学"比"解释学"更切合原意）的一个比喻性概念，指"解释和理解的过程"，比如"与文本的对话""与历史的对话"，强调沟通和观念的启示、交流等等。诠释学认为使用"对话"可以强调开放性、合作性，避免"专制态度"。

④参见 James Machor 与 P. Goldstein 合著 *Reception Study from Literary Theory to Cultural Studies*, Routledge, NY, 2001.

第十四章　文化翻译导论

14.0　概述：翻译学视角中的文化

当代文化研究遍及全球，各种观点和论调层出不穷，各地区、各学科领域对"文化"都有自己的诠释和诉求，这在"全球化时代"是很自然的。从历史上看中外翻译研究界就一直很关注文化，尽管文化问题并没有成为他们的"中心视角"（the central perspective）。但这种情况自 20 世纪中期以来有了很大的变化。翻译文化研究取得了长足的进步。当然翻译学不是一般地研究文化。对翻译研究而言，与文化的相关性集中于以下几方面：

一、语言的文化符号性：语言是文化的载体

语言是文化的产物，同时又是文化的载体，可以说语言本身就是一个包罗万象的文化符号系统。因此，不同的文化必定具有为之全面服务的语言：它是民族文化的视听、书写工具，也是民族文化**繁衍、传承的手段**。从另一方面看，语言又是文化的**表现手段**，民族文化无不赖语言表现展示出来，从而使语言获得蓬勃的发展生机，人类历史上有很多语言就是由于没有文化根基而难逃泯灭之灾。从事翻译及研究翻译必须理解语言文化符号这双重的不可取代的功能：

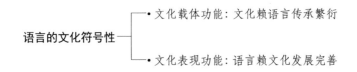

因此，翻译的文化研究绝不是一件轻而易举的任务，尤其是对语言符号的双重功能这个宏观观照，我们研究翻译应该了然于心。

二、语言文化的意义内涵：文化的价值体现之一

翻译是语际的意义交流，它凭借的是语言符号。因此，在翻译学看来，文化符号究竟有没有价值、它的价值究竟有多大归根结底取决于符号的意义内涵。按照语言学家和符号学家的解释，[①] 文化符号的结构由两个互为表里的平面组成，如下所示：

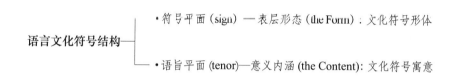

显然，翻译学关注的中心是语旨，即符号的意义内涵，或者更确切地说是特定的表层形态语符制约下的特定意义内涵（寓意），因为表层形态对意义内涵往往只有相对的规定性，例如"灯笼"就有很多不同的表层形态（外形），有节庆灯笼、客厅灯笼、庙宇灯笼，还有古代的更夫灯笼等等，这时它们的**意义**表现为它们的**功用**，它们的功用也就是它们基本的**文化价值**和审美价值。这样，**语旨的不确定性**（uncertainty）就成了翻译学应该关注的中心。

三、语言文化的审美内涵：文化的价值体现之二

几乎所有的文化符号都有一重要的价值体现：审美功能，语言当然也不例外，汉字从古到今就是一种形象美与意涵美的统一体。下面就是汉语的一行象形文字：

与此同时，语言形象美（包括音象美、结构美）还蕴含着与审美密不可分的情感内涵。在大多数情况下，语言符号的文化内涵、意义内涵与情感内涵也往往是密不可分的，而且常常是三者的**审美统一体**。我国后唐庄宗（李存勖）写过一首词《忆仙姿》，有一句说："如梦，如梦，残月落花烟重"（平仄，平仄，平仄仄平平仄），就是所有的内涵（**文化内涵、意义内涵**和**情感内涵**，其中意和情的结合还会产生**意象、意境、文本外意蕴**）样样齐全。三种内涵的关系如下：

语言体现文化审美价值，这是人类任何其他信息交流手段望尘莫及的。有人提到电子影像的"超语言功能"。当然，电子影像可能展示"残月落花烟重"的视觉画面，却展示不出人的情感深度和复杂性——那是一种现实的愁苦、凄迷、怅惘和对往昔的追思、恋眷、伤绝的混合体。因此，语言符号的文化审美价值的基本特点是其无限的超越性（unlimited transcendency），主要指时空超越和情感超越。

14.1 语言中的文化信息扫描

语言与文化的关系非常密切。美国语言学家萨丕尔认为从根本上说，语言的文化性是它的一种本质属性，人类的语言文化功能与生物遗传无关。（Sapir, 1949）。"语言的文化性是它的本质属性"意思就是说语言本身和它的种种表现就是文化。下面我们从汉语和英语中各挑出两句表面看来并无任何文化色彩的句子来分析各自的文化特征：

* **欲知**古人必先**论**其世；**欲知**后代，必先**求**诸古；**欲知**一国之文学，

非知其国古今之情状学术**不可**也。（王国维，《译本琵琶记序》）

＊我只要**草青人远，一流冷涧**……但我们这想望的境界有容我们达到的一天**吗**？　（徐志摩《吸烟与文化》）

＊In this unbelievable universe *in which* we live there *are* no absolutes. Even parallel lines, *reaching* into infinity, *meet* somewhere *yonder*. 　(Pearl Buck, *A Bridge for Passing*)

＊She *likes stories that make her cry* — I think we all *do, it's* so nice *to feel* sad when you have something particular to *be sad* about.

(Annie Sullivan, *Letter, Refering to Helen Keller*)

从以上四例看，汉英双语的**基本文化特质**一目了然。现在我们试从例句中已显示出来重要特征，从以下方面作简要的分辨和分析：

（一）**文字结构**（Writing system）　汉字是单体方块结构，而英语是字母相连的拼音文字，其结果，汉语不具备屈折型形态发生机制，英语则不然。汉语的"字"很特别。

（二）**句法特征**（Syntactic system）　双语都非常明显：（1）由于汉语不具备屈折型形态变化发生机制，其动词无形态变化体系（性、数、格、时态、语态、语气等等），而英语则不然；（2）汉语动词可以连用，无定式（finite）非定式（infinite）之分，而英语则不然；（3）汉语也有从属分句，但很多情况下无任何从属标志（如that，who，which等等），而英语则不然；（4）汉语语序也有很多差异，如副词（状语）不能置于动词后面或语句（如上引的yonder），而英语则不然，等等。

（三）**审美特征**（Aesthetic features）　审美特征可以鲜明显示语言的文化特质，上例中有（1）汉语行文讲求对仗、排比以形成优美节奏和"气势"，而英语"有词无字"，音节长长短短，碍难齐整成形；（2）汉语讲求意象、意境、意蕴，往往能以一两句诗意行文，构建优美意象，其味无穷，如"草青人远，一流冷涧"描绘一种清逸的田园幽居生活，称为"聚焦手法"，着力于意象密集的语词；而英语则长于"散点手法"，着力于涟漪式推展的句子；（3）汉语的美感展示一般比较 explicit（显近易感），重视当下效果；而英语则讲究 implicit（曲隐深藏），寄望于人们读后留下余味，甚至心有回甘。

（四）**思维方式**（Mode of thinking） 汉英对思维的基本要求上非常一致，比如必须概念清晰、逻辑正确、叙述有序、表现明晰，反对悖理、矫情、虚浮、雕饰，等等。但在汉英人同以外，还有很多思维表现方式和风格上的差异，例如：(1) 汉语常常以主体感受为基础或引线陈述观点或事实，而英语则比较倾向于以客体的视角加以呈现，以此衬托主体的见解或感受；(2) 英语喜用破折号以引入某种思路上的转折、保留、反逆等等，而汉语遇到这种需要时常用"……"，有引而不发之妙；(3) 汉语的行文思路强调"一以贯之""一气呵成"，因此倾向于尽力避免插入成分，而英语则相反，很重视"随举随释"，因而常用种种插入成分、补叙成分，从句很多；(4) 汉语的思维赋形为语言作线性延伸时，基本上呈单平面陈铺式，单句复句不易分清，甚至可以不必分清；而英语则是呈多平面叠进式，从句常见，形式分明；(5) 汉语词语和语句的成形往往与声调的和谐悦耳相互嵌合，已如前述。

以上说的是语言本身的**基本文化特质**。语言是个载体，因此除了语言文字本身以外，文化信息扫描的重要任务是抒出词句文本中的一切文化成分。

14.2 语言中的文化信息矩阵

语言的**文化承载量**（total load of cultural information）之大令人吃惊——可以说凡是人类所创造的"可用语言编码的"（linguistically encodable，即"可用语言表述的"）一切文化信息，语言都可以无限量承载，因此说语言是人类文化的贮存库和文化凝聚体实在不为夸张。下面我们就由表及里来拆析一下语言中的一个**文化信息矩阵**（a matrix of cultural information in language），这个矩阵的层级结构如下：

第一层级：物质形态层 这是语言中最外层的文化信息，涵盖古往今来一切人类创造、改造、加工的物态文化词语，包括与人的生活世界**发生关系**的自然世界，例如海港、码头、堤坝、石山、石级、领空、领海等。这类文化词语通常具有鲜明或不鲜明的民族文化色彩，一般说来"通称"与

"专称"的区别即在于此，比如"瓷器"，虽然都叫作"china"，但不一定是中国瓷器，"china"是个通称，而"青瓷"（celadon）就一定是中国文化词语。

第二层级：典章制度层　"典章制度"（institution）是一个很宽泛的代称，所指包罗万象，大体上分为四类词语：规约规范、制度体制、定理范式、组织机构。其所以说包罗万象，就是因为这些词语的所指可大可小，可以是古今中外，也可以是各行各业的，比如银行关于"借贷"的词语就有80个。科技方面的定理范式就更多了，一切公式、方程式、分子式等都是人类文明的发明创造，所以都是文化词语。

第三层级：行为习俗层　不用说这类文化词语也很多。习俗是一种历时性社会约定性行为，有历史的，也有当下的；有民族的，也有群体的；有宗教的，也有非宗教的；有区域性的，也有全局的；有观念的，也有行为的，等等。行为习俗文化词语的准确理解和翻译是一个特别需要注意的问题，因为这里常常涉及一词多义以及用语的态度和情感色彩。比如"口轻"一是指"味不太咸"，另一个词义是指"骡马的年龄小"，因此用在"口轻毛孩"中就显然是个贬义词，贬义可轻可重，轻则可能是"an insensible child"（不懂事的孩子），重则可能是"an ill-bred kid"（没有教养的孩子）。

第四层级：心理活动层　心理活动包括心智活动。这方面的文化词语涵盖极广，包括感知系统、认知系统、情感系统、思维方式系统、价值系统和审美系统。可以说在任何一句话中很难找不到这方面的文化词语。比如在"I see it"中，"see"就是心理活动词语。但是前面提到，词语的所指可以是泛指，也可以是专指，see的泛指属于人的基本知觉行为，已经没人注意它的文化含义了。但在特定的文化行为中，它的文化含义是绝对不能忽视的，例如在赌博中，"See it!（Let's see it!）"的意思是要求对方"亮牌""摊牌"，那就不能不管它的文化意义了。

以上四个层级构成了一个被植入语言中的既可见又不可见的**文化信息矩阵**，见图14–1：

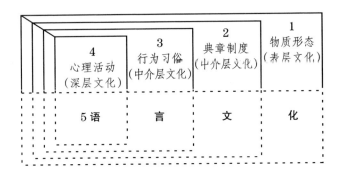

图 14—1

可见，文化的每一个层级——从最表层的语言本身到最深层的心理活动层，无一不与语言发生相互关联、相互映衬、相互阐释的关系。下面是萨丕尔关于语言与社会、语言与文化的关系的一段著名论述：② （斜体是本书作者加的）

Human beings do not live in the objective world alone, nor alone in the world of social activity as ordinarily understood, *but are very much at the mercy of the particular language which has become the medium of expression for their society.* It is quite *an illusion to imagine that one adjusts to reality essentially without the use of language* and that language is merely an incidental means of solving specific problems of communication or reflection.

很简单，人类没有语言则不成其为人类，语言没有文化则不成其为语言，因此，必然的结论就是说"Language is culturally bound"（语言受制于文化），这个结论可谓毫不夸张。应该说，人类文明的发展语言首居其功，而文化则正是人类文明的具体展示。

14.3 文化翻译的对策论

讨论了文化的重要性和语言中几乎无所不在的普遍性，就要求我们从这个高视角制定文化翻译的对策。因为，只有具有高度针对性的对策研究才能够指引翻译从业者有效地完成文化翻译的任务。尤其重要的是，我们应从很多旧观念中解放出来，树立新的文化翻译观。具体而言有以下四点：

一、必须将语言整体置入文化矩阵中加以审视

文化翻译的整体观应该是我们基本的对策论依据。在翻译界中，比较普遍的旧观念是认为语言反映文化只不过表现在词汇中，因此文化翻译被局限在片言只字的文化意义表现上。这种狭隘的文化翻译观曾经影响了几代的中国翻译研究者。特别是语言本身的文化性问题，直到今天仍有学者在争论。我国汉英翻译一直差强人意，原因之一就在于将问题仅仅归咎于"语言技能不到位"，而没有认识到应该归咎于文化翻译观有偏差，低质量的翻译往往是对深层文化差异（即思维表现方式）漠然于心的后果。因此，很清楚，要改善翻译，就事论事只谈语言操控是很难解决问题的。例如无主句、虚拟句、被动式、句法变式等等翻译问题，就技法而言，一说就明白，但一到具体实例就出问题。我们一定要从文化心理和思维表现差异比较研究入手，不是操作技法或语言浅表层的形式对比可以解决问题的。

二、必须强化译者的文化意识和文化信息感应能力

"文化盲"绝对做不好翻译，特别是到高级阶段，翻译难题一般都是与思维和文化心理有关，就是所谓"文化隔膜"（cultural estrangement）。中英文化地缘背景迥然不同，思维方式也有很大的差异，翻译时必须"打起精神"，这叫作"提高文化意识"。久而久之就会培养出一种**文化信息感应力**，具有对文化信息的敏感。这方面教师应该多做引导，安排学生在堂上做文本文化信息扫描练习。

翻译中由于缺乏文化意识而导致望文生义的情况非常普遍。例如，"form"有条词义是英国式中学教育的"年级"（相当于美国制的"grade"），"a fifth-former"的意思是"中学五年级的学生"（简称"中五"）。有位译

者昧于文化知识，又置上下文于不顾，竟然望文生义到把它译成"第五位改革家"，将 former 错看成了 reformer——文章里说的孩子才十几岁，怎么可能是"改革家"呢？可见翻译中的文化意识——也是文化责任感问题——是何等重要：失去文化意识，可能使人基本上失去判断力！

三、必须将翻译的文化适应性纳入翻译的价值论

中国翻译史上典型的例子就是严复。严复在 19 世纪末用桐城派复古文体翻译西方典籍，就是出于**文化适应性**（cultural adaptability）考量。他避而不用市井"近俗之辞"，就是为了避免引起"天下识者所鄙夷而讪笑"（马建忠《拟设翻译书院议》，1898），而当时的"识者"（知识分子）主流正是根本瞧不起市井之言的顽固派——封建帝制下的士大夫阶层。严复的这个对策果然很起作用，《天演论》等书一出，翰林学究趋之若鹜，莫不为严译的先秦笔韵所感，进而为严复的进化论思想所动。这类例子中西翻译史、文化史上很多。可见，文化适应性实际上就是对读者群体（特别是主流读者群体）的适应性、顺应性，因为这些读者群体正是文化价值（特别是主流文化价值）的维护者、社会舆论阵地的守望者。据此，我们认识到，必须将翻译的文化适应性纳入翻译的价值观研究。这是西方现代传播学所宣扬的一条简单的道理：读者的欣然接受也就是传播的价值。（Overbeck, *Major Principles of Media Law,* 1998; Seib & Fitzpatrick, *Journalism and Ethics*, 1999）

四、必须将文化诠释纳入翻译的意义理论

对翻译而言，谈到读者的"欣然接受"，译者一定要确保一点：对原语中文化信息的实际含义与意蕴（implications）之转换与传播准确无误。这是译者对原著负责，也是对社会负责。西方传播界所谓"文化误导"（culturally misleading）当然有"有意为之"与"无心之过"的区别，但就翻译而言，两者的后果并无区别。当然，应该看到文化诠释有时是很复杂的，很多文化词语的实际含义有时很难分辨，尤其在涉及外域文化心理时，词语的实际含义往往取决于文化心理而不是语言的 face-value。有一篇美国特写说到作者有一次问一个受访者，当年为什么执意要娶一位名声欠佳

的舞女（而今已儿孙满堂），受访者答道："I'm the one with the brains"。英语中这句话可能有两个意思：一是"我不是没有头脑的人"，另一个意思是"（在我们俩人中，）我是有头脑的那一个"。西方男人很少在外面说贬低自己妻子的幽默话的（这在英语中叫作"sick joke"）。这篇文章的中译者选择了后面一种理解和译式。他翻译错了吗？为什么？

以上四项就是我们的文化翻译对策论要点。

14.4　文化隔膜：误解之源

在文化翻译中有很多对原语的误解源于文化隔膜。汉语中"续弦"是"前妻死后的再婚"（remarry after the first wife's death）的委婉语，按中国文化一般是指"妻子死后的再婚"，但一位西方译者并没有把含义说全就把它译成了"married another wife"（又讨了一个老婆），这岂不变成了"重婚"（bigamy）了？一般说来，有文化敏感的译者就不至于如此粗心。当然，由于望文生义造成的文化误译屡见不鲜，有一定的客观原因。原因之一是，汉语合成词不容易分辨是"融合"还是"缀合"，西人汉译尤见其难。比如"粉嫩"中的"粉"，犹言女子皮肤很细嫩，意思就是"fair and tender"，与涂脂抹粉没有关系，但有位西方译者译成了"tender with exquisite powder"。这类例子不胜枚举。

关键在于消除文化隔膜。最紧要是要用目的语文化来解析目的语文化词语：所谓"一方水土养一方人"，译者一定要跳出母语的主体制约，用客体的"水土"，观照客体的"一方人"。具体来说消除文化隔膜应注意以下三点：

一、把握整体，严防断章取义

这里把握整体的意思很广泛，包括整个文本、整个作品以及译语的整个文化背景。文化因素是无处不在的，只要译者通观全体、把握全局，就不难看到自己对原文的文化诠释是不是有问题，或断章取义，或文（自己的解读）不对题（命题的实际）。杜甫著名的诗《春望》说，"国破山河在，城春草木深",诗中有两重深义,**一则**"言悲":破碎的山河,荒芜的城景,悲凉处处,不胜凄清;**二则**"言志":国家已破,山河犹在;市井无人,春草犹生。所以吴见思《杜诗论文》中说:"杜诗有点一字而神理俱出者,如'国破山河在','在'字则兴废可悲,'城春草木深','深'字则荟蔚满目矣。"美国诗人 Robert Payne 将杜诗后句译成了"In spring the streets were green with grass and trees",但见一派春光,杜诗深义荡然无存了!

其实诗人想表达的更是"言志"那一层,这正是杜诗的艺术特点。

二、把握情感,情义互为表里

中国文论历来重视文章中的言、情、义三维互证,宋代的徐铉(916—991)说:"人之所以灵者,情也,情之所以通者,言也。"(《徐骑省集》卷十八,《国学基本丛书》)我们要注意的是"情"与"态"的表现方式在西方文化与中国文化中是有差异的,中国一般见诸词语,西方不一定,可以用情态助词(should, would, could, might, must, etc)以及各种形态手段对**隐约之情**加以**隐约表达**。因此很显然,在汉译英中我们应当善用情态助词和种种形态手段,实际上这也正是英语的语言文化手段:

* 下午你不去也得去!

You will *be going* this afternoon!

* 敌军既有疲于应付之态势,我军本应静观其变,是大可不必就此全线撤退的。

Our troops *should have kept* observant and *delayed* the full retreat until the enemy *could be made* possible to overcome their fatigue.

* 他如果活到今天而不进牢房那就很难讲了!

If he *had lived* now, he *would* in all likelihood *have been put* in prison.

* 你非得这么对我大喊大叫吗?

Must you be *yelling* like this at me?

* 他根本就不是这种人——那年头(指中国 20 世纪 70 年代)没年轻人想过将来要成为这种人(指律师),兴许他自己也从没想过。

He is not at all the sort of man any young guys *would have chosen* to become in 1970s. He is probably not what he himself expected to become.

* 天并不冷,但她总在搓手,好像感到很冷。

She *was chafing* her hands as if she *were* cold. But it was not cold.

汉译英中善用屈折形态手段肯定有助于消除文化心理隔膜,达致更好的言—情—义相通。萨丕尔在《论语言》(*Language*)中说过一段话要求艺术家时时注意调整自己的情态表现:

Every now and then the artist has to fight the *feeling tone, to get the word to mean what it nakedly and conceptually should mean*, depending for the effect of feeling on the creative power of an individual juxtaposition of concepts or images.

对我们的汉译英而言,这应该是很中肯的建议。

三、掌握理据,重视融通互证

上文讲到杜诗《春望》英译的误解,其实正确的解读可以从全诗尤其是"国破山河在"获得理据,这叫作"**文本内证**"。为了验证文化诠释的正确与否还有**文本外证**和**人文互证**。

文本外证也叫作"**互文观照**"(**互文性**,intertextuality)。克里斯蒂娃(J. Kristeva, 1974)在解释互文性时说,互文参照是针对文本的非自足性而构建的重要手段。由于文本的非自足性是必然的,意义上的"缺口"(gaps in meaning,中国文论称之为"跳脱")是难免的,这时互文参照就成了理解文本的必经途径。杜诗《春望》的深层含义还可以在他很多诗句中找到可资验证。诗人生活在安史之乱的颠沛年代,妻离子散,始终与哀愁相伴。他在《哀江头》里说,"人生有情泪沾臆,江草江花岂终极",意思是说人生苦难常使人泪满满襟,而花草则又是一年繁茂荣生,也是拿自然来**反衬**人间的离乱之苦。互文参照还指用别的作家的作品或有关文献来做旁证,这类例证就更常见了。

毫无疑问，要消除语言文化隔膜的根本一环在译者多读书、多思考、多研究，"隔膜"都是由疏远、疏离甚至误解造成的。文化跟人一样，人越是亲近，就越相互了解，相互之间就越没有隔膜。人与自然的关系也一样。辛弃疾说"我见青山多妩媚，料青山见我亦如是"，这就是"天人合一"了，有这样的胸襟一定会写出好作品来，翻译也一样。

14.5 文化翻译的价值原则及表现论

所谓文化表现论指的当然是文化信息在翻译中的准确表现。这里首先涉及翻译中文化表现的若干价值原则。首先是**恪守文化适应性原则**，被引进的文化都应该符合引进者的价值标准和价值取向；其二，"意义"（既是 meaning 又是 significance）是**文化表现价值论**的依据，狭隘的限制固然不对，不分青红皂白对低质文化的泛滥引进，也是与社会进步相抵触的；最后，文化表现必须坚持**审美优化法则**，这也是前面两条的具体化。

根据以上三点，翻译文化表现的方法有：

一、**图像及符号**（Graphical means）

图像及符号具有无可置疑的直观性和一定的意义承载功能，非常适宜于表现文化信息，包括语际的文化特征和异同。但它用在文字书写或叙述中的空间比较有限，因此始终只能是一种辅助手段。

二、**动态对应**（Dynamic equivalence）

动态对应的实质就是动态模仿，指双语字面上无关，但概念上、所指上的相对应；因而这是（1）基于文化适应性（包括译语可读性）的模仿；（2）经过审美调节的模仿，而不是机械模仿。例如：

* 下弦月 ⇨ half moon
* 东海 ⇨ the East China Sea
* 守财奴 ⇨ miser
* ring finger ⇨ 无名指
* facebook ⇨ 脸谱

* skydiving ⇨ 高空跳跃（也就是 parachuting ⇨ 跳伞）

三、替代（Substitutional means）

替代指在译语中寻找与原语类似的替代物，两者字面上、概念上都不对应，但具有所指的相似性，比如成语、比喻、描写、称谓的"文化词语代用品"（cultural borrowings），例如：

* 画龙点睛 ⇨ add the punch line
* 一脸横肉 ⇨ fierce looking
* 三句不离本行 ⇨ talk shop often with people outside the profession
* satanic checkpoint ⇨ 鬼门关
* get stultified（美网络语）⇨ 脑袋进了水（中国大陆网络语）
* schmoose（schmooze）（美俚）⇨ 神聊，大侃（北京俚语）

四、代偿（解释；代偿式翻译，包括音译）（Compensatory means）

"解释"（也就是"代偿式翻译"）是文化翻译最重要的手段，也是既无对应也无替代式时的唯一办法。代偿的优点是它的**高度灵活性**和对语境的**高度适应性、变通性**：因为既然是解释，就可以化虚为实，也可以化实为虚，既可以是一种铺叙，也可以是一种归结，而且可长可短，可文可白，可雅可俗，可明可暗，可浓可淡（淡化），一切取决于上下文和整体语境的行文需要。例如：

* 三句不离本行 ⇨ talk shop readily with professional outsiders（化实为虚）
* 狗不理包子 ⇨ a famous Tianjin brand of bun（baozi）（化专称为统称）
* 男才女貌 ⇨ an ideal couple（化实为虚）
* 无后为大（中国旧礼教："不孝有三，无后为大"）⇨ having no male heir, the gravest offense against filial ethics（化虚为实）
* 上梁不正下梁歪 ⇨ bad examples from high-ups can always find

followers in their subordinates（化实为虚）

  * John B Stetson ⇨（美国西部）牛仔毡帽（原为美国费城名贵品牌）

  * Murphy's Law ⇨ "墨菲法则"——迟早要发生的事（差错），就一定会发生。（意思与"不是不报,时候未到"非常相近）

  * life's standard see-you-again-someday pleasantries ⇨ "回头见"之类的日常客套

  * You choose to humble me before my in-laws? ⇨你硬是要在公公婆婆面前让我没面子吧？（in-laws 也可能是丈母娘、老丈人）

  * Mr Zhao's mythic playlets ⇨ 赵先生（指赵本山）那些被吹得神乎其神的小品

  可见文化翻译的手段其实有很多,但目前的共识似乎是以"代偿"（解释）占优势,这是很自然的。文化词语的功能无非是传送文化信息,用什么方式传送实在可以各出其谋,唯一的考量大概只有**适境传神**了。

14.6　结语

  在当代翻译研究中,文化翻译是个很重要的课题,涉及的问题很多也很复杂,因此有很多研究模式,例如符号学模式、诠释学模式、社会语言学模式、文化人类学模式。翻译学综合性很强,我们要集各种模式之所长,建立翻译学的文化翻译理论,其要点应该集中于翻译如何确保语言交流中的**文化转换**,具体来说文化翻译理论有几个重要的组成部分：

（1）翻译学研究中的语言文化结构

（2）语言符号与意义：语义的文化解码与文化的语义解码

（3）翻译的文化阅读与理解理论：文本的文化解码

（4）翻译与文化心理（情感、意向、意蕴等等）探索

（5）文化翻译的表现理论

（6）文化价值观与翻译

（7）翻译的文化使命：多元文化发展与翻译事业。

在本书中，我们讨论的只是文化翻译的若干最重要的基础理论课题。体系化的文化翻译理论建设任重道远，让我们加倍努力！

〔注释〕

①参见 Roland Barthes 著 *Elements of Semiology,* translated by A. Lavers and Colin Smith, New York, 1977: 25.

②引自 Edward Sapir 著 *Language: An Introduction to the Study of Speech*, New York: Hartcourt.

第十五章　关注翻译理论的中国价值

15.0　概述：宏观视角与微观视角

从宏观视角来看，翻译科学是一个整体，正如语言学一样。语言学作为一个整体，包括各个语系（族）、各种语言的语言学研究，如德语研究、汉语研究、德语修辞研究、汉语修辞研究等等，都是微观视角中的语言研究。可见宏观语言学是微观的语言研究组成的，宏观视角中的语言研究关注语言学最一般、最具有共性的课题，是微观语言研究的高度概括（generalization）。实际上，与微观研究完全无关的宏观研究，跟与宏观研究完全无关的微观研究一样都是虚拟的、不存在的、靠不住的。

中国翻译理论指有汉语参与的语际转换理论，它是世界翻译科学中的一个重要的组成部分，因此，我们为中国翻译理论的建设而努力，也就是为世界翻译科学做出贡献。将中国翻译学与世界翻译科学研究割裂开来的看法是不正确的。因此说，"真正的世界性寓于种种典型的地域性中"。

中国翻译学为什么是世界翻译科学的重要组成部分呢？我们都知道，汉语是大约14亿人的母语，它的流通版图主要在经济日益发达的东亚腹地，它与其他语言的接触历史极其悠久、交流极其频繁，21世纪中国更将成为世界政治、经贸、人文活动的主要中心之一。发展有汉语参与的翻译理论是我们义不容辞的任务，也是一项有国际意义的义务。事实上，西方翻译理论也都是以西方语言和人文、地缘为依据或依归发展起来的翻译研究，完全与任何具体语言无关的"世界翻译学"实际上是不存在的。

第十五章 · 关注翻译理论的中国价值

这一章，我们将概略地阐述翻译理论的中国价值观。

15.1　中国翻译理论应有的价值取向

任何语言都有自己的特色，因此它的翻译理论也都有自己的特别之处，这是因为语言的结构体系、语用规范和文化历史背景和传统都有自己的独特性，这些独特性不可能不对语言交流和转换起决定性的作用，从而衍生一系列独特的规律，要求理论家根据具体情况进行科学的理论描写。忽视这一独特性，就等于脱离语言现实，翻译学将无科学性可言。

15.1.1　中国翻译理论的文化战略考量

任何翻译理论都为一定的文化传播和建设目的服务。中国翻译学和翻译理论建设的必要性和紧迫性必须放在中华民族文化全面复兴和强国建设方略的大格局中加以考察。

从历史上看，中国翻译界的先驱就为"一业之兴"给自己找到了一个处于文化制高点的定位——也就是将"一业之兴"与"百业之兴"联系起来"放眼考量"。可以说在中国翻译从汉唐时代起就一直是一种文化战略手段。佛教为了传播，东入中土即以融入中原文化——具体说以融入道教和儒学为目标，[①] 这个战略目标以中国式佛教禅宗的创建完成为标志，时间大约在宋代初期（公元960年起），这中间，经书典籍翻译起到了关键作用。自此文化战略考量就一直是翻译先驱立业图存的中心思想，并将自己一业之发展与国运盛衰和民族存亡紧密相连。这个思想从徐光启、李之藻、马建忠、严复、林纾一脉相承。20世纪中期以前，中国积弱而备受欺凌，翻译界的文化战略考量以民族忧患意识为特色，20世纪中后期以来则以民族复兴意识为特色，中国翻译界大量翻译了以马克思主义为代表的欧洲先进思想的经典著作，和以莎士比亚、哈代、狄更斯为代表的西方人文主义和批判现实主义文学著作。这个近代中国翻译史上鼎盛的繁荣期饱含久经酝酿的中华民族复兴意识，这种强烈的民族复兴意识正是20世纪最后20

多年中国译论发展的思想动力。民族文化全面复兴的使命感和紧迫感是中国现代和当代翻译的开拓性创新研究的力量之源。

15.1.2 "重描写、重意义、重功能"的基本理论原则

汉语发源于东亚中原腹地,文字、语音、语法的发轫期(东周至秦代以前,即公元前300至200年前)与任何语言都没有接触,与西方语言更无同源关系(cognate contact),在世界语言中可谓独树一帜。汉语重意念、不执着于形式,没有形态(inflexion)变化,也不存在印欧语式的形态发生机制。汉语的语音变异(如声调)、文字变异与语义变异紧密相随,使以汉语为母语的人的听觉和视觉感应能力特别敏锐。这一切使汉语的语法呈隐性。汉语的语法规则具有明显的相对性、语法范畴具有明显的开放性、语用规范具有明显的灵活性,这些特性加强了意念的补偿功能,形成了汉语独有的意念主轴或意念化机制(ideationalized mechanism)。② 我国宋代诗人苏轼有两句诗可以用来概括汉语的独特性:"出新意于法度之中,寄妙理于豪放之外。"(《苏轼文集》,卷七十)"意"就是"意念""法度"是语法规则,"妙理"是语用规范,以汉语作母语的人总是不失豪放地达意表情,而将"法"与"理"置之于"度"外又寄之于"度"内("度"的意思是"法则")。

一、必须重描写

汉语这种流散、疏放,同时又是高度凝练、简约化的语言与西方形态语言恰成鲜明对比。这一显著反差(striking contrast),使我们不能不密切关注三项基本的理论原则:首先就是必须重描写。重描写就是重现象观察、重事实呈现;重个性、重差异;重规范的适应性分析(adaptability analysis)和操作的可行性分析(feasibility analysis),避免开列限制性规范。从整体上说,描写性理论是翻译理论最基本的特征。以句法转换为例。在汉语中,"敬酒不吃吃罚酒"就是一个句子,但任何理论家都没办法开列出翻译它的"句法转换规范"。首先,它按意义译成英语不成其为句子: refuse to toast only to drink a forfeit,这只是一个英语动宾词组。其次,在汉语中它是一个意义

完整的句子；但不易作句法分析（parsing），我们可以认定它是一个话题主语句（"敬酒不吃"是一个 topic）；但这样的 parsing 完全无助于结构上的句法对应转换，因为我们根本找不出翻译这类句子（又如，"好人不找找坏人""晴天不去雨天去"，等等）的汉外"句法转换公式""句法转换准则""句法转换规范"等等，其结果，我们只能寄望于根据意义。

二、必须重意义

上面说了，汉语形式靠不住，只能倚重意念，汉语倾向于将语法功能意念化，因此我们必须十分重视意义理论。这里的重意义指重整体上的语义内容，而不仅仅是个别词句的意义。这是一层意思，另一层意思是重交流中的意义，即动态的意义、词语使用中的意义，而不是静态的、与语境脱离的孤立的词语意义。这就是维根斯坦所提出的"Meaning is use"（意义寓于使用之中）的主旨③，也是我国清代的文论家叶燮所主张的"必质其言，方能省其意"④。这是功能主义意义观的核心思想。

三、必须重功能

这里所说的重功能主要指重代偿功能，即注重以功能来做出弥补（redress），以补足形式凭据上的缺失，以实现"可译"。这里所说的代偿当然不止乎上面所说到的意义问题，而是涉及中国翻译理论整体性建构的基本原则。理论的功能观指从功能的视角关注：（1）语言交流，也就是维根斯坦所强调的"用"（use，使用、运用、应用）；（2）语言发展，包括历时的变异（variation）和共时的差异（difference），汉语的人文历史背景和发展沿革非常复杂，汉语的流通版图、人文环境和语言接触也非常复杂，我们发展翻译理论必须密切注意这些历时和共时因素；（3）语言的外部关系，功能观将语言看作学科关系网络中的组成部分，包括语言与信息理论的关系，语言与认知科学的关系，语言与哲学—美学的关系，等等。

功能对以上三个方面的关注非常切合我们建设翻译理论的需要。针对汉语的特点，功能发挥恰恰能够补偿汉语在语际转换中的形态弱势，这就是所谓"功能代偿"。可以说，汉语与其他语言之间的互补互释，主要的手段是代偿，而不是对应。概括起来，功能代偿有以下方面：

(一)交流中的语义代偿式表述

功能发挥可以充分补足由意义的动态化引起的意义表述上的困难,这时我们必须仰仗词、词组的基本表意功能 interpretation 即阐释,以跨越语际交流中意义转换的可译性障碍。例如:

* 歪打正着 ⇨ win by a fluke
* 眼泪往肚里落 ⇨ swallow something painful
* intermarriage ⇨ 不同宗教信仰、不同种族之间的人的通婚
* moonlighter ⇨ 日夜身兼两职的人

词的基本功能无非是达意传情,而最具有能动功能的达意传情方式是 interpretation, 英语中说 Good interpretation can go beyond everything (善用阐释可以超越一切障碍)。汉语重意,词汇手段是汉语"超越一切障碍"的法宝,这也应该是汉语翻译表现法中最重要的课题之一。

(二)形态手段的功能代偿

词汇手段也是一种对形态手段(inflexional devices)的最佳功能代偿。由于汉语文字体系不具备拉丁语式的形态发生机制,汉语中没有形态变化体系,没有英语式的时态、语态、语气、体(Aspect)、格(Case)、级(Degree)、性(Gender)、数(Number)等,这一切汉语都用词汇手段来代偿,用以补偿、行使形态手段功能的词语统称代偿词(Redressing word, Compensatory word)。现代汉语中用于语际转换的形态代偿词有以下主要情况(代偿词的组成是:助词、介词、连词、副词、能愿动词及少量动词等等):

(1)用以翻译英语情态助动词(Modal Auxiliary)的汉语能愿动词:能、会、愿、要等等;

(2)用以翻译英语时态(Tense)及体(Aspect)的汉语助词、介词及副词:着、了、过;将、过去、现在、将来等;

(3)用以翻译英语语态(Voice)的汉语介词、副词及动词:被、给、受、受到、遭受、挨等;

(4)用以翻译英语语气(Mood)的副词及能愿动词:本、本来、原来、

本应、本来可以、本该、应、理应、竟、竟然等。

翻译中常见的汉语代偿词详见本书后附录。

熟练掌握汉语代偿词、对功能代偿手段运用自如就能在跨语言的交流转换中左右逢源、游刃有余。

毫无疑问，在中国翻译理论建设中，对"代偿"（和代偿词）的研究涉及双语的功能发挥，因而是十分重要的理论（对策论和方法论）研究课题。这也是中国翻译理论和翻译思想，特别是对策论的重要特色。

（三）句式变通

当然句式变通也是一种代偿，但一般不涉及代偿词，而是一种句式、句型的描写性应对转变。上面我们提到过现代汉语的一种句式："敬酒不吃吃罚酒"，这种特殊句式可以有如下替代式：

* 正门不走走后门 ⇨ choose to go in for crooked ways [VP]
* 晴天不去雨天去 ⇨ favour a rainy day [VP]（此句与原语情态略有差别）
* 好人不信信坏人 ⇨ cranky enough to trust bad people [AdjP]

同一（或基本同一）个汉语句式必须采取种种不同的办法加以应对，其中一个基本考量是功能发挥。在翻译现实中，我们绝不会为了形式的对应而执着于同一的句法形式，也就是说，决不会为了形式而舍弃交流效果（功能）。当然，严谨的翻译也不会完全放弃形式考量。无论如何，句式上变通或不变通，功能是一条最重要的基本原则。

（四）动词优势

汉语文字不具有形态标志，在任何情况下动词都可以以原形（词根式 root）出现，这是汉语动词的重要特征之一。这在形态语言中是根本不可能的，动词原形式的自由使用使汉语动词在句法功能中占很大的优势，我们可以直接用动词去表示语言的动态性（dynamicness）。动词的这种句法灵活性使双语转换中的动词形式定夺必须取决于功能：（下面加点的都是动词）

* 开怀畅饮 ⇨ drink to (one's) heart's content ［V.+Adv.］
* 开花结果 ⇨ blossom and yield fruit ［V（O）+V（O）］
* 开除留用 ⇨ nominal expulsion ［NP］
* 开仓济贫普救众生 ⇨ open the granaries to relieve the poor and needy
　　　　　　　　　　［VO+Adv.］
* 开足马力开车进城开开心心玩一天 ⇨ spend a joyful day by driving at full speed to the downtown ［VO+Adv.］

从上例可以看到汉语动词在使用中之"不拘一格"。在双语转换中，我们守住的是三条：描写、意义、功能，也就是**"有法度可依，无定规可言"**，不拘一格，精彩纷呈，这就是汉语的本色。

总之，中国翻译理论其所以必须倾全力于描写、于意义、于功能有以下理据：

（1）**汉语重意念**。不执着于形式考量，汉语的语法体系呈隐性，语法范畴不具备统一的形态标志和形式标志；

（2）现代汉语词的**代偿功能极强**，因此汉语中不存在无法表述的时态、体态、语态、语气、级、性、数、格（汉语不能标示主格、宾格，因为汉语不是形态语言，没有标示格的必要性，一切可以用词语表示）；

（3）就语法功能而言，**汉语的动词占优势**，汉语动词可以不带任何形式标志即进入句法结构，这就使汉语在整体上具有极强的动势感。

大概可以说，就汉外（不同语系语族的语言，尤其是形态语言）的转换而言，最基本的策略就是功能代偿（functional redressing, functional compensation），即在功能上使双语"对口"而在形式上必须不拘一格：这是我们最基本的功能主义对策论思想，也是中国翻译理论思想的重要特色之一；而西方语言之间从语义到形式同源对应的领域就比汉外之间宽得多。

15.1.3 翻译审美对中国翻译学的特殊意义

汉语从诞生之日起就与美学结下了不解之缘，从诞生之日起就具有极强的感性。汉字起源于"象"(形象、意象),是表意符号,汉字是一个表意体系,采用了具有意义提示性的形象或意象,因此汉语是以文(字)会意的文字,个中蕴含着华夏先民丰富的原始感性意象。

从语音来看,汉语的美感(音乐感)产生于:(1)辅音不能独立,而且没有复辅音(如 tr, gr, cr, sch, spl 等),因此语音(辅音)爆破感、破擦感很轻柔、很短暂;(2)元音占优势,汉语的音节中必有元音,但不一定有辅音,元音中还有复元音,而元音是一种乐音(musical sound),乐音多则音乐感必然很强;(3)汉语有声调,强度分布相当合理,因而抑扬顿挫,十分悦耳,表现为普通话调值五度标示法:

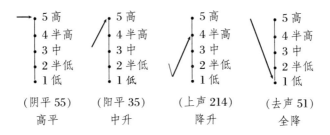

现代汉语就是在这高平、中升、降升和全降的千变万化的调值配置中谱出优美的言语曲调来。试看下例:

表 15-1

调 类	阴 平 (第一声)	阳 平 (第二声)	上 声 (第三声)	去 声 (第四声)
调 值	˥55	˧˥35	˨˩˦214	˥˩51
调 型	高平调	中升调	降升调	全降调
例字(一)	千	锤	百	炼
例字(二)	优	柔	寡	断

声调的审美素质除了音乐性(抑扬顿挫)以外,还有很重要的一面就是具有区别意义的作用,如上表所示。这两个方面的结合,就形成了现代

汉语的声调美感类型：

第一类型　同调排列型，特点是平和柔美，例如:

chūn	tiān	huā	kāi	jiāng	shān	duō	jiāo
春	天	花	开	江	山	多	娇
rén	mín	tuán	jié	háo	qíng	áng	yáng
人	民	团	结	豪	情	昂	扬
chǎng	zhǎng	lǐng	dǎo	lǐ	xiǎng	měi	hǎo
厂	长	领	导	理	想	美	好
rì	yè	fèn	zhàn	chuàng	zào	shì	jiè
日	夜	奋	战	创	造	世	界

第二类型　四声顺序组合、声韵各异型，特点是抑扬有致：

guāng	míng	lěi	luò	xiōng	huái	guǎng	kuò
光	明	磊	落	胸	怀	广	阔
jiān	chí	nǔ	lì	shān	hé	jǐn	xiù
坚	持	努	力	山	河	锦	绣
yīng	xióng	hǎo	hàn	bīng	qiáng	mǎ	zhuàng
英	雄	好	汉	兵	强	马	壮
shān	míng	shuǐ	xiù	shēn	qiáng	tǐ	jiàn
山	明	水	秀	身	强	体	健

第三类型　四声非顺序组合型，特点是起伏跌宕：

zhōng	yán	nì	ěr	zhuō	yǒu	chéng	xiào
忠	言	逆	耳	卓	有	成	效
shēn	tǐ	lì	xíng	jí	sī	guǎng	yì
身	体	力	行	集	思	广	益
dé	xīn	yìng	shǒu	wú	kě	fēi	yì
得	心	应	手	无	可	非	议

jué	duì	zhēn	lǐ	bǎi	liàn	chéng	gāng
绝	对	真	理	百	炼	成	钢
wàn	mǎ	bēn	téng	yǔ	zhòng	xīn	cháng
万	马	奔	腾	语	重	心	长

实际上，平和柔美、抑扬有致、起伏跌宕正是整个汉语音美的重要特征。可见声调是汉语的音美之源。西方语言是没有这些特质的。

以上说的是汉语音乐美最基本的成因之一，其他还有双声叠韵、变调转声、平仄相衬（对称）等等。下面只简略提一提平仄相衬，这是汉语行文重要的审美考量。

"平仄"（"平"指阴平、阳平，"仄"指上声和去声）相间是写作和翻译必须注意到的音乐美效果，例如"平平仄仄，仄仄平平"就是最基本的一种模式，如在"瓜熟（平平）蒂落（仄仄），水到（仄仄）渠成（平平）"，改换其中任何一个字，就可能失去平衡相间之美；"平平仄，仄仄平"或"仄仄平，平平仄"是另一种常用模式，如"赤县天（仄仄平），神州土（平平仄）"。在现代汉语中，句的落尾也以平仄相衬为美，例如"……绿树成荫（仄仄平平），花坛巧布（平平仄仄）"就比"绿树成荫（仄仄平平），花坛成行（平平平平）"读起来悦耳得多。我们在翻译遣字时不能不多加注意。可以说中国历史上每一位翻译大师都非常关注这方面的问题，力戒拗口之辞。西方语言行文只考虑语义与语法，不会考虑什么音美问题。

上面说的是汉语的视听直觉感性。汉语的高度感性和审美素质还表现在汉语自然感性以外的其他方面：

一、汉语重意，富于简约清纯之美

在中国文艺美学史上，讨论得最多的命题之一大约就是"意"了，南朝宋范晔首先提出"以意为主，以文传意"（《狱中与诸甥侄书》），唐代杜牧肯定了这个命题（《答庄允书》）。当然文论中的"意"与我们所说的"意"不完全是一回事，前者指思想内容，后者指意念、含义、意蕴。但以意为主，以意为先（刘熙载："意在笔先"《艺概·文概》），则两者皆然。

不仅如此，《周易》说的"书不尽言，言不尽意"（《系辞上》，"书"

是 written language,"言"是 speech, words,"意"是 idea, concept, notion, intention)准确地描绘了汉语简约的特征。汉语去除了一切不必要的形式装置(W. Humboldt, 1803)使语言成了一股纯净的意念流。在汉语中,一切语法上的"关系"都已意念化(ideationalized),也就是内在化、隐含化,正是所谓"不著一字,尽得风流"(唐代司空图)。

"清纯"就是自然,去掉了浮尘、雕饰的自然。汉语非常符合老庄倡导的"道法自然"(《老子·道德经》第二十五章)、"顺其自然"(《庄子·应帝王》)的美的规律。汉语的形成和发展受到中国哲人深深的影响,汉语也确切地反映了他们的理想追求。在中国哲学美学思想引领熏陶下,汉语在"用"中日臻完善,它生机勃勃,成了一股越数千年而不息的思想意念的涌流,不假繁缛之法度(语法规则)而臻于自然之妙境,就是唐代美学大师司空图所谓的"妙造自然"。与这样的语言进行转换,不关注语言美而"不失大体"是难以想象的。

二、汉语重结构性,富于层次感

汉语讲求对称、匀称,富于造型美、形式美。汉字特征适用于结构上千变万化的造型。试读汉代大儒董仲舒的名著《春秋繁露》中的一段,取自《玉杯》:

> 礼之所重者在其志,志敬而节具,则君子予之知礼,志和而音雅,则君子予之知乐,志哀而居约,则君子予之知丧,故曰非虚加之重志之谓也。志为质,物为文,文著于质,质不居文,文安施质,质文两备,然后其礼成。

董仲舒是赞成质文并重的:不过有一个先后,先是"质"、后是"文"。这段论述充分表明、表现了他的观点。从形式美来分析,这个语段完美地表现了汉语的结构感:层次井然、环扣严密、布局匀称;句子长短相间,单复交替,音韵和谐,起伏有致。可以说它具有一种汉语独有的隽永的形式美、造型美。

进入 20 世纪以后,汉语因时序之变,画然辟一新国土,那就是我们现在所用的"白话文"。但它只变了体式,姿质依然。欣畅的汉语现代体式从古文中脱颖而出,依旧富于古典汉语那种典型的结构感,下面是中国现代作家茅盾的散文《春城飞花》中的一段:

> 大理花多,多得园艺家定不出名字来称呼。大理花艳,艳得美术家调不出颜色来点染。大理花娇,娇得文学家想不出词句来描绘。大理花香,香得外来人一到这苍山下,洱海边,顿觉飘飘然,不酒而醉。

翻译美学应该认真研究汉语隽永的形式美法则。这应该是根治眼下翻译质量差,"大师"后继乏人的办法之一。

三、汉语流散疏放,富于俊逸美、清丽美

这一点看似与前面一点相矛盾,其实不然,俊逸、清丽是精神上的、气质上的、风骨上的,而前面一点说的则是外在的、体式上的。

汉语的俊逸感、清丽感是怎么产生的呢?首先当然要看到文字结构上的原因。每个汉字都是一个独立的结构体,与另一个汉字不存在结构上的黏着(agglutination),每个汉字的本身也不可能产生形体上的延伸和派生(derivation),放到哪里它都是一个自由自在的存在,汉字在构成词、句、段时从来不会使人产生"剪不断理还乱"以至于牵一发而动全身的纠缠感和拖泥带水的牵连感。

但是汉语的俊逸美、清丽美与其说产生于外在结构,毋宁说得之于内在的素质,得之于汉语的自然人化⑤的素质。

汉语是汉民族人文精英以自身的本质力量、按照自己的人文风貌将它"对象化的对象"(the object of objectification),汉语的美也正是这一对象化的结果(the result of the objectification)。这样,对象化的对象就以自然人精英为艺术自然人化了。可以这样说,汉语最深刻的美的底蕴并不是什么与主体(使用汉语的人)无关的客观存在,而恰恰是主体实践的结果;简言之,汉语的美源自创造汉语和使用汉语的人,尤其是汉民族的精神文化精英,汉语的俊逸美和清纯美正是他们的人格魅力及话语丰姿和风韵的积淀⑥,主要表现为以"天人合一"为精髓的"和谐论""中和论""和合论"

思想风范和精神力量。这中间道家汉语话语的审美气质由里而外化为恬淡、端雅、极富节奏感的行文,对汉语影响特别深远。试看老子(春秋末期)和庄子(公元前约369—286)的行文丰采:

> 天下皆知美之为美,斯恶矣;皆知善之为善,斯不善矣,故有无相生,难易相成,长短相形,高下相倾,音声相和,前后相随。是以圣人处无为之事,行不言之教。万物作焉而不辞,生而不有,为而不恃,功成而弗居。夫唯弗居,是以不去。(《老子·二章》)
>
> (如果天下的人都知道美好的东西是美好的,那么丑陋就显露出来了;如果天下的人都知道善良的东西是善良的,那么邪恶就显露出来了。所以,有与无在对立中相互产生,难与易在对立中相互转化,长与短在对立中互相显现,高与下在对立中互相依存,音与声在对立中互相和谐,前与后在对立中互相伴随。因此,圣人处于不必强有所为之境,进行着不必见诸言词的教化。万物兴盛而不止,万物生成而不据为私,有所施为而不求报答,成就了事业而不居功。正是由于不居功,所以他的功业永存。)

老子的哲学—美学观对汉语和中国人的思想影响极深,中国古代文化精英几乎无人不受老子思想和文采的影响。《老子》一书只有5000字,但光照中华,与儒家经山翰海相映生辉。下面是庄周的哲理散文:

> 昔者庄周梦为蝴蝶,栩栩然蝴蝶也。自喻适志与!不知周也。俄然觉,则蘧蘧然周也。不知周之梦为蝴蝶与?蝴蝶之梦为周与?周与蝴蝶则必有分矣。此之谓物化。(《庄子·齐物论》)
>
> (从前庄周梦见自己变成了一只蝴蝶,栩栩如生、翩翩飞舞,只觉得自己悠然自得,早就忘掉了原来的庄周。忽然间醒了过来,发现自己分明是实实在在的庄周!真不知道是庄周做梦变为蝴蝶呢,还是蝴蝶做梦变成了庄周?庄周与蝴蝶肯定是有所区别的,这种现象就叫作"物化"。)

庄子在这里宣扬的就是"人与自然"审美统一的存在方式、意境论现世观和着眼于品味人生的积极态度。⑦ 这大概正是几千年来汉语在中华民族渡尽劫波中仍能维系一个伟大民族的凝聚和团结的力量所在。

由于审美的本能介入，因此中国人（指以汉语为母语的人）在语言生成的过程中必然本能地同时做出审美考量，因此他的语言生成机制是句法机制与审美机制的两相嵌合（incorporation），这就与排除审美只关注句法成形的语言有很大区别。在汉语中，最初始的遣词造句都与语言审美关系密切，即上面所说的"两相嵌合"。

综上所述，中国翻译理论必须以创建翻译审美理论为己任，着力描写翻译审美活动的态度、过程和机制，努力总结出翻译审美的对策论和表现论，而首要的任务则是"将人培育为审美的人，将感性的人培育为同时具有高度理性的人"（F. Schiller, 1798）。

15.1.4　注重整体性整合研究

翻译学具有广泛的综合性、多维性，因此翻译学的理论体系构建要求一个学科矩阵（matrix，见本书第二章的2.3节、2.4节）为之提供理论思想和方法上的支持。对中国翻译学而言，语言学（语言哲学）、美学、认知科学、传播学、文化学都是这个学科矩阵中的重要组成部分，因此，毫无疑义，我们需要有"一盘棋"式的整体性整合研究才能使中国翻译学具有充分的科学性。

整体性整合研究的第二个含义是必须重视基础研究。基础研究是学科建设的基石，也是整体性整合研究的重要组成部分。中国翻译学理论的基础研究包括以下十个维度：

(1) 意义（及意向）研究
(2) 翻译阅读及理解理论（文本解读理论）
(3) 翻译审美及审美表现论
(4) 文化翻译研究（包括可译性研究）
(5) 译文取向与操控理论（对策论系统研究）

(6) 翻译的接受理论

(7) 翻译批评的理论原则

(8) 翻译思想研究

(9) 翻译教学理论和教学研究

(10) 翻译信息工程研究（机译研究）

由于汉语与其他语言殊异，中国翻译学也应该着力于汉外互译的 IT 研究，使汉外翻译在机译信息工程方面也位于前列。毕竟，按人数来说，汉语是世界上数一数二的大语种，我们有责任承担并应有计划地完成与汉语的重要性相称的研究工作。

综上所述，中国翻译理论研究的价值取向主要有四：

(1) 高度重视翻译作为强国富民方略中文化战略手段的巨大作用；

(2) 高度重视汉语与外语在语言结构、人文地缘条件与审美特征三大维度中的共性和差异，同时也不忽视共性；

(3) 高度重视在汉外转换中以功能代偿为核心思想的对策论系统研究；

(4) 高度重视以基础理论为核心的整体性整合研究，包括翻译的认识论、文化和审美价值论、语际转换对策论和方法论，以及审美表现论。

15.2　结语：接受时代的挑战

大体而言，说汉语的人占世界总人口的四分之一，因此，可以说世界翻译科学离不开中国翻译学；同时，也可以说我们为中国翻译学做出努力也就是对世界文化做出贡献。

将建设中国的翻译理论与关注世界翻译科学对立起来的观点是完全错误的。从哲学上说，整体总是由个体组成的，只想建设"世界翻译学"，却又不愿意参与建设中国翻译学，就跟只想盖大楼不屑于去修建楼中的一室一厅一样不可思议。很显然，脱离具体语言的语言现实和翻译现实来谈抽象的"世界翻译"，只可能是一种没有任何实际意义的虚拟的"世界翻译学"。希望我们的翻译界要记住德国浪漫主义哲学的一个提示："真正的世界性寓于种种典型的地域性之中"。

21世纪伴随中华文化的全面复兴，中国翻译研究界将大有可为。任重道远，让我们勇敢地接受时代的挑战！

〔注释〕

①参见葛兆光著：《中国思想史》第一卷，复旦大学出版社2001年版，第443页。

②中国古代哲学早就指出"意"对"言"（语言）的凌驾性，例如，孔子指出"言不尽意"（《周易·系辞》），庄子说"意有所随，意之所随者，不可以言传也"（《庄子·天道》），说的都是言语受制于意念。在汉语中，意念主轴凌驾于语法形式之上。例如"敬酒不吃吃罚酒"，主语是什么？谁"敬"谁"罚"、谁"吃"？"酒"是液体，为什么又可以用"吃"不必用"饮""喝"？又如"歪打正着"，"歪"与"正"是副词还是"形容词"？"歪打"与"正着"是什么语法关系呢？看来纯粹是意念连接。"救灾""缩水""出风头""我吃大碗，你吃小碗"等等，动宾关系很奇特，已完全意念化了。

③参见维根斯坦著 Philosophical Investigations, Part I, §138, 53e。

④叶燮的意思是必须要深入探究（"质"）语言，才能把握语言中的真意。古人用"言"时常常指交流中的言语（speech），用"语"时常指语言（language），用"文"时则是指 written language（书写的文字）。

⑤关于"自然人化"的问题，请参阅李泽厚《美学论集》，上海文艺出版社1980年版，第51页。另请参阅以下论述：

"审美就是自然的人化，它包含着两重性，一方面是感性的、直观的、非功利的；另一方面又是超感性的、理性的、社会的、具有功利性。这就是我在20世纪50年代提出的美感的二重性。从那时起，我就一直认为，要研究理性的东西是怎样表现在感性中；社会的东西怎样表现在个体中；历史的东西怎样表现在心理中。后来我造了'积淀'这个词。'积淀'的意思，就是指把社会的、理性的、历史的东西累积沉淀为个体的、感性的、直观的东西，它是通过自然的人化的过程来实现的。我称之为'新感性',这就是我解释美感的基本途径。"(《李泽厚哲学美学文选》,湖南人民出版社1985年版,第386—387页)

⑥关于"积淀"的含义,请参阅邹华著《20世纪中国美学研究》,复旦大学出版社2003年版,第277页。

⑦庄子生活在昏暗的时代,他的哲学思想深深地影响了中华民族的知识阶层和汉语的发展。庄子哲学非常深刻,有学者认为庄子的美学思想涉及以下六个方面:(1)自然美与人;(2)美的社会功能论;(3)文艺审美心理特征:所谓"心斋"和"虚静";(4)审美感应论;(5)审美境界论:"万物与我为一""天地与我共生";(6)庄子的存在论美学观。这些维度的理论视野明显存在很多叠区。庄子哲学美学在世界范围内已成为东方哲学的重要领域。

附录　汉外互译中的汉语功能代偿词
（Functional Compensation Words）

（1）助　词

A		G		S	
（啊）*	a	给	gěi	似的	shìde
B		过	guò	所	suǒ
（吧）	ba	L		W	
般	bān	（啦）	la	（哇）	wa
D		来	lái	Y	
的	de	了	le		
地	de	M		（呀）	ya
得	de	（吗）	ma	以来	yǐlái
等	děng	（嘛）	ma	（哟）	yō
E		N		Z	
而已	éryǐ	（哪）	na	着	zhe
		（呢）	ne	之	zhī
				左右	zuǒyòu

＊括号内的词是叹词和语尾助词。语尾助词是汉语特有的情态功能代偿词。

(2) 介 词*

A		跟	gēn	R	
		关于	guānyú		
按	àn	H		任	rèn
按照	ànzhào			S	
B		和	hé		
		J		顺	shùn
把	bǎ			随	suí
被	bèi	鉴于	jiànyú	随着	suízhe
本着	běnzhe	将	jiāng	T	
比	bǐ	叫	jiào		
C		较	jiào	替	tì
		经过	jīngguò	通过	tōngguò
朝	cháo	就	jiù	同	tóng
趁	chèn	据	jù	W	
冲	chòng	距	jù		
除	chú	距离	jùlí	往	wǎng
从	cóng	K		为	wéi
D				为	wèi
		靠	kào	为了	wèile
打	dǎ	L		X	
当	dāng				
对	duì	离	lí	向	xiàng

对于	duìyú	连	lián	Y		
G		P		沿	yán	
给	gěi	凭	píng	依照	yīzhào	
以	yǐ	与	yǔ	照	zhào	
由	yóu	Z		自	zì	
由于	yóuyú			自从	zìcóng	
于	yú	在	zài	作为	zuòwéi	

* 汉语的介词可以返介为动、返动为介，英语的介词不可以。

(3) 连　词 *

B		此外	cǐwài	固然	gùrán
		从此	cóngcǐ	H	
便	biàn	从而	cóng'ér		
并	bìng	D		好	hǎo
并且	bìngqiě			何况	hékuàng
不但	bùdàn	但	dàn	和	hé
不管	bùguǎn	但是	dànshì	还是	háishì
不过	bùguò	等到	děngdào	或	huò
不仅	bùjǐn	E		或是	huòshì
不论	bùlùn			或者	huòzhě
不然	bùrán	而	ér	J	
不如	bùrú	而且	érqiě		

不只	bùzhǐ	F		及	jí
C		反之	fǎnzhī	即便	jíbiàn
		否则	fǒuzé	即使	jíshǐ
才	cái	G		既	jì
除非	chúfēi			既然	jìrán
此后	cǐhòu	跟	gēn	加以	jiāyǐ
假如	jiǎrú	那么	nàme	虽	suī
假设	jiǎshè	难怪	nánguài	虽然	suīrán
鉴于	jiànyú	宁可	nìngkě	虽说	suīshuō
接着	jiēzhe	宁肯	nìngkěn	所以	suǒyǐ
结果	jiéguǒ	宁愿	nìngyuàn	T	
尽管	jǐnguǎn	P			
进而	jìn'ér			倘若	tǎngruò
就	jiù	凭	píng	同	tóng
就算	jiùsuàn	Q		同样	tóngyàng
K		且	qiě	W	
看来	kànlái	R		万一	wànyī
可见	kějiàn			无论	wúlùn
可是	kěshì	然而	rán'ér	Y	
况且	kuàngqiě	然后	ránhòu		
L		任	rèn	要	yào
		如	rú	要不	yàobù
连同	liántóng	如果	rúguǒ	要不然	yàoburán

		若	ruò	要不是	yàobushì
M		S		要么	yàome
免得	miǎnde			要是	yàoshì
N		甚至	shènzhì	以	yǐ
		甚至于	shènzhìyú	以便	yǐbiàn
哪怕	nǎpà	省得	shěngde	以免	yǐmiǎn
那	nà	首先	shǒuxiān	以至	yǐzhì
以至于	yǐzhìyú	于是	yúshì	则	zé
以致	yǐzhì	与	yǔ	只是	zhǐshì
因此	yīncǐ	与其	yǔqí	至于	zhìyú
因而	yīn'ér	Z		总之	zǒngzhī
因为	yīnwèi				
由于	yóuyú	再说	zàishuō		

* 汉语的连词在语流中可以视情况隐含化，形成"意合"(parataxis)。

（4）副　词 *

A		必须	bìxū	不免	bùmiǎn
		毕竟	bìjìng	不时	bùshí
按期	ànqī	便	biàn	不停	bùtíng
按时	ànshí	别	bié	不要	bùyào
暗暗	àn'àn	并	bìng	不宜	bùyí
B		并非	bìngfēi	不用	bùyòng
		不	bù	不由得	bùyóude
白	bái	不必	bùbì	不至于	bùzhìyú

白白	báibái	不曾	bùcéng	不住	bùzhù
本	běn	不大	bùdà	C	
本来	běnlái	不定	bùdìng		
甭	béng	不断	bùduàn	才	cái
比较	bǐjiào	不妨	bùfáng	曾	céng
必	bì	不禁	bùjīn	曾经	céngjīng
必定	bìdìng	不料	bùliào	差点儿	chàdiǎnr
常	cháng	倒	dào	反正	fǎnzhèng
常常	chángcháng	到处	dàochù	非	fēi
乘机	chéngjī	到底	dàodǐ	非常	fēicháng
重	chóng	的确	díquè	分别	fēnbié
重新	chóngxīn	顶	dǐng	分外	fènwài
处处	chùchù	定向	dìngxiàng	奋勇	fènyǒng
从来	cónglái	都	dōu	G	
从头	cóngtóu	独自	dúzì		
从未	cóngwèi	顿时	dùnshí	赶紧	gǎnjǐn
从小	cóngxiǎo	多	duō	赶快	gǎnkuài
从中	cóngzhōng	多半	duōbàn	赶忙	gǎnmáng
凑巧	còuqiǎo	多亏	duōkuī	刚	gāng
D		多么	duōme	刚刚	gānggāng
		E		格外	géwài
大半	dàbàn			更	gèng

大大	dàdà	而后	érhòu	更加	gèngjiā
大都	dàdōu	F			
大多	dàduō			公然	gōngrán
大概	dàgài	凡	fán	共	gòng
大力	dàlì	凡是	fánshì	姑且	gūqiě
大肆	dàsì	反	fǎn	怪	guài
大约	dàyuē	反倒	fǎndào	光	guāng
大致	dàzhì	反而	fǎn'ér	果然	guǒrán
单	dān	反复	fǎnfù	过	guò
过于	guòyú	极	jí	居然	jūrán
H		极度	jídù	决	jué
		极力	jílì	K	
还	hái	极其	jíqí		
还是	háishì	简直	jiǎnzhí	可	kě
好	hǎo	渐渐	jiànjiàn	可巧	kěqiǎo
好容易	hǎoróngyì	将	jiāng	恐怕	kǒngpà
好像	hǎoxiàng	将要	jiāngyào	L	
好在	hǎozài	较	jiào		
何必	hébì	皆	jiē	来回	láihuí
何等	héděng	接连	jiēlián	老	lǎo
很	hěn	竭力	jiélì	立即	lìjí
忽然	hūrán	仅	jǐn	立刻	lìkè
胡	hú	仅仅	jǐnjǐn	连	lián

胡乱	húluàn	尽管	jǐnguǎn	连连	liánlián
互相	hùxiāng	尽快	jǐnkuài	连忙	liánmáng
缓缓	huǎnhuǎn	尽量	jǐnliàng	连夜	liányè
回头	huítóu	净	jìng	另外	lìngwài
或许	huòxǔ	竟	jìng	陆续	lùxù
J		竟然	jìngrán	屡次	lǚcì
		究竟	jiūjìng	略微	lüèwēi
几乎	jīhū	就	jiù	M	
及早	jízǎo	就地	jiùdì		
即将	jíjiāng	就近	jiùjìn	马上	mǎshàng
没	méi	恰巧	qiàqiǎo	十分	shífēn
没有	méiyǒu	千万	qiānwàn	时常	shícháng
每	měi	悄悄	qiāoqiāo	时而	shí'ér
猛然	měngrán	且	qiě	时时	shíshí
明明	míngmíng	亲笔	qīnbǐ	实在	shízài
莫	mò	亲手	qīnshǒu	始终	shǐzhōng
默默	mòmò	亲眼	qīnyǎn	势必	shìbì
难道	nándào	亲自	qīnzì	是否	shìfǒu
难以	nányǐ	全都	quándōu	首先	shǒuxiān
O		却	què	顺便	shùnbiàn
		R		顺手	shùnshǒu
偶尔	ǒu'ěr			说不定	shuōbudìng
P		任意	rènyì	私自	sīzì
		仍	réng	似乎	sìhū

怕	pà	仍旧	réngjiù	随后	suíhòu
偏	piān	仍然	réngrán	随即	suíjí
偏偏	piānpiān	日益	rìyì	随时	suíshí
颇	pō	擅自	shànzì	随意	suíyì
Q		S		索性	suǒxìng
				T	
其次	qícì	尚	shàng		
其实	qíshí	稍	shāo	太	tài
恰好	qiàhǎo	稍微	shāowēi	特别	tèbié
恰恰	qiàqià	甚至	shènzhì	特此	tècǐ
特地	tèdì	现	xiàn	一连	yīlián
特意	tèyì	相	xiāng	一律	yīlǜ
挺	tǐng	相继	xiāngjì	一齐	yīqí
统统	tǒngtǒng	向来	xiànglái	一起	yīqǐ
偷偷	tōutōu	幸好	xìnghǎo	一同	yītóng
W		幸亏	xìngkuī	一头	yītóu
		徐徐	xúxú	一下儿	yīxiàr
万分	wànfēn	许	xǔ	一下子	yīxiàzi
万万	wànwàn	Y		一向	yīxiàng
万一	wànyī			一一	yīyī
往往	wǎngwǎng	眼看	yǎnkàn	一再	yīzài
唯独	wéidú	也	yě	一直	yīzhí
未	wèi	也许	yěxǔ	依次	yīcì

未必	wèibì	一	yī	依然	yīrán
未免	wèimiǎn	一旦	yīdàn	已	yǐ
无从	wúcóng	一道	yīdào	已经	yǐjīng
无非	wúfēi	一度	yīdù	毅然	yìrán
勿	wù	一概	yīgài	硬	yìng
务必	wùbì	一个劲儿	yīgejìnr	永远	yǒngyuǎn
X		一共	yīgòng	尤其	yóuqí
		一会儿	yīhuìr	有点儿	yǒudiǎnr
瞎	xiā	一举	yījǔ	有时	yǒushí
先	xiān	一口气	yīkǒuqì	有些	yǒuxiē
先后	xiānhòu	一块儿	yīkuàir	又	yòu
预先	yùxiān	照样	zhàoyàng	终	zhōng
原来	yuánlái	真	zhēn	终究	zhōngjiū
约	yuē	正	zhèng	终于	zhōngyú
Z		正巧	zhèngqiǎo	逐步	zhúbù
		正在	zhèngzài	逐渐	zhújiàn
再	zài	直	zhí	逐年	zhúnián
再三	zàisān	只	zhǐ	专程	zhuānchéng
在	zài	只得	zhǐdé	自行	zìxíng
暂	zàn	只顾	zhǐgù	总（是）	zǒng (shì)
暂且	zànqiě	只管	zhǐguǎn	总共	zǒnggòng
早	zǎo	只好	zhǐhǎo	总算	zǒngsuàn
早日	zǎorì	只能	zhǐnéng	足以	zúyǐ

早晚	zǎowǎn	只是	zhǐshì	最	zuì
早已	zǎoyǐ	只有	zhǐyǒu		
照例	zhàolì	至于	zhìyú		

* 汉语的副词是构成汉语词汇手段的重要工具，对英语的语法形态实施功能代偿；副词也是语义代偿的重要工具。

（以上资料来源：李晓琪主编：《现代汉语虚词手册》，
北京大学出版社 2003 年版）

（5）汉语能愿动词（助动词）

用以翻译英语的情态助动词（will, would; shall, should; can, could; may, might; must, ought to 等）的汉语能愿动词有：

> 能、能够；会，可能，可以；得，要，敢，想；应、应该、该、应当、当（得）；愿、愿意、情愿；乐意、肯、许、准、（不）配、值得，等等。

以上能愿动词数量很有限，但代偿功能极强，**每一个做翻译的人都应精通它们的用法**。还有几个形容词可以用作助动词代偿词：

（1）好：他们请我去，我不好不去。
（2）难：他干了没干，很难讲。
（3）容易：这事容易办到。

在翻译中使用这些词时，一定要密切注意语境和语体。